TRANSFORMAÇÕES DO DIREITO CONTEMPORÂNEO

DANOS À PESSOA HUMANA

Todos os direitos reservados à Associação Guimarães de Estudos Jurídicos

G963   Transformações do direito contemporâneo: danos à pessoa humana/ Agnes Luiza Soares
2021   Gonçalves ... [et al.]; coordenado por Clayton Douglas Pereira Guimarães, Glayder
            Daywerth Pereira Guimarães.
            Seattle: Independently Published, 2021.
            274 p.; 15,24cm x 22,86cm.

            ISBN: 979-8487413-00-0

            1. Direito. 2. Direito Contemporâneo. 3. Danos à Pessoa Humana. I. Gonçalves, Agnes Luiza Soares. II. Barbosa, Caio César do Nascimento. III. Guimarães, Clayton Douglas Pereira. IV. Silveira, Érica Melicia da Silva. V. Barbosa, Fabrícia Vicente. VI. Lima, Gabriela Emily Estevam de. VII. Silva, Giovanna Duarte. VIII. Guimarães, Glayder Daywerth Pereira. IX. Araújo, Maria Clara Dias de. X. Xavier, Maria Luiza Ferreira Rodrigues. XI. Fonseca, Marina Ribeiro. XII. Pereira, Sarah Batista Santos. XIII. Alves, Túlio Coelho. XIV. Mattos Júnior, Valdo.

            CDD: 340 / CDU: 340

CLAYTON DOUGLAS
PEREIRA GUIMARÃES
GLAYDER DAYWERTH
PEREIRA GUIMARÃES
COORDENADORES

BRUNO FABRÍCIO DA
COSTA
PREFÁCIO

TRANSFORMAÇÕES DO DIREITO CONTEMPORÂNEO

DANOS À PESSOA HUMANA

AGNES LUIZA SOARES **GONÇALVES** • CAIO CÉSAR DO NASCIMENTO **BARBOSA**
CLAYTON DOUGLAS PEREIRA **GUIMARÃES** • ÉRICA MELICIA DA SILVA
SILVEIRA • FABRÍCIA BARBOSA **VICENTE** • GABRIELA EMILY ESTEVAM DE **LIMA**
GIOVANNA DUARTE **SILVA** • GLAYDER DAYWERTH PEREIRA **GUIMARÃES** •
MARIA CLARA DIAS DE **ARAÚJO** • MARIA LUIZA FERREIRA RODRIGUES **XAVIER**
MARINA RIBEIRO **FONSECA** • SARAH BATISTA SANTOS **PEREIRA** • TÚLIO
COELHO **ÁLVES** • VALDO **MATTOS JÚNIOR**

Transformações do Direito Contemporâneo: danos à pessoa humana

2021 © Associação Guimarães de Estudos Jurídicos

Coordenadores: Clayton Douglas Pereira Guimarães, Glayder Daywerth Pereira Guimarães

Autores: Agnes Luiza Soares Gonçalves, Caio César do Nascimento Barbosa, Clayton Douglas Pereira Guimarães, Érica Melicia da Silva Silveira, Fabrícia Vicente Barbosa, Gabriela Emily Estevam de Lima, Giovanna Duarte Silva, Glayder Daywerth Pereira Guimarães, Maria Clara Dias de Araújo, Maria Luiza Ferreira Rodrigues Xavier, Marina Ribeiro Fonseca, Sarah Batista Santos Pereira, Túlio Coelho Alves, Valdo Mattos Júnior

Prefácio: Bruno Fabrício da Costa

Presidente	Clayton Douglas Pereira Guimarães Glayder Daywerth Pereira Guimarães
Vice-presidente	Érica Melícia da Silva Silveira Sarah Batista Santos Pereira
Diretor Adjunto	Caio César do Nascimento Barbosa

DIREITOS AUTORAIS: É proibida a reprodução parcial ou total desta publicação, por qualquer forma ou meio, sem a prévia autorização da Associação Guimarães de Estudos Jurídicos, com exceção do teor das questões de concursos públicos que, por serem atos oficiais, não são protegidas como Direitos Autorais, na forma do Artigo 8º, IV, da Lei 9.610/1998. Referida vedação se estende às características gráficas da obra e sua editoração. A punição para a violação dos Direitos Autorais é crime previsto no Artigo 184 do Código Penal e as sanções civis às violações dos Direitos Autorais estão previstas nos Artigos 101 a 110 da Lei 9.610/1998. Os comentários das questões são de responsabilidade dos autores.

Associação Guimarães de Estudos Jurídicos

Seattle – U.S.
Email: contato.agej@hotmail.com
Website: agej.com.br
Instagram: @agej.oficial

SOBRE OS AUTORES

COORDENADORES

Clayton Douglas Pereira Guimarães
Especialista em Ciências Jurídicas com ênfase em Direito Civil e Processo Civil pela Faculdade Arnaldo Janssen. Bacharel em Direito - modalidade Integral - pela Escola Superior Dom Helder Câmara. Pesquisador no âmbito do Direito Digital, Direito do Consumidor e Responsabilidade Civil. Copresidente da Associação Guimarães de Estudos Jurídicos - AGEJ. Advogado.

Glayder Daywerth Pereira Guimarães
Pós-graduando em Direito Digital e Proteção de Dados pelo Centro Universitário UniAmérica. Bacharel em Direito - modalidade Integral - pela Dom Helder Escola de Direito. Pesquisador no âmbito da Responsabilidade Civil e do Direito do Consumidor, com ênfase na Responsabilidade Civil Digital. Copresidente da Associação Guimarães de Estudos Jurídicos - AGEJ. Advogado.

AUTORES

Agnes Luiza Soares Gonçalves
Pós-graduanda em Direito e Processo do Trabalho pela Pontifícia Universidade Católica de Minas Gerais. Bacharela em Direito - modalidade Integral - pela Dom Helder Escola de Direito. Assessora jurídica no 22º Ofício Geral da PRT-3ª Região/MG.

Caio César do Nascimento Barbosa
Bacharel em Direito - modalidade Integral - pela Dom Helder Escola de Direito. Autor de artigos no âmbito da Responsabilidade Civil e do Direito do Consumidor, com ênfase na Responsabilidade Civil Digital. Assistente Jurídico.

Clayton Douglas Pereira Guimarães
Especialista em Ciências Jurídicas com ênfase em Direito Civil e Processo Civil pela Faculdade Arnaldo Janssen. Bacharel em Direito - modalidade Integral - pela Escola Superior Dom Helder Câmara. Pesquisador no âmbito do Direito Digital, Direito do Consumidor e Responsabilidade Civil. Copresidente da Associação Guimarães de Estudos Jurídicos - AGEJ. Advogado.

Érica Melicia da Silva Silveira
Pós-graduanda em Direito Tributário pelo Centro Universitário UniAmérica. Bacharela em Direito pela Dom Helder Escola de Direito. Vice-presidente da Associação Guimarães de Estudos Jurídicos - AGEJ. Advogada.

Fabrícia Vicente Barbosa
Bacharela em Direito - modalidade Integral - pela Dom Helder Escola de Direito. Advogada.

Gabriela Emily Estevam de Lima
Especialista em Direito Público pela Faculdade Arnaldo Janssen. Pós-graduanda em Direito Tributário pela Faculdade Única. Bacharela em Direito pela Dom Helder Escola de Direito.

Giovanna Duarte Silva
Pós-graduanda em Direito Público pela Faculdade Arnaldo Janssen. Bacharela em Direito - modalidade Integral - pela Dom Helder Escola de Direito. Advogada.

Glayder Daywerth Pereira Guimarães
Pós-graduando em Direito Digital e Proteção de Dados pelo Centro Universitário UniAmérica. Bacharel em Direito - modalidade Integral - pela Dom Helder Escola de Direito. Pesquisador no âmbito da Responsabilidade Civil e do Direito do Consumidor, com ênfase na Responsabilidade Civil Digital. Copresidente da Associação Guimarães de Estudos Jurídicos - AGEJ. Advogado.

Maria Clara Dias de Araújo
Especialista em Direito Público pela Faculdade Arnaldo Janssen. Especialista em L.L.M em Mediação, Gestão e Resolução de Conflitos pela Escola Superior de Advocacia. Bacharela em Direito - modalidade Integral - pela Dom Helder Escola de Direito.

Maria Luiza Ferreira Rodrigues Xavier
Pós-graduanda em Direito Constitucional pela Faculdade Única. Pós-graduanda em Direito Penal e Processo Penal pela Faculdade Única. Bacharela em Direito - modalidade Integral - pela Dom Helder Escola de Direito.

Marina Ribeiro Fonseca
Pós-graduanda em Ciências Criminais pela Faculdade CERS. Bacharela em Direito - modalidade Integral - pela Dom Helder Escola de Direito.

Sarah Batista Santos Pereira
Pós-graduanda em Ciências Criminais pelo Centro Universitário UniAmérica. Pós-graduanda em Estudos Críticos do Feminismo pelo Centro Universitário UniAmérica. Bacharela em Direito - modalidade Integral - pela Dom Helder Escola de Direito. Pesquisadora no âmbito do Direitos das Mulheres. Vice-presidente da Associação Guimarães de Estudos Jurídicos - AGEJ. Advogada.

Túlio Coelho Alves
Pós-graduando em Direito de Empresa pela Pontifícia Universidade Católica de Minas Gerais. Bacharel em Direito - modalidade Integral - pela Dom Helder Escola de Direito. Membro do Comitê de Jovens Mediadores: Semptem Capulus e NDcon-UFOP. Advogado. Empresário.

Valdo Mattos Júnior
Especialista em Direito Administrativo pela Faculdade Única. Bacharel em Direito - modalidade Integral - pela Dom Helder Escola de Direito.

> "*A ofensa ao meu direito é a ofensa e a negação do direito como tal, sua defesa é a defesa e o restabelecimento do direito em sua totalidade*".
>
> **– Rudolf Von Ihering**
> *A luta pelo Direito (1987)*

AGRADECIMENTOS

Indubitavelmente os agradecimentos são o capítulo mais importante de qualquer obra, não somente porque representam um gesto de gratidão a muitos amigos, mas sobretudo, porque revelam uma série de indivíduos que, em maior ou menor grau, ajudaram na concretização de um projeto.

Agradecemos primeiramente a Deus, pela forma singular que atua em nossas vidas, direcionando nossas escolhas e criando caminhos que nos permitem crescer cada vez mais.

Agradecemos às nossas famílias, notadamente os pais e mães, aqueles que mais nos amam e se preocupam conosco, que suportam conosco todas as adversidades derivadas da pesquisa científica e que sempre estão ao nosso lado.

As queridas Érica Melicia da Silva Silveira e Sarah Batista Santos Pereira, que partilham conosco essa incrível caminhada chamada vida, muito obrigado pelo apoio constante.

Palavras especiais ao professor e prefaciador da obra, Bruno Fabrício da Costa, da Dom Helder – Escola de Direito. Grande amigo e pesquisador. Em nosso caminho na graduação se mostrou um importante agente na busca pelo conhecimento científico. Sem seus ensinamentos durante nossa formação acadêmica essa obra jamais existiria.

Ao dileto amigo Michael César Silva, pesquisador e professor com profundo conhecimento técnico-científica. Seus ensinamentos permitiram nosso aprimoramento acadêmico e o desenvolvimento da presente obra.

Aos caros amigos Caio César do Nascimento e Túlio Coelho Alves, indivíduos com profunda inquietação científica e senso de justiça apurado. Que nossos caminhos acadêmicos possam se cruzar inúmeras vezes e que concretizemos inúmeros projetos conjuntamente.

Aos prezados, Gabriela Emily Estevam de Lima, Maria Clara Dias de Araújo, Maria Luiza Ferreira Rodrigues Xavier e Valdo Mattos Júnior, por dividirem momentos importantes de suas vidas, pela aprendizagem compartilhada, pelo carinho e suporte recíprocos, na trajetória do curso de Direito e no exercício da advocacia.

Por fim, nossos agradecimentos as estimadas amigas Agnes Luiza Gonçalves Soares, Fabrícia Vicente Barbosa, Giovanna Duarte Silva e Marina Ribeiro Fonseca, as pesquisas que formularam abrilhantaram a obra permitindo o aprofundamento doutrinário em aspectos relevantíssimos no contexto da sociedade contemporânea. Suas contribuições permitiram a concretização do primeiro projeto coletivo da AGEJ, para sempre estarão marcadas na história dessa associação.

Clayton Douglas Pereira Guimarães
Glayder Daywerth Pereira Guimarães

PREFÁCIO

Com sentimento de imensa alegria recebi o convite para prefaciar a obra coletiva *"Transformações Do Direito Contemporâneo: danos à pessoa humana"*. Trata-se de importante obra transdisciplinar que aborda em seus capítulos temas caros ao direito contemporâneo, tendo como ponto de intercâmbio a análise de danos à pessoa humana, nas mais variadas esferas de direito.

A publicação está estruturada em 10 capítulos sobre assuntos que precisam ser (re) discutidos para que o respeito à pessoa humana possa prevalecer com em várias esferas do direito.

A leitura dos capítulos do livro demonstra como o horizonte do direito contemporâneo é amplo e pode ser apresentado através da análise de disciplinas que envolvem tanto o direito privado como o direito público. Destaca-se, desta obra, a preocupação com políticas públicas, a efetivação de direitos fundamentais, o respeito aos direitos humanos e a análise atual sobre problemas advindos da pandemia de COVID-19, bem como outras questões de responsabilidade civil.

No contexto pandêmico, salta aos olhos a importância do tratamento de temas polêmicos sobre exclusão social e impactos na educação, além da responsabilidade civil do Estado pela omissão na implementação de políticas públicas para viabilizar o acesso da população a leitos de UTI. Além das discussões recentes sobre os efeitos da pandemia que assola o mundo, nos capítulos que se seguirão, será possível refletir sobre a demarcação de terras indígenas e melhor forma de se permitir a reparação pela violação ao princípio da dignidade da pessoa humana em ambiente prisional.

A coletânea apresentada traz riqueza de conteúdo e profundidade na análise dos temas propostos, o que confirma a qualidade da pesquisa executada pelos autores, fugindo do tratamento raso de assuntos que merecem e precisam ser tratados com solidez.

Nessa ordem de ideias, é natural que a leitura dos capítulos da obra coletiva conduza o leitor a reconhecer a diversidade de temas, inúmeras conclusões e constatações próprias de cada autor, o que aguça a curiosidade e torna a leitura aprazível.

Aos autores desta obra, egressos do curso de Direito da Escola Superior Dom Helder Câmara, com os quais tive o prazer de conviver no mundo acadêmico, registro a satisfação de atestar a qualidade do trabalho desenvolvido e direcionar esses breves apontamentos aos leitores, permitindo que eles também possam se deliciar com a leitura desses relevantes temas, consolidando a oportunidade de aprofundamento em assuntos de direito contemporâneo e suas constantes transformações.

Desejo-lhes uma boa leitura!

Bruno Fabrício da Costa

NOTA DE APRESENTAÇÃO

A sociedade experenciou inúmeras alterações nas últimas décadas, convertendo-se um uma sociedade – complexa, plural e assimétrica – marcada, sobretudo, pelo elevado contingente de riscos e danos intrínsecos à própria vida.

Contemporaneamente, não mais se é possível cogitar uma vida sem danos, viver em sua essência representa um risco. De uma lesão a um interesse existencial concretamente merecedor de tutela decorrente de uma briga a um dano existencial que impacta gravosamente o projeto de vida, todos sujeitos são vítimas em potencial de variados danos a todos os momentos.

A presente obra coletiva busca analisar as interfaces dos danos na contemporaneidade, aventando a análise de questões diversas à luz de um prisma hermético-constitucional, o qual prioriza a vida e a dignidade da pessoa humana.

Os estudos desenvolvidos na presente obra propõem um debate para além do mero estado da arte, de modo a aliar a dogmática clássica a um olhar crítico e prospectivo mediante a análise de situações diversas que consubstanciam violações aos direitos da pessoa humana, apresentando soluções jurídicas pertinentes.

Iniciando os trabalhos, Clayton Douglas Pereira Guimarães, no capítulo intitulado *"Desafios do Planejamento Urbano: a questão da ocupação em áreas de risco"*, analisa a temática da ocupação de áreas de risco e seus impactos na cidade e para os indivíduos segregados nas áreas retromencionadas. Aprofundando-se no conceito de planejamento urbano, espaço urbano e dos agentes que compõem esse espaço, o autor apresenta medidas para minimizar a ocupação de pessoas em áreas de risco, e, paralelamente, garantir a Dignidade da Pessoa Humana das pessoas nas situações descritas por meio da mitigação de sua invisibilidade social.

O segundo capítulo da obra, intitulado *"Responsabilidade Civil do Estado à Luz dos Direitos Humanos: acessibilidade nas escolas"*, de autoria de Glayder Daywerth Pereira Guimarães, aborda a temática da falta de acessibilidade nas escolas, constituindo essa insuficiência um elemento ensejador de danos às crianças e adolescentes sob o prisma constitucional do Princípio da Proteção Integral. Averiguando, ainda, a possibilidade de imputação de responsabilidade civil do Estado nesse contexto e eventuais métodos de reparação não pecuniários que possam garantir condições dignas de ensino e acessibilidade às pessoas portadoras de deficiência ou com mobilidade reduzida.

Na sequência, em *"A Eficácia Jurídica e Social das Normas Referentes à Demarcação de Terras Indígenas"*, Érica Melicia da Silva Silveira analisa a questão referente aos direitos dos indígenas à terra. Nesse interregno vale-se de uma contextualização histórica a fim de evidenciar a existência de normas protetivas ao direito dos indígenas desde meados da colonização, aponta, entretanto, a falta de efetividade de tais normas em razão do interesse do capital. Conclui a autora que é tarefa cara a sociedade e seus representantes eleitos garantir o referido direito, em atenção a posição de minoria dos indígenas.

O quarto capítulo da obra, *"Desigualdade Salarial Entre os Gêneros: cabimento da reparação por dano material e moral à mulher"*, de autoria de Marina Ribeiro Fonseca e Sarah Batista Santos Pereira aborda a temática da diferença na remuneração salarial entre homens e mulheres pelo exercício das mesmas funções no âmbito do Direito do Trabalho. As autoras se prestam a estudar o tema à luz dos ditames constitucionais, bem como dos preceitos emanados da CLT e da Convenção n° 111 da OIT, assim como avaliar a possibilidade, ou impossibilidade, de imputação de danos materiais e morais em decorrência de tal desigualdade.

No capítulo subsequente, *"Desenvolvimentos e Dificuldades Contemporâneas da Responsabilidade Civil Ante ao Paradigmático Recurso Extraordinário N° 580.252"*, Caio César do Nascimento Barbosa e Fabrícia Vicente Barbosa, se dedicam a discorrer acerca da situação prisional brasileira, notadamente em relação as violações à dignidade humana dos presos sob o prisma da Responsabilidade Civil Contemporânea. Baseando-se na referida decisão do Supremo Tribunal Federal, questionam, os autores, se a compensação por danos morais seria possível e satisfatória como resposta à referida violação que ocorre no ambiente carcerário.

No sexto capítulo da obra, com o texto *"Responsabilidade Civil do Estado em Tempos de Pandemia: uma análise do direito à educação no ensino público e ao acesso aos meios digitais como fundamental"* Agnes Luiza Soares Gonçalves e Giovanna Duarte Silva investigam a possibilidade de imputação de responsabilidade objetiva à Administração Pública na falha em garantir o acesso à educação durante a pandemia da COVID-19, notadamente em relação aos meios digitais, os quais se perfectibilizam como instrumentos imprescindíveis à promoção do processo de conhecimento e integração à sociedade no referido contexto pandêmico e de isolamento social.

A seguir, em *"A Violação às Garantias Constitucionais: um estudo referente às enchentes recorrentes em Belo Horizonte"*, Túlio Coelho Alves verifica as interfaces da Responsabilidade Civil do Estado decorrente das recorrentes enchestes na capital mineira. O autor verifica a latente necessidade da adoção de obras de infraestrutura na cidade a fim de se mitigarem os recorrentes danos ensejados pelas fortes chuvas. Nesse sentido, em vista da omissão do Estado propõe sua responsabilização na vertente objetiva, levantando, assim, a relevante discussão referente à responsabilização estatal por condutas omissivas na contemporaneidade.

No capítulo intitulado *"A Responsabilidade Civil do Estado por Danos Decorrentes da Omissão de Políticas Públicas para Implementação de Leitos de UTI na Pandemia do COVID-19"*, Maria Clara Dias de Araújo e Maria Luiza Ferreira Rodrigues Xavier observam a possibilidade de imputação de responsabilidade civil ao Estado em relação à realização de políticas públicas e, concretização de demais medidas, destinadas ao incremento do serviço público de saúde no contexto da pandemia do Covid-19, no Brasil. A pesquisa de viés constitucionalista pretende lançar luzes na temática e apresentar um caminho de promoção dos direitos humanos.

No nono texto da obra, intitulado *"Dano ao Erário no TCU: caracterização do dano ao erário sob o olhar da jurisprudência do Tribunal de Contas da União"*, Valdo Mattos Júnior pondera acerca da *opinius iuris* na matéria descrita e dos desdobramentos correlatos, para tanto realiza uma revisão do corpo jurisprudência do Tribunal de Contas da União quanto a matéria de danos ao erário. O autor verifica que no contexto da nova ordem constitucional, os Tribunais de Contas se estabelecem como órgãos de controle, construindo de maneira sólida sua jurisprudência e tornando-se referência para gestores nas atividades administrativas a fim de evitar a prática de irregularidades.

Encerrando a obra, no texto *"Danos Sociais: uma nova categoria autônoma de dano indenizável"*, Gabriela Emily Estevam de Lima, explora a temática dos danos sociais, verificando as características, limites e classificações dessa espécie autônoma de dano no contexto da sociedade contemporânea. Complementarmente, a autora se presta a analisar em que grau os danos sociais são uma ferramenta apta a coibir condutas lesivas e reparar lesões causadas à coletividade, diferenciando a referida espécie de dano dos danos difusos, ou mesmo dos danos morais coletivos, para tanto a autora realiza uma pesquisa qualitativa analisando a doutrina e jurisprudência mais atual sobre o tema.

Convida-se o leitor, nas páginas seguintes, a revisitar uma série de questões atinentes à proteção da pessoa humana no contexto da sociedade contemporânea, com o objetivo de aventar uma visão constitucionalizada e principiológica das problemáticas desenvolvidas na obra.

Clayton Douglas Pereira Guimarães
Glayder Daywerth Pereira Guimarães

SUMÁRIO

SOBRE OS AUTORES V
AGRADECIMENTOS XI
PREFÁCIO XIII
NOTA DE APRESENTAÇÃO XV
SUMÁRIO XIX

Capítulo 1
Clayton Douglas Pereira Guimarães
DESAFIOS DO PLANEJAMENTO URBANO: A QUESTÃO DA OCUPAÇÃO EM ÁREAS DE RISCO 1
1 Considerações iniciais 1
2 Planejamento urbano em consideração ao aspecto urbano e os agentes que fazem esse espaço 3
3 A razão da ocorrência de ocupação em áreas de risco pelos segregados e seu tratamento 8
4 Abertura de canais de comunicação para com a população segregada para identificar os anseios desses e dessa forma inibir a ocupação em áreas de risco 12
5 Considerações finais 14
Referências 15

Capítulo 2

Glayder Daywerth Pereira Guimarães

RESPONSABILIDADE CIVIL DO ESTADO À LUZ DOS DIREITOS HUMANOS: ACESSIBILIDADE NAS ESCOLAS 17

1 Considerações iniciais 17
2 A educação enquanto elemento constitutivo do homem 19
3 Brasil: prestação da educação e acessibilidade 22
4 Responsabilidade civil do Estado pela acessibilidade na prestação educacional 27
5 Considerações finais 32
Referências 34

Capítulo 3

Érica Melicia da Silva Silveira

A EFICÁCIA JURÍDICA E SOCIAL DAS NORMAS REFERENTES À DEMARCAÇÃO DE TERRAS INDÍGENAS 39

1 Considerações iniciais 39
2 Contextualização histórica das terras indígenas 41
2.1 Conceito de terras devolutas 43
3 Tradicionalidade da ocupação 45
3.1 Políticas públicas de apoio ao desenvolvimento indígena e sobre a demarcação 46
4 Marco normativo e procedimento administrativo 48
5 Ineficácia normativa sobre o processo de demarcação de terras indígenas 51
6 Indígenas na política 53
7 Considerações finais 56
Referências 57

Capítulo 4

Marina Ribeiro Fonseca

Sarah Batista Santos Pereira

DESIGUALDADE SALARIAL ENTRE OS GÊNEROS: CABIMENTO DA REPARAÇÃO POR DANO MATERIAL E MORAL À MULHER 61

1 Considerações iniciais 61
2 Inserção da mulher no mercado de trabalho 62
3 Posições ocupadas por mulheres no mercado de trabalho 66
4 A diferença salarial entre os gêneros 69
5 Princípio da igualdade nas relações trabalhistas 70
6 A possibilidade de dano patrimonial e moral decorrente da desigualdade salarial 75
7 Considerações finais 77
Referências 78

Capítulo 5

Caio César do Nascimento

Fabrícia Vicente Barbosa

DESENVOLVIMENTOS E DIFICULDADES CONTEMPORÂNEAS DA RESPONSABILIDADE CIVIL ANTE AO PARADIGMÁTICO RECURSO EXTRAORDINÁRIO Nº 580.252 81

1 Considerações iniciais 81
2 A realidade prisional e seus obstáculos perante a dignidade da pessoa humana 83
3 O dano moral no ambiente prisional brasileiro 86
4 O obstáculo da função reparatória da responsabilidade civil e a controvérsia do RE 580.252 91

5 A (im)possibilidade de compensação ao presidiário pelo prisma da responsabilidade civil atual 94
6 Considerações finais 100
Referências 101

Capítulo 6
Agnes Luiza Soares Gonçalves
Giovanna Duarte Silva
RESPONSABILIDADE CIVIL DO ESTADO EM TEMPOS DE PANDEMIA: UMA ANÁLISE DO DIREITO À EDUCAÇÃO NO ENSINO PÚBLICO E AO ACESSO AOS MEIOS DIGITAIS COMO FUNDAMENTAL 105
1 Considerações iniciais 105
2 O acesso à educação como direito fundamental 107
2.1 O direito à educação como instrumento de libertação humana 111
3 Educação em tempos de pandemia no Brasil: realidade e desafios .. 113
4 Responsabilidade civil do estado na garantia do direito à educação durante a pandemia da COVID-19 117
5 Direito ao acesso às plataformas digitais como fundamental no Brasil 122
Considerações finais 126
Referências 127

Capítulo 7
Túlio Coelho Alves
A VIOLAÇÃO ÀS GARANTIAS CONSTITUCIONAIS: UM ESTUDO REFERENTE ÀS ENCHENTES RECORRENTES EM BELO HORIZONTE 135

1 Considerações iniciais 135
2 Inovações no campo da precaução contra enchentes 136
3 Violações aos direitos constitucionais perante à hipótese de enchentes em Belo Horizonte 143
4 Responsabilidade objetiva do Estado 146
5 Considerações finais 149
Referências 151

Capítulo 8
Maria Clara Dias de Araújo
Maria Luiza Ferreira Rodrigues Xavier
A RESPONSABILIDADE CIVIL DO ESTADO POR DANOS DECORRENTES DA OMISSÃO DE POLÍTICAS PÚBLICAS PARA IMPLEMENTAÇÃO DE LEITOS DE UTI NA PANDEMIA DO COVID-19 155
1 Considerações iniciais 155
2 Do direito à saúde 156
3 Considerações acerca da responsabilidade civil do Estado 159
4 Do cenário provocado pela pandemia de COVI-19, os impactos da disponibilidade de leitos e responsabilidade civil do Estado 166
5 Da judicialização do direito à saúde: pleitos de indenização por danos morais nos tribunais de justiça do Brasil 172
6 Considerações finais 175
Referências 177

Capítulo 9

Valdo Mattos Júnior

DANO AO ERÁRIO NO TCU: CARACTERIZAÇÃO DO DANO AO ERÁRIO SOB O OLHAR DA JURISPRUDÊNCIA DO TRIBUNAL DE CONTAS DA UNIÃO 183

1 Considerações iniciais 183

2 A constituição dos tribunais de contas 184

3 O dano e o erário 188

4 Detalhamento do método de pesquisa e os dados do sistema de pesquisa de jurisprudência do Tribunal de Contas da União 190

5 Análise dos acórdãos selecionados 191

5.1 A desconsideração da personalidade jurídica pelo TCU 192

5.2 A apuração de dano posterior ao erário por desqualificação da obra e a responsabilização objetiva das empresas executoras e supervisoras dos serviços 195

5.3 A atuação harmônica do TCU e órgãos de controle 197

6 Considerações finais 200

Referências 200

Capítulo 10

Gabriela Emily Estevam de Lima

DANOS SOCIAIS: UMA NOVA CATEGORIA AUTÔNOMA DE DANO INDENIZÁVEL 203

1 Considerações iniciais 203

2 Considerações acerca dos danos e a responsabilidade civil 204

2.1 Dos danos 206

3 Dos danos sociais 208

3.1 O debate sobre os danos sociais 209

3.2 Conceito de danos sociais 212
3.3 Danos sociais X danos individuais 213
3.4 Danos sociais X danos morais coletivos 214
3.5 Das características, modalidades e classificações dos danos sociais 215
4 Da importância dos danos sociais 217
5 Considerações finais 220
Referências 221

POSFÁCIO 225

DESAFIOS DO PLANEJAMENTO URBANO: A QUESTÃO DA OCUPAÇÃO EM ÁREAS DE RISCO

1

Clayton Douglas Pereira Guimarães

1 CONSIDERAÇÕES INICIAIS

A presente pesquisa tem por tema, práticas de planejamento urbano para inibir a ocupação de pessoas em áreas de risco. Com o desígnio de se discutir o tema tem de se admitir como pressuposto do diálogo uma noção da realidade a que vai se fazer referência, a estrutura intraurbana brasileira especificamente no que tange a efetividade das ações das instituições frente as demandas dos agentes que fazem o espaço urbano, sobretudo em relação aos que se encontram em situação de segregação, pois, a princípio verifica-se que são esses os sujeitos que se submetem a ocupação em áreas de risco em virtude das possíveis vantagens que a localidade possa os oferecer.

Diante da abordagem do tema do trabalho acadêmico surge uma problemática, qual seja, em que consiste o planejamento urbano, e como a partir desse planejamento urbano se poderia inibir a ocupação de pessoas em áreas de risco.

A resposta prévia que se alcança a partir da propositura da hipótese, se resume em: ação governamental de modo a retirar essas pessoas das áreas de risco e propiciar uma localidade que satisfaça suas demandas.

Para fins da verificação de verossimilhança da hipótese formulada tendente a resolução do problema da pesquisa é imperioso o cumprimento de determinados objetivos, quais sejam, explicar o que é planejamento urbano, e verificar quais práticas são eficientes para inibir a ocupação de pessoas em áreas de risco.

Para o atendimento do supracitado objetivo, requer-se, a utilização de uma metodologia hábil a atender as demandas da pesquisa, nesse sentido, adota-se uma vertente metodológica jurídico-sociológica. No tocante ao tipo de investigação, foi escolhido, na classificação Witker[1] e Gustin,[2] o tipo jurídico-projetivo. De acordo com a técnica de análise de conteúdo, afirma-se que se trata de uma pesquisa teórica, o que será possível a partir da análise de conteúdo dos textos doutrinários, normas e demais dados colhidos na pesquisa.

Feitas, portanto, essas relevantes considerações de modo a elucidar a temática da presente pesquisa, os respectivos problemas e a resposta prévia que se alcança a partir da propositura da hipótese, faz-se necessária justificar o porquê da realização da presente pesquisa, esta se substancia no fato de a temática apresentar relevância social e jurídica, já que lida com direito a habitação.

Por fim, cabe, mencionar como dar-se-á estruturação do seguinte trabalho acadêmico, este é organizada em dois capítulos, além destas considerações iniciais, as considerações finais e as referências.

O segundo capítulo se inicia em que consiste o planejamento urbano levando em consideração o espaço urbano e os agentes que fazem esse espaço, ressaltando a relevante distinção entre planejamento e gestão imprescindível para a presente pesquisa.

O terceiro capítulo por sua vez trata da a razão da ocorrência de ocupação em áreas de risco pelos segregados, pautando-se no processo de segregação e a formação de um meio de privilégios para a classe dominante, de modo que a ocupação em áreas de risco torna-se um meio para com que os segregados tenham por meio da ocupação em áreas de risco um dos valores da terra, a localidade ou acessibilidade. Ainda, trata das formas de tratamento que pode se dar as ocupações nas áreas de risco que compreende a realização de obras de contenção, a qual deve ser sopesada em se considerar os custos de monitoramentos dessas áreas. E ainda, verificar a viabilidade da realocação essa exige um plano que considere as necessidades dos moradores.

---

[1] WITKER, Jorge. **Como elaborar una tesis en derecho: pautas metodológicas y técnicas para el estudiante o investigador del derecho.** Madrid: Civitas, 1985.
[2] GUSTIN, Miracy Barbosa de Sousa; DIAS, Maria Tereza Fonseca. **(Re)pensando a pesquisa jurídica: teoria e prática.** 3ª. ed. Belo Horizonte: Del Rey, 2010.

O capítulo quatro, por fim, ainda se centra nas formas de tratamento que pode se dar as ocupações nas áreas de risco, mas ressalta a importância da abertura de canais de comunicação para com a população segregada para inibir a ocupação em áreas de risco de modo mais eficiente, de modo a evidencias que um ideal democrático é a melhor forma de atender os anseios da população que ocupa áreas de risco, e que as ações do Estado sejam efetivas, e não meramente dilatórias, de modo a tomar ações que vão em oposição aos anseios dos segregados como realocações que acabam sendo frustradas mediante novas ocupações.

2 PLANEJAMENTO URBANO EM CONSIDERAÇÃO AO ESPAÇO URBANO E OS AGENTES QUE FAZEM ESSE ESPAÇO

Cabe primeiramente destacar a distinção entre gestão e planejamento: gestão significa gerenciamento dentro dos recursos presentes, e planejamento é o gerenciamento a longo prazo.

> O planejamento é a preparação para a gestão futura, buscando-se evitar ou minimizar problemas e ampliar margens de manobra; e a gestão é a efetivação ao menos em parte (pois o imprevisível e o indeterminado estão sempre presentes, o que torna a capacidade de improvisação e flexibilidade sempre imprescindíveis), das condições que o planejamento passado ajudou a construir. Longe de serem concorrentes ou intercambiáveis, planejamento e gestão são distintos e complementares.[3]

Os estudos territoriais das últimas décadas além de terem se voltado para questões regionais, tem se voltada para as questões de gestão urbana, e pela constatação de que gestão e planejamento são distintos e complementares, atentar-se-á para a questão do planejamento urbano, pois a cidade deve ser entendida como um modelo a ser seguido pelos administradores.

---

[3] SOUZA, Marcelo Lopes de. **Mudar a cidade: uma introdução crítica ao planejamento e à gestão urbanos**. 6. ed. Rio de Janeiro: Bertrand Brasil, 2010. p. 46.

A cidade deve ser entendida como sendo um modelo a ser seguido por aqueles que administram a cidade. O fato de sua execução ser impossível de se consolidar, não significa abandonar o ideal. A reflexão do modelo ideal surge historicamente no momento em que a pólis grega entra em crise. Tal condição ilustra que será nos momentos de crise que a reflexão sobre a constituição da cidade se torna mais aguda.[4]

A abordagem do planejamento urbano, exige a utilização dos estudos intraurbanos, e não regionais, já que como trata-se de gerenciamento a longo prazo deve-se levar em consideração os diversos elementos que compõem a cidade em conjunto.

Para Flávio Villaça em virtude do curso que tomaram os estudos territoriais nas últimas décadas com foco nas questões regionais, as terminologias, espaço urbano, estrutura urbana, reestruturação urbana, acabaram associadas a esses estudos regionais dessa forma optou-se por adotar a terminologia intraurbano de forma a reiterar o enfoque da pesquisa nas questões intraurbanas, considerando o conjunto de elementos que compõe a cidade.[5]

A estrutura intraurbana ou espaço urbano compreendem o conjunto de diversos usos das terras, ou organização espacial da cidade. Para Roberto Lobato Corrêa, tais usos da terra, definem as áreas centrais, industriais e residenciais, distintas em forma e conteúdo social. Esse complexo uso da terra trata-se da organização espacial da cidade, ou espaço urbano fragmentado.[6]

Depreende-se que ao atribuir a organização espacial como parte da estrutura intraurbana, esta aparece como um espaço fragmentado, mas a estrutura intraurbana é também articulada. Conforme, Roberto Lotabo Corrêa: "Estas relações manifestam-se empiricamente através de fluxos de veículos e de pessoas [...]. Estas relações espaciais são de natureza

---

[4] REIS, Émilien Vilas Boas. A Cidade Real e a Cidade Ideal: Reflexões históricas, jurídicas e filosóficas. In: RIOS, Mariza; CARVALHO, Newton Teixeira; KLEINRATH, Stella de Moura. **A Cidade Real e a Cidade Ideal em uma reflexão transdisciplinar**. 1º ed. Belo Horizonte: Del Rey, 2013, p. 46.
[5] VILLAÇA, Flávio. **Espaço intra-urbano no Brasil**. 2. ed. São Paulo: Studio Nobel, FAPESP, 2001.
[6] CORRÊA, Roberto Lobato. **O espaço urbano**. 4ª. ed. São Paulo: Ática, 1999.

social, tendo como matriz a própria sociedade de classes e seus processos".[7]

Ainda, o espaço urbano é reflexo social, e pela sociedade ser desigual, o espaço intraurbano também o é, mas, assim como a sociedade, o espaço intraurbano é mutável, e por essa razão pode-se buscar inibir a ocupação de pessoas em áreas de risco.

Por área de risco compreende-se, para Ricardo Brandão Figueiredo, locais sujeitos a fenômenos geológico-geotécnico e hidráulico que tenham como possível resultado a perda de vida ou danos materiais.[8]

É imprescindível identificar, portanto, quais são as pessoas que se sujeitam a ocupação nessas áreas de risco, já que o presente trabalho se preocupa com essa eventual perda de vidas, para o mesmo utilizar-se a classificação dos agentes que produzem o espaço urbano: os proprietários dos meios de produção, sobretudo os proprietários industriais; os proprietários fundiários; os promotores imobiliários; o Estado; e os grupos sociais excluídos.

Para Roberto Lobato Corrêa, os proprietários industriais realizam atividade industrial, e estes têm por principal característica uma enorme demanda por espaço para que realizam suas produções, e demandam sobretudo, terras a baixo custo para que dessa forma não se onere os produtos, os quais produzem.[9]

Já que interessa os proprietários industriais terras baratas, por conseguinte não lhes interessam, a especulação fundiária, mais essa interessa aos proprietários fundiários, já que estes objetivam obter maior renda fundiária decorrente de suas propriedades, portanto, a eles interessas que suas terras tenham um alto custo. Os conflitos que emergem destes dois agentes tendem a ser revolvidos por parte do Estado, este pressionado, a favor dos proprietários industriais, já estes comandam a vida econômica e política.

---

[7] CORRÊA, Roberto Lobato. **O espaço urbano**. 4ª. ed. São Paulo: Ática, 1999, p. 7-8.
[8] FIGUEIREDO, Ricardo Brandão. **Engenharia social: soluções para áreas de risco**. São Pualo: Mcgraw-Hill, 1995.
[9] CORRÊA, Roberto Lobato. **O espaço urbano**. 4ª. ed. São Paulo: Ática, 1999.

Os promotores imobiliários são em verdade um conjunto de agentes assim classificados em decorrência das operações que realizam, dentre esses faz-se referência ao proprietário-construtor de terreno. A respeito da construção de terrenos, cabe ressaltar que embora haja agente com esse intuito, só se interessa na ótica capitalista a construção para fins não populares, devido aos baixos salários das camadas populares frente ao custo da habitação.

> [...] o capital não tem interesse em produzir habitações para as camadas populares. Numa sociedade onde parte ponderável da população não tem acesso à casa própria ou mesmo não tem condições de pagar aluguel, a estratégia dos promotores imobiliários é basicamente a seguinte: (a) dirigir-se, em primeiro lugar, à produção de residências para satisfazer a demanda solvável; e (b) obter ajuda do Estado no sentido de tornar solvável a produção de residências para satisfazer a demanda não solvável.[10]

O Estado por sua vez atua na organização da cidade, por vezes resolvendo conflitos como fora o caso mencionado entre grandes industriais e proprietários fundiários, mas em razão de ter de atuar de modo a resolver conflitos já se verifica a complexidade de sua atuação. Mas, o Estado por si mesmo atua nas diversas funções dos agentes que compõe o espaço urbano, sem excluir no entendo a função mais notória do Estado que é a prestação de serviços públicos. De acordo com Roberto Lobato Corrêa: "E é decorrente de seu desempenho espacialmente desigual enquanto provedor de serviços públicos, especialmente aqueles que servem à população, que o Estado se trona alvo de certas reivindicações de segmentos da população urbana".[11]

Por fim, faz-se referências aos grupos sociais excluídos, essa posição decorre primeiramente de haver conflitos de interesses na atuação dos agentes que fazer o espaço urbano, e ainda pela posição do Estado que por vezes acaba privilegiando agentes dominantes, os que detém valor econômico, esse decorre sobretudo devido a notória

---

[10] CORRÊA, Roberto Lobato. **O espaço urbano**. 4ª. ed. São Paulo: Ática, 1999, p. 22.
[11] CORRÊA, Roberto Lobato. **O espaço urbano**. 4ª. ed. São Paulo: Ática, 1999, p. 25.

importância desses agentes para o sistema urbano, mas deve ser proporcionalizado, para fins de um desenvolvimento social, essa proporcionalização perpassa pela ampliação ao acesso a habitação e localização.

> Na sociedade de classes verificam-se diferenças sociais no que se refere ao acesso aos bens e serviços produzidos socialmente. [...] A habitação é um desses bens cujo acesso é seletivo: parcela enorme da população não tem acesso, quer dizer, não possui renda para pagar o aluguel de uma habitação decente, e muito menos, comprar um imóvel. Este é um dos mais significativos sintomas de exclusão que, no entanto, não ocorre isoladamente: correlatos a ela estão a subnutrição, as doenças, o baixo nível de escolaridade, o desemprego ou o subemprego e mesmo o emprego mal remunerado.[12]

Ante a seletividade da habitação, ocorre o fenômeno das ocupações em áreas de risco que atinge diversas cidades brasileiras, e para resolvê-lo exige-se uma ação da União, Estados e Municípios, estes pertencentes ao grupo que se denominou Estado, além da participação da população

> Há um fenômeno atual que atinge diversas cidades brasileiras, o qual consiste nas ocupações irregulares do solo urbano, mormente em áreas de risco. A questão da habitação se constitui num dos graves problemas sociais a serem equacionados no campo das políticas públicas no país e enfrentá-la implica reconhecer, dentre outras circunstâncias, que as soluções devem ser buscadas na conjugação de esforços das três instâncias de governo – federal, estadual e municipal, sem se esquecer da fundamental importância da população no debate e na busca de melhorias na formulação destas políticas públicas. Como a ocupação urbana se insere num contexto de meio ambiente, é de se ver que a adequada gestão de tal aspecto visa a favorecer o desenvolvimento sustentável e à qualidade de vida [...].[13]

---

[12] CORRÊA, Roberto Lobato. **O espaço urbano**. 4ª. ed. São Paulo: Ática, 1999, p. 29.
[13] FABRIANI, Carmen Beatriz; CASTILHO, Lucas Valério. Moradias Em Áreas De Risco, Cidadania E Participação: Um Desafio Para A Governança Municipal. **Revista Científica de Direitos Culturais – RDC**. v. 9, n. 19, 2014, p. 13-14.

Identificado os grupos sociais excluídos, cabe referenciar no capítulo subsequente o processo de segregação pelo qual esses estão submetidos, bem como mitigar essa segregação via ampliação do acesso a habitação a localização mediante ação do Estado e população.

3 A RAZÃO DA OCORRÊNCIA DE OCUPAÇÃO EM ÁREAS DE RISCO PELOS SEGREGADOS E SEU TRATAMENTO

O processo de segregação está relacionado a existência de diferentes grupos sociais. Conforme, Roberto Lobato Corrêa: "A segregação residencial é, em realidade, um processo que origina a tendência a uma organização espacial em áreas de forte homogeneidade social interna e de forte disparidade entre elas".[14] A problemática é que a referida segregação mais do que formar um conglomerado de indivíduos pertencentes a um mesmo grupo social, é um meio de privilégio para a classe dominante. Note-se que a segregação tem um dinamismo, já que está associada a um conglomerado de indivíduos pertencentes a um mesmo grupo social, e não a uma localização fixa, quer-se dizer que pode haver deslocamentos dos grupos sociais dentro do espaço urbano. Então para resolver a questão dos segregados que ocupam áreas de risco não basta descola-los, pelo seguinte motivo:

> As áreas de risco não são homogêneas, portanto, a abordagem e o seu tratamento não podem se dar de forma generalista. Assim, mesmo para algumas áreas de alto risco, é possível realizar obras de contenção e estabilização de encostas [...]. Ao mesmo tempo, importante destacar que, tendo em vista o alto custo que demandam as obras de infraestrutura nessas áreas e o seu monitoramento permanente, deve-se evitar novas ocupações. As remoções têm de ser discutidas entre o Poder Público e as comunidades para além dos critérios técnicos, envolvendo também questões de caráter temporal e ocupação consolidada, histórico de eficácia nos processos de congelamento de áreas na Prefeitura. Uma vez decidida pela remoção, o Poder Público tem a responsabilidade de planejar a saída dos moradores para um local dotado de equipamentos

---

[14] CORRÊA, Roberto Lobato. **O espaço urbano**. 4ª. ed. São Paulo: Ática, 1999, p. 60.

e serviços urbanos e que atenda às suas necessidades. Como nem o Poder Público tem recursos para realizar todas obras necessárias (pelo menos, em curto e médio prazos) e tampouco para retirá-las, temos de trabalhar com a concepção de convivência com o risco e tomar as providências dia-a-dia (gestão) para minimizar as condições de risco.[15]

O estudo de monitoramento permanente a que se referiu anteriormente ocorre da seguinte forma:

> Para identificação, análise e monitoramento de riscos geológicos, é feita uma investigação geológico-geotécnica de campo. Para a realização dessa tarefa devem ser considerados a probabilidade de ocorrência, os procedimentos de instabilização associados e as consequências possíveis de um evento catastrófico. Após o mapeamento e a setorização das áreas, são feitas vistorias de campo. Realizadas pelas equipes municipais treinadas, devem identificar as feições de instabilidade que consistem nos sinais de movimentação do terreno, referência final na identificação de risco. Devem também, fazer recomendações quanto às ações a serem tomadas, incluindo a possibilidade de retiradas de moradores em caso de risco de desabamento iminente.[16]

Portanto, a possibilidade de se realizar obras de contenção que deve ser sopesada em se considerar os custos de monitoramentos dessas áreas. E ainda, mesmo que constatada a viabilidade da realocação essa exige um plano que considere as necessidades dos moradores. É importante considerar estas variáveis pois as ocupações ocorrem em decorrência do valor da localidade dessas áreas ocupadas para os grupos sociais excluídos.

Para fins didáticos cabe exemplificar que em situações de ocupação irregulares que por vezes se confundem com a formação de

---

[15] MPGO. **Assentamentos Urbanos Informais.** Disponível em: http://www.mpgo.mp.br/portal/news/assentamentos-urbanos-informais#.W19C K9JKjIU. Acesso em: 27 fev. 2021.
[16] CHAKARIAN, Luciana. **Uso e ocupação do solo em Encostas nas áreas de Proteção de Mananciais da Bacia de Guarapiranga.** 2008. 184 f. Tese (mestrado) – Faculdade de Arquitetura e Urbanismo da Universidade de São Paulo, p. 46.

aglomerados, nem sempre a realocação, sobretudo sem um plano que considere a necessidade dos moradores é adequada. Nesse sentido

> A história mostra que a desfavelização, a exemplo da Cidade de Deus, no município do Rio de Janeiro, não é a solução, pois os moradores daquele local, que hoje se designam refavelados, foram compelidos a abandonar as imediações da urbanidade para morar em um lugar sem nada, no meio do nada; hoje, ironicamente, estão ameaçados de expulsão, pois a cidade formal, já os alcançou.[17]

Para entender o termo localidade a que se referiu anteriormente tem se tomar como referência o valor da terra, esse decorre do trabalho social dispendido e tem dois produtos: infraestrutura e localização, este último bem exemplificado no caso da desfavelização da Cidade de Deus.

> O espaço urbano é produzido pelo trabalho social dispendido na produção de algo socialmente útil. Logo, esse trabalho produz valor. Uma pergunta fundamental que poucos se fazem: qual é o produto desse trabalho? Há dois valores a considerar. O primeiro é o dos produtos em si – os edifícios, as ruas, as praças, as infra-estruturas. O outro é o valor produzido pela aglomeração. Esse valor é dado pela localização dos edifícios, ruas e praças, pois é essa localização que os insere na aglomeração. A localização se apresenta assim como um valor de uso da terra – dos lotes, das ruas, das praças, das praias – valor que, no mercado, se traduz em preço da terra. Tal como qualquer valor, o da localização também é dado pelo tempo de trabalho socialmente necessário para produzi-la, ou seja, para produzir a cidade inteira da qual a localização é parte.[18]

Localização é acessibilidade, importante destacar que acessibilidade e infraestrutura não se confundem, acessibilidade é mais importante inclusive que infraestrutura. Conforme Flávio Villaça: "A

---

[17] CANUTO, Elza Maria Alves. **Direito à moradia urbana: Aspectos da dignidade da pessoa humana.** 1ª.ed. Belo Horizonte: Fórum. 2010, p. 97.
[18] VILLAÇA, Flávio. **Espaço intra-urbano no Brasil.** 2. ed. São Paulo: Studio Nobel, FAPESP, 2001, p. 72.

acessibilidade é o valor de uso mais importante para a terra urbana, embora toda e qualquer terra o tenha em menor grau".[19]

Retomando a questão da localização, a importância desta decorre de que essa propicia vantagens, tanto que conforme Flávio Villaça, enseja uma luta de classe, pela apropriação das vantagens e desvantagens do espaço construído e na segregação espacial dela resultante.[20]

E embora haja uma luta por esse espaço urbano, sobretudo pelas vantagens aferidas em decorrência da localização, quem atribui valor a localização é o trabalho coletivo dispendido na construção da cidade. Enfim, já que o lugar tem valor, e quem dá esse valor é a própria coletividade de pessoas, as pessoas que se encontram em situação de segregação tem de lutar pela conquista de espaço, para fins de ampliar a possibilidade de ser mais cidadão.

> Cada homem vale pelo lugar onde está, o seu valor como produtor, consumidor, cidadão depende de sua localização no território. Seu valor vai mudando incessantemente, para melhor ou para pior, em função das diferenças de acessibilidade (tempo, frequência, preço) independentes de sua própria condição. Pessoas com as mesmas virtualidades, a mesma formação, até o mesmo salário, têm valor diferente segundo o lugar em que vivem: as oportunidades não são as mesmas. Por isso, a possibilidade de ser mais ou menos cidadão depende, em larga escala do território onde se está.[21]

Pois enquanto mais o homem puder exercer sua cidadania e conquistar o espaço, mais valor lhe é atribuído pela sociedade. Tem-se por intuito que a possibilidade de ser o mais cidadão não dependa do território onde se esteja.

---

[19] VILLAÇA, Flávio. **Espaço intra-urbano no Brasil**. 2. ed. São Paulo: Studio Nobel, FAPESP, 2001, p. 74.
[20] VILLAÇA, Flávio. **Espaço intra-urbano no Brasil**. 2. ed. São Paulo: Studio Nobel, FAPESP, 2001.
[21] VILLAÇA, Flávio. **Espaço intra-urbano no Brasil**. 2. ed. São Paulo: Studio Nobel, FAPESP, 2001, p. 75.

4 ABERTURA DE CANAIS DE COMUNICAÇÃO PARA COM A POPULAÇÃO SEGREGADA PARA IDENTIFICAR OS ANSEIOS DESSES E DESSA FORMA INIBIR A OCUPAÇÃO EM ÁREAS DE RISCO

A referida luta pela conquista de espaço perpassa pelo caminho democrático

> O caminho democraticamente mais legítimo para se alcançarem mais justiça social e uma melhor qualidade de vida é quando os próprios indivíduos e grupos específicos definem os conteúdos concretos e estabelecem as prioridades com relação a isso, podem-se considerar justiça social e qualidade de vida como subordinados à autonomia individual e coletiva enquanto princípio e parâmetro.[22]

Então, é indispensável a ampliação dos canais de comunicação entre população Estado, sobretudo no âmbito municipal, em razão da proximidade deste entre federativo para com a população.

> A participação popular é um caminho que pode auxiliar na reversão desse quadro, porquanto encaminha o exercício da democracia e da cidadania, viabilizando o diálogo direto entre os gestores da coisa pública e a população. Neste particular coloca-se a necessidade de expandir a comunicação entre população e Estado principalmente na seara municipal, já que é este ente político que está mais próximo e ciente das carências locais, além de ter a incumbência constitucional de regular a ocupação do solo urbano.[23]

E o que devesse buscar os segregados pelas vias democráticas, as vantagens da localização, como isso quer-se dizer que os segregados devem buscar junto ao Estado como um dos mais importantes agentes que fazer o espaço urbano, oferte infraestrutura e acessibilidade. Em

---

[22] SOUZA, Marcelo Lopes de. **Mudar a cidade: uma introdução crítica ao planejamento e à gestão urbanos**. 6. ed. Rio de Janeiro: Bertrand Brasil, 2010, p. 66.
[23] FABRIANI, Carmen Beatriz; CASTILHO, Lucas Valério. Moradias Em Áreas De Risco, Cidadania E Participação: Um Desafio Para A Governança Municipal. **Revista Científica de Direitos Culturais – RDC**. v. 9, n. 19, 2014, p. 14.

específico a situação da ocupação das áreas de risco, o Estado deve propiciar infraestrutura a essas áreas quando possível, já que retirada nem sempre é necessária ou desejável, deve ser feita em se considerando a possibilidade de se realizar obras de contenção que deve ser sopesada em se considerar os custos de monitoramentos dessas áreas. E ainda, mesmo que constatada a viabilidade da realocação essa exige um plano que considere as necessidades dos moradores, já que para as pessoas em situação de segregação a área ocupada oferece vantagem em relação a acessibilidade, proximidade a emprego, estudo, lazer, então a área de realocação deve oferecer as mesmas ou vantagens superiores a essas.

O que orienta essa forma de atuação: de proporcionar infraestrutura se apropriado, e eventualmente a realocação das pessoas nestas ocupações é a função social da propriedade e a função social da cidade.

> Ressalte-se que não se pode tratar da função social da propriedade urbana sem mencionar a função social da cidade. A população brasileira é eminentemente urbana e é nela que os atores sociais habitam, se relacionam e exercem suas atividades; a cidade é um lugar por excelência onde se clama por justiça social e pela busca incessante de qualidade de vida.[24]

E o que se entende por função social da cidade, essa está associada a justiça social.

> [...] quer significar superação das injustiças na repartição, a nível pessoal, do produto econômico. Com o passar do tempo, contudo, passa a conotar cuidados, referidos à repartição do produto econômico, não apenas inspirados em razões micro, porém macroeconômicas; as correções injustiça da repartição deixam de ser apenas uma imposição ética, passando a

---

[24] RANGEL, Helano Márcio Vieira; SILVA, Jacilene Vieira da Silva. O direito fundamental à moradia como mínimo existencial, e a sua efetivação à luz do estatuto da cidade. **Veredas do Direito**, Belo Horizonte, v. 6, n. 12, 2009. Disponível em: http://www.domhelder.edu.br/revista/index.php/veredas/article/viewFile/77/132. Acesso em: 27 fev. 2021.

consubstanciar exigência de qualquer política econômica capitalista.[25]

Quer se dizer a previsão constitucional da função social da propriedade no art. 5°, inciso XXIII[26], e seu concomitante função social da cidade, permite que se interprete as ocupações como um movimento social comum a sociedade, que deve ser evitado, se em áreas de risco, pelo risco as pessoas, em se considerando a dignidade da pessoa humana, mas ainda, segundo esse mesmo princípio verifica-se como deve atuar o Estado de modo a propiciar infraestrutura a essa ocupações para que se tenha uma vida digna, e que se for necessária a realocação que se atendas as demandas dos realocados também em consideração ao princípio anteriormente referido.

5 CONSIDERAÇÕES FINAIS

Mediante o exposto, verifica-se que é preciso inibir o processo de ocupação em áreas risco. O poder público, em conjunto com a sociedade, deve adotar medidas de controle que inibam a formação de novas ocupações em áreas de risco, tendo em vista o ônus que causa recorrentemente ao poder público e à sociedade. Baseado nos princípios do Estatuto das Cidades, o plano diretor foca o acesso democrático ao solo urbano e à moradia para a população de baixa renda em áreas habitáveis e o cumprimento da função social de propriedade e da cidade.

Ao mesmo tempo, para aquelas ocupações já consolidadas, deve-se propiciar infraestrutura a essas áreas quando possível, já que retirada nem sempre é necessária ou desejável, essa só deve ser feita em se considerando a possibilidade de se realizar obras de contenção e estes custos ultrapassarem os custos de monitoramentos dessas áreas.

E ainda, mesmo que constatada a viabilidade da realocação, essa exige um plano que considere as necessidades dos moradores, já que para

---

[25] GRAU, Eros Roberto. **A ordem econômica da Constituição de 1988: interpretação crítica**. São Paulo: Revista dos Tribunais, 1990, p. 245.
[26] Art. 5, XXIII, CF: "a propriedade atenderá a sua função social" (BRASIL. **Constituição da República Federativa do Brasil**. 1988. Disponível em: http://www.planalto.gov.br/ccivil_03/Constituicao/ConstituicaoCompilado.htm . Acesso em: 15 jan. 2021.)

as pessoas em situação de segregação a área ocupada oferece vantagem em relação a acessibilidade, proximidade a emprego, estudo, lazer, então a área de realocação deve oferecer as mesmas ou vantagens superiores a essas.

Por fim, as pessoas ocupantes de áreas de risco são interessadas às questões de risco, deste modo deve ceder-lhes um canal de comunicação para com o Estado para que se alcance uma resposta satisfatória, o Estado deve primar por essa oportunização de fala para essas pessoas, pois, estas na figura de agentes segregados acabam por diversas vezes sendo silenciados frente a grande influência dos demais agentes que fazem o espaço urbano, e o Estado é um agente que como prestador de serviço público não deve atender uma parcela da população, mas toda ela, em conformidade com os parâmetros que se tenha estabelecido no planejamento urbano, e que este tenha se pautado no ideal democrático o máximo possível.

REFERÊNCIAS

BRASIL. **Constituição da República Federativa do Brasil.** 1988. Disponível em: http://www.planalto.gov.br/ccivil_03/Constituicao/Constituicaompilado.htm. Acesso em: 15 jan. 2021.

BRASIL. **Estatuto da Cidade.** 2001. Disponível em: http://www.planalto.gov.br/Ccivil_03/leis/LEIS_2001/L10257.htm. Acesso em: 15 jan. 2021.

CANUTO, Elza Maria Alves. **Direito à moradia urbana: Aspectos da dignidade da pessoa humana.** 1ª.ed. Belo Horizonte: Fórum. 2010.

CHAKARIAN, Luciana. **Uso e ocupação do solo em Encostas nas áreas de Proteção de Mananciais da Bacia de Guarapiranga.** 2008. 184 f. Tese (mestrado) – Faculdade de Arquitetura e Urbanismo da Universidade de São Paulo. 2008.

CORRÊA, Roberto Lobato. **O espaço urbano.** 4ª. ed. São Paulo: Ática, 1999.

FABRIANI, Carmen Beatriz; CASTILHO, Lucas Valério. **Moradias Em Áreas De Risco, Cidadania E Participação: Um Desafio Para A**

Governança Municipal. **Revista Científica de Direitos Culturais – RDC**. v. 9, n. 19, p. 13-35, 2014.

FIGUEIREDO, Ricardo Brandão. **Engenharia social: soluções para áreas de risco**. São Pualo: Mcgraw-Hill, 1995.

GRAU, Eros Roberto. **A ordem econômica da Constituição de 1988: interpretação crítica**. São Paulo: Revista dos Tribunais, 1990.

GUSTIN, Miracy Barbosa de Sousa; DIAS, Maria Tereza Fonseca. **(Re)pensando a pesquisa jurídica: teoria e prática**. 3ª. ed. Belo Horizonte: Del Rey, 2010.

MPGO. **Assentamentos Urbanos Informais**. Disponível em: http://www.mpgo.mp.br/portal/news/assentamentos-urbanos-informais#.W19CK9JKjIU. Acesso em: 27 fev. 2021.

RANGEL, Helano Márcio Vieira; SILVA, Jacilene Vieira da Silva. O direito fundamental à moradia como mínimo existencial, e a sua efetivação à luz do estatuto da cidade. **Veredas do Direito**, Belo Horizonte, v. 6, n. 12, 2009. Disponível em: http://www.domhelder.edu.br/revista/index.php/veredas/article/viewFile/77/132. Acesso em: 27 fev. 2021.

REIS, Émilien Vilas Boas. A Cidade Real e a Cidade Ideal: Reflexões históricas, jurídicas e filosóficas. In: RIOS, Mariza; CARVALHO, Newton Teixeira; KLEINRATH, Stella de Moura. **A Cidade Real e a Cidade Ideal em uma reflexão transdisciplinar**. 1º ed. Belo Horizonte: Del Rey, 2013.

SOUZA, Marcelo Lopes de. **Mudar a cidade: uma introdução crítica ao planejamento e à gestão urbanos**. 6. ed. Rio de Janeiro: Bertrand Brasil, 2010.

VILLAÇA, Flávio. **Espaço intra-urbano no Brasil**. 2. ed. São Paulo: Studio Nobel, FAPESP, 2001.

WITKER, Jorge. **Como elaborar una tesis en derecho: pautas metodológicas y técnicas para el estudiante o investigador del derecho**. Madrid: Civitas, 1985.

RESPONSABILIDADE CIVIL DO ESTADO À LUZ DOS DIREITOS HUMANOS: ACESSIBILIDADE NAS ESCOLAS

2

Glayder Daywerth Pereira Guimarães

1 CONSIDERAÇÕES INICIAIS

A presente pesquisa aborda a temática transdisciplinar relacionada aos Direitos Humanos e ao Direito Civil, a partir de um estudo crítico e construtivo relativo à responsabilidade civil do Estado no tocante ao dever prestacional de educação, com enfoque na questão do acesso nas escolas para indivíduos com mobilidade reduzida ou deficiências físicas, perpassando a teoria do Direito do Danos a fim de apresentar resposta adequada à problemática. Ressalta-se, a crescente atenção em âmbito nacional e internacional, no que se refere à efetivação dos direitos humanos em sua plenitude, à dignidade da pessoa humana e os direitos fundamentais dos indivíduos.

Em vista da consecução do estudo, a seguinte problemática foi objeto de averiguações, a educação sob a ótica dos direitos humanos contempla a acessibilidade como pressuposto de uma prestação educacional consoante com a igualdade substancial?

Constata-se que a educação, é meio de inserção social e de desenvolvimento intelectual, tendo fundamental importância na vida das crianças, adolescentes, adultos e até mesmo idosos, uma vez que as mudanças no espaço social se mostram constantes e igualmente deve ser a educação.

Contemporaneamente, tem-se a noção de que a educação, não se limita ao mero ensino de competências, abarcando, também, a inserção do educando na sociedade. Ademais, a CR/88 revela o dever de prestação da educação no Brasil por parte do Estado, que estabelece a previsão legal por meio do artigo 6º, bem como do 205º e subsequentes.

A existência de um dever, via de regra, pressupõe a responsabilidade no caso da não efetivação dessa obrigação, sob esta perspectiva, é possível afirmar que existe responsabilidade do Estado caso não preste a educação tal como é disciplinada na Constituição da República e demais legislações que abordem a temática. Ademais, é possível afirmar que a acessibilidade é pressuposto para a prestação de uma educação isonômica, na medida em que garante condições mínimas para o acesso e bem-estar para a pessoa no ambiente escolar. Desse modo, a pesquisa perpassa a questão da responsabilidade civil do Estado, por omissão, no caso da falta de escolas com acessibilidade, aspecto diretamente correlato à dignidade do educando.

A pesquisa que se propõe pertence à vertente metodológica jurídico-sociológica. No tocante ao tipo de investigação, foi escolhido, na classificação Witker[1] e Gustin[2], o tipo jurídico-projetivo. De acordo com a técnica de análise do conteúdo, afirma-se que se trata de uma pesquisa teórica, o que será possível a partir da análise de conteúdo da doutrina, jurisprudência e legislação pertinente.

Em vista do cumprimento dos objetivos propostos, propõe-se investigar e analisar a educação enquanto elemento constitutivo do homem. Nessa linha de intelecção, são apresentadas visões sociológicas e jurídicas sobre a educação, assim como, a construção da proteção desse direito no Brasil.

Por fim, busca-se, lançar luzes sobre a temática proposta com a finalidade de apresentar soluções que permitam a implementação do programa constitucional de promoção da dignidade da pessoa humana e demais objetivos delineados na CR/88, a fim de garantir uma sociedade mais justa e igualitária.

---

[1] WITKER, Jorge. **Como elaborar una tesis en derecho: pautas metodológicas y técnicas para el estudiante o investigador del derecho.** Madrid: Civitas, 1985.
[2] GUSTIN, Miracy Barbosa de Sousa; DIAS, Maria Tereza Fonseca. **(Re)pensando a pesquisa jurídica: teoria e prática.** 3. ed. Belo Horizonte: Del Rey, 2010.

2 A EDUCAÇÃO ENQUANTO ELEMENTO CONSTITUTIVO DO HOMEM

Educação é um termo excepcionalmente amplo, abrangendo uma série de definições, por vezes consonantes, por vezes dissonantes. O estudo adota primariamente uma concepção sociológica durkheimiana[3] do termo em questão, de modo que, educação é essencialmente o processo por meio do qual o homem torna-se membro da sociedade em vista da socialização e aprimoramento cognitivo.

Sob o prisma durkheimineano a educação se apresenta externa ao indivíduo, atuando majoritariamente como um dos muitos processos de socialização que a pessoa perpassa no decorrer de sua vida e em certa medida no desenvolvimento intelectual da pessoa.

Em um segundo passo na tarefa de conceituar a educação, apresenta-se uma conceituação mais voltada ao sujeito, de modo que, pode-se afirmar que a educação é elemento constitutivo do ser humano, sendo um processo cognitivo que faz parte do desenvolvimento intelectual e de integração social, auxiliando em sua definição como sujeito individualizado, a construção ou desconstrução de crenças e ideologias, bem como o desenvolvimento como cidadão.[4] Ademais, compreende-se que a prática educacional deve ser transformadora do contexto social no qual o sujeito encontra-se inserido.

Os estudos sociológicos sobre educação, de modo geral, dividiram-se em dois segmentos. Acerca do exposto, esclarece Karl Marx:

> A teoria materialista de que os homens são produto das circunstâncias e da educação e de que, portanto, homens modificados são produto de circunstâncias diferentes e de educação modificada esquece que as circunstâncias são modificadas precisamente pelos homens e que o próprio educador precisa ser educado. Leva, pois, forçosamente, à divisão da sociedade em duas partes, uma das quais se sobrepõe à sociedade (como, por exemplo, em Robert Owen). A coincidência da modificação das circunstâncias e da atividade

---

[3] DURKHEIM, Émile. **Educação e Sociologia**. São Paulo: Hedra, 2010.
[4] GARCIA, Emerson. O Direito à Educação e suas Perspectivas de Efetividade. **Revista Jurídica da Presidência**, Brasília, v. 5, n. 57, p. 8-32, 2004.

humana só pode ser apreendida e racionalmente compreendida como prática transformadora.[5]

O autor evidencia duas concepções distintas sobre a educação. A tese de algumas correntes materialistas, das quais o autor discorda, que afirmam que o homem é produto das circunstâncias ao seu redor e é, portanto, moldado por tais circunstâncias sem imprima nessa realidade aspectos que a modificam. Lado outro, a tese marxista assevera que os homens são o impulso inicial das alterações das circunstâncias sociais e neste segmento, é necessário primeiro transformar os homens pelo processo educacional, alterando assim sua consciência para depois mudar as circunstâncias que permeiam a sociedade.

Deste modo, adota-se a partir deste ponto a segunda vertente, pois compreende-se que a educação é pressuposto das modificações sociais. Logo, educação é o meio pelo qual o indivíduo transforma a si, aos outros e o espaço ao seu redor.

> A educação está entre as atividades mais elementares e necessárias da sociedade humana, que jamais permanece tal qual é, porém se renova continuamente através do nascimento, da vinda de novos seres humanos. Esses recém-chegados, além disso, não se acham acabados, mas em um estado de vir a ser. Assim, a criança, objeto da educação, possui para o educador um duplo aspecto: é nova em um mundo que lhe é estranho e se encontra em processo de formação: é um novo ser humano e é um ser humano em formação.[6]

Hannah Arendt explicita que a educação é um processo em contínua transformação e evolução, dado que, o próprio processo educacional se altera com o decurso do tempo. Ademais, tem-se que tal processo eleva o ser humano a um patamar civilizatório, trata-se de uma atividade necessária à vida digna, corroborando com o ensino formal de competências e com o aprimoramento da cidadania.

---

[5] MARX, Karl. Teses contra Feurbach. In: MARX - **Os Pensadores**. 3. ed. São Paulo: Abril, 1985.
[6] ARENDT, Hannah. **Entre o passado e o futuro**. 7. ed. São Paulo: Perspectiva, 2016, p. 234-235.

Paulo Freire complementa as visões apresentadas e vislumbra no processo educacional um meio de libertação das amarras sociais e intelectuais.

> Educação como prática da liberdade. Trata-se, como veremos, menos de um axioma pedagógico que de um desafio da história presente. Quando alguém diz que a educação é afirmação da liberdade e toma as palavras a sério — isto é, quando as toma por sua significação real — se obriga, neste mesmo momento, a reconhecer o fato da opressão, do mesmo modo que a luta pela libertação.[7]

Ademais, sustenta, ainda, acerca da relevância do processo educacional.

> Como processo de conhecimento, formação política, manifestação ética, procura da boniteza, capacitação científica e técnica, a educação é prática indispensável aos seres humanos e deles específica na História como movimento, como luta. A História como possibilidade não prescinde da controvérsia, dos conflitos que, em si mesmos, já engendrariam a necessidade da educação.[8]

Na linha de intelecção destacada pelo autor, resta clara a relevância da educação enquanto processo de libertação do indivíduo, de transformação cultural e de evolução social. A educação não se limita ao ensino de competências, se expande e assemelha novos conteúdos com o decurso do tempo. Destarte, a educação é um processo contínuo, que se prolonga durante toda a vida das pessoas, sendo, portanto, necessária sua efetivação pela sociedade e pelo Estado.

Sob o prisma sociológico, resta clara a relevância do processo educacional para a vida dos sujeitos. Nesse segmento, o direito enquanto sistema diverso, se utiliza das inter-relações entre sistemas autônomos para modificar o próprio sistema, absorvendo, por meio de pontos tangentes entre direito e sociologia conteúdos diversos. No que se refere

---

[7] FREIRE, Paulo. **Educação como prática da liberdade.** Rio de Janeiro: Paz e Terra, 2014, p. 6.
[8] FREIRE, Paulo. **Política e educação.** 3. ed. Rio de Janeiro: Paz e Terra, 2017, p. 17.

ao prestígio que o direito confere à educação, bem como a importância da tutela jurídica de tal objeto, Norberto Bobbio explicita que:

> Não existe atualmente nenhuma carta de direitos que não reconheça o direito à instrução – crescente, de resto, de sociedade para sociedade – primeiro, elementar, depois secundária, e pouco a pouco, até mesmo, universitária. Não me consta que, nas mais conhecidas descrições do estado de natureza, esse direito fosse mencionado. A verdade é que esse direito não fora posto no estado de natureza porque não emergira na sociedade da época em que nasceram as doutrinas jusnaturalistas, quando as exigências fundamentais que partiam daquelas sociedades para chegarem aos poderosos da Terra eram principalmente exigências de liberdade em face das Igrejas e dos Estados, e não ainda de outros bens, como o da instrução, que somente uma sociedade mais evoluída econômica e socialmente poderia expressar.[9]

Ante o exposto, verifica-se que o universo jurídico ao constatar a importância da educação, enquanto elemento constitutivo do homem, presta resguardo a tal direito e, hodiernamente, o preconiza por meio das Constituições dos Estados.

3 BRASIL: PRESTAÇÃO DA EDUCAÇÃO E ACESSIBILIDADE

A legislação brasileira efetiva a tutela educacional por intermédio da lei maior do Estado, de modo que, a disposição acerca do dever de prestação da educação por parte do Estado é disposta no artigo 6º da Constituição da República, em interpretação sistêmica com o artigo 205 e subsequentes. Sendo que especial atenção deve ser dada ao artigo 206 da Constituição da República, que estabelece os princípios relativos a educação.

Os dispositivos elencados[10] estabelecem, com maior distinção, duas lições significativas ao objeto da presente pesquisa.

---

[9] BOBBIO, Norberto. **A Era dos direitos.** Rio de Janeiro: Elsevier, 2004, p. 75.
[10] Art. 6º São direitos sociais a educação, a saúde, a alimentação, o trabalho, a moradia, o transporte, o lazer, a segurança, a previdência social, a proteção à maternidade e à infância, a assistência aos desamparados, na forma desta

Primeiramente, a espécie de direito utilizada para tutelar a educação, visto que, na forma da Constituição, a educação é resguardada enquanto direito social, de modo que, o Estado se compromete em prestar educação a toda população. A segunda lição diz respeito ao princípio jurídico que confere a prerrogativa da igualdade de condições para todos em relação ao acesso e permanência na escola, devendo o Estado atuar como um facilitador nesta perspectiva.

Mostra-se imprescindível explanar que a educação básica[11] segundo a Lei de Diretrizes e Bases da Educação (LDB)[12] é composta pela educação infantil, pelo ensino fundamental e ensino médio, sendo então dever do Estado garantir tais níveis educacionais, gratuitamente e obrigatoriamente, a todos.

> Art. 227. É dever da família, da sociedade e do Estado *assegurar* à criança, ao adolescente e ao jovem, *com absoluta prioridade*, o direito à *vida*, à saúde, à alimentação, à *educação*, ao lazer, à profissionalização, à cultura, à *dignidade*, ao *respeito*, à liberdade e à convivência familiar e comunitária, além de colocá-los a *salvo de toda forma de*

Constituição. (BRASIL. **Constituição da República Federativa do Brasil.** 1988. Disponível em: http://www.planalto.gov.br/ccivil03/Constituicao/Constit uicaoCompilado.htm. Acesso em: 22 jan. 2021).
Art. 206. O ensino será ministrado com base nos seguintes princípios: I - igualdade de condições para o acesso e permanência na escola. (BRASIL. **Constituição da República Federativa do Brasil.** 1988. Disponível em: http://www.planalto.gov.br/ccivil03/Constituicao/ConstituicaoCompilado.htm. Acesso em: 22 jan. 2021).
[11] Art. 208. O dever do Estado com a educação será efetivado mediante a garantia de: I - educação básica *obrigatória* e *gratuita* dos 4 (quatro) aos 17 (dezessete) anos de idade, assegurada inclusive sua oferta gratuita para todos os que a ela não tiveram acesso na idade própria; II - progressiva universalização do ensino médio gratuito; (BRASIL. **Constituição da República Federativa do Brasil.** 1988. Disponível em: http://www.planalto.gov.br/ccivil03/Constituicao/Constit uicaoCompilado.htm. Acesso em: 22 jan. 2021).
[12] Art. 4º O dever do Estado com educação escolar pública será efetivado mediante a garantia de: I - educação básica obrigatória e gratuita dos 4 (quatro) aos 17 (dezessete) anos de idade, organizada da seguinte forma: a) pré-escola; b) ensino fundamental; c) ensino médio; (BRASIL. **Lei de Diretrizes e Bases da Educação.** 1996. Disponível em: https://www.planalto.gov.br/ccivil03/Leis/ L9394.htm. Acesso em: 02 mar. 2021.)

negligência, discriminação, exploração, violência, crueldade e opressão.[13]

No mesmo segmento, a Declaração Universal de Direitos Humanos estabelece em seu art. 26:

> Toda a pessoa tem direito à educação. A educação deve ser gratuita, pelo menos a correspondente ao ensino elementar fundamental. O ensino elementar é obrigatório. O ensino técnico e profissional dever ser generalizado; o acesso aos estudos superiores deve estar aberto a todos em plena igualdade, em função do seu mérito.[14]

Deste modo, resta determinado o dever do Estado brasileiro em prover a educação, sendo um direito humano e constitucional, taxativamente, disposto em ambos os diplomas legais. Importa ressaltar a base principiológica que sustenta o direito à educação, sendo a igualdade substancial um dos pressupostos necessários à verificação da efetivação do direito em questão.

Sob a perspectiva da igualdade substancial e dignidade da pessoa humana, a Lei nº 10.098/2000, que estabelece normas gerais e critérios básicos para a promoção da acessibilidade das pessoas portadoras de deficiência ou com mobilidade reduzida, estatui em seu artigo 11 o dever de adequação dos edifícios à pessoas com deficiência ou mobilidade reduzida.[15]

---

[13] BRASIL. **Constituição da República Federativa do Brasil.** 1988. Disponível em: http://www.planalto.gov.br/ccivil03/Constituicao/Constituicao Compilado.htm. Acesso em: 22 jan. 2021.

[14] EACDH, Escritório do Alto Comissário das Nações Unidas para os Direitos Humanos. **Declaração Universal dos Direitos Humanos.** 1948. Disponível em: https://www.ohchr.org/EN/UDHR/Documents/UDHR_Translations/por.pdf. Acesso em: 10 fev. 2021.

[15] Art. 11. A construção, ampliação ou reforma de edifícios públicos ou privados destinados ao uso coletivo deverão ser executadas de modo que sejam ou se tornem acessíveis às pessoas portadoras de deficiência ou com mobilidade reduzida. (BRASIL. **Lei nº 10.098.** 2000. Disponível em: http://www.planalto.gov.br/ccivil_03/leis/L10098.htm. Acesso em: 02 mar. 2021).

Ademais, o Estatuto da Pessoa com Deficiência (Lei nº 13.146/2015) estabelece em seu artigo 1º primeiro[16], o princípio da igualdade substancial e promoção da acessibilidade, visando a inclusão social e a promoção da cidadania dos sujeitos com deficiência ou mobilidade reduzida, em consonância com o já apontado.

O artigo 4º da mesma lei, ainda, determina:

> Toda pessoa com deficiência tem direito à *igualdade* de oportunidades com as demais pessoas e *não* sofrerá nenhuma espécie de *discriminação*. § 1º Considera-se discriminação em razão da deficiência toda forma de distinção, *restrição* ou *exclusão*, por ação ou *omissão*, que tenha o propósito ou o *efeito* de *prejudicar*, *impedir* ou *anular* o reconhecimento ou o exercício dos *direitos* e das liberdades fundamentais de pessoa com deficiência, incluindo a recusa de adaptações razoáveis e de fornecimento de tecnologias assistivas.[17]

Extrai-se dos dispositivos elencados, bem como do artigo 27 e subsequentes[18], a prioritária garantia de igualdade para as pessoas

---

[16] Art. 1º É instituída a Lei Brasileira de Inclusão da Pessoa com Deficiência (Estatuto da Pessoa com Deficiência), destinada a assegurar e a promover, em condições de igualdade, o exercício dos direitos e das liberdades fundamentais por pessoa com deficiência, visando à sua inclusão social e cidadania. (BRASIL. **Lei nº 13.146**. 2015. Disponível em: http://www.planalto.gov.br/CCIVIL_03/Ato2015-2018/2015/Lei/L13146.htm. Acesso em: 10 fev. 2021).

[17] BRASIL. **Lei nº 13.146**. 2015. Disponível em: http://www.planalto.gov.br/CCIVIL_03/Ato2015-2018/2015/Lei/L13146.htm. Acesso em: 10 fev. 2021.

[18] Art. 27. A educação constitui direito da pessoa com deficiência, assegurados sistema educacional inclusivo em todos os níveis e aprendizado ao longo de toda a vida, de forma a alcançar o máximo desenvolvimento possível de seus talentos e habilidades físicas, sensoriais, intelectuais e sociais, segundo suas características, interesses e necessidades de aprendizagem. Parágrafo único. É dever do Estado, da família, da comunidade escolar e da sociedade assegurar educação de qualidade à pessoa com deficiência, colocando-a a salvo de toda forma de violência, negligência e discriminação. (BRASIL. **Lei nº 13.146**. 2015. Disponível em: http://www.planalto.gov.br/CCIVIL_03/Ato2015-2018/2015/Lei/L13146.htm. Acesso em: 10 fev. 2021).
Art. 28. Incumbe ao poder público *assegurar*, criar, desenvolver, implementar, incentivar, acompanhar e avaliar: I - sistema educacional inclusivo em todos os níveis e modalidades, bem como o aprendizado ao longo de toda a vida; II - aprimoramento dos sistemas educacionais, visando a *garantir condições de*

portadoras de deficiência ou com mobilidade reduzida, em vista da inclusão desses sujeitos na sociedade e promoção da cidadania. Depreende-se que a igualdade substancial assegurada pelos dispositivos, abarca o direito à educação, sendo a acessibilidade um pressuposto indispensável para a efetivação plena desses direitos. Ademais, cabe ao Poder Público viabilizar as condições de acesso e permanência as escolas, de modo a eliminar barreiras e promover a inclusão social.

> Nossa Constituição não prevê um mero 'abrir de portas e adapte-se quem puder'. Ela impõe à República o dever de promover, de realizar ações garantidoras da não-exclusão. Assim, quando os movimentos sociais lutam pela inclusão, não estão fazendo nada mais do que reivindicar a aplicação do princípio da igualdade, na forma como é constitucionalmente garantida no Brasil.[19]

A hermenêutica sistemática-teleológica da Constituição da República, com especial fundamento nos dispositivos retromencionados, bem como a legislação pertinente mencionada, evidenciam o dever do Estado em prestar educação ao povo, assegurando, ainda, a dignidade e respeito. Sob esta ótica, a acessibilidade se insere como pressuposto mínimo para a efetivação da igualdade substancial e dignidade da pessoa humana na prestação da educação, sendo que, a falta desta se apresenta como passível de produção de danos aos sujeitos.

Nesse giro, a análise crítica e dialética da temática propõe uma interpretação segundo a qual é dever do Estado prestar acessibilidade nas escolas públicas, e não realizando tal medida, efetuar a matrícula da pessoa com deficiência ou mobilidade reduzida na escola mais próxima de sua residência, particular ou pública e, se necessário, custear o pagamento em instituição de ensino particular pelo tempo necessário para que ocorra a adequação do prédio público.

---

acesso, permanência, participação e aprendizagem, por meio da oferta de serviços e de *recursos de acessibilidade que eliminem as barreiras e promovam a inclusão plena*; (BRASIL. **Lei nº 13.146**. 2015. Grifo nosso. Disponível em: http://www.planalto.gov.br/CCIVIL_03/Ato2015-2018/2015/Lei/L13146.htm. Acesso em: 10 fev. 2021).

[19] FÁVERO, Eugênia Augusta Gonzaga. **Direitos das pessoas com deficiência: garantia da igualdade na diversidade**. 3. ed. Rio de Janeiro: WVA, 2012, p. 38-39.

4 RESPONSABILIDADE CIVIL DO ESTADO PELA ACESSIBILIDADE NA PRESTAÇÃO EDUCACIONAL

Restou determinado que a educação é dever do Estado, sendo um direito social conferido pela Constituição da República, que conjuntamente traçou determinadas diretrizes para a efetivação desse direito, sendo, a dignidade e o respeito componentes do prisma focal necessários à análise de tal direito, associados à acessibilidade e igualdade de oportunidades.

> É violação da cláusula geral de tutela da pessoa humana, seja por meio de prejuízo material, de violamento aos seus direitos extrapatrimoniais, seja praticando ofensa a sua dignidade por qualquer mal evidente ou perturbação. [...] Todavia, para que se configure dano moral, não é necessário que ocorra lesão a um direito subjetivo da vítima ou prejuízo por ela sofrido. A pura violação de qualquer situação subjetiva extrapatrimonial na qual a vítima esteja envolvida, desde que merecedora de tutela jurídica, basta para se gerar reparação. [...] Entretanto, a tutela da dignidade humana necessita possuir mais ampla proteção da pessoa.[20]

Sob essa perspectiva, resta claro que, a matricula do aluno em uma escola pública que não preste a acessibilidade se estabelece como efetivo dano moral à criança e ao adolescente, uma vez que, fere a dignidade, a igualdade de condições para o estudo e o respeito à pessoa.

Ademais, é primordial que se realize apreciação acerca da falta de acessibilidade em escolas, uma vez que, se espera que o Estado realize a construção de tais escolas ou adapte as escolas já existentes, de acordo com determinação constitucional e infraconstitucional.

Análise do Censo Escolar 2014 realizado pelo G1 revela que até a data do estudo, três a cada quatro escolas do Brasil não contavam com itens básicos de acessibilidade, tais como, rampas de acesso, corrimões, sinalizações, dentre outros. Especificamente, no que tange presença de

---

[20] REIS, Suely Pereira. **Dignidade Humana e danos extrapatrimoniais.** 2008. 112 f. Dissertação (Mestrado em Direito) – Pontifica Universidade Católica do Rio de Janeiro, Rio de Janeiro, p. 69.

sanitários adaptados, menos de 1/3 das escolas do país continham os mesmos.²¹

Nesse panorama, vislumbra-se uma conduta omissiva do Estado no que se refere à construção ou adaptação de escolas para pessoas com deficiência ou mobilidade reduzida, uma vez que tais adaptações ou construções visam garantir a igualdade, dignidade da pessoa humana, educação, entre outros direitos da criança e do adolescente.

No que se refere a temática da responsabilidade civil do Estado por omissão, controvérsia jurídica reside na caracterização da responsabilidade como objetiva ou subjetiva.

> Com algumas nuances referentes aos fundamentos, pode-se mencionar, entre outros que adotam a teoria da responsabilidade subjetiva em caso de omissão, José Cretella Júnior (1970, v. 8, p. 210), Yussef Said Cahali (1995, p. 282-283), Álvaro Lazzarini (RTJSP 117/16), Oswaldo Aranha Bandera de Mello (1979, v. II, p. 487), Celso Antônio Bandeira de Mello (RT 552/14). [...] A maioria da doutrina, contudo, parece pender para a aplicação da teoria da responsabilidade objetiva do Estado, em casos de sua omissão. [...] Na jurisprudência também existe a mesma controvérsia a respeito da responsabilidade subjetiva ou objetiva em caso de omissão do Poder Público. Mesmo no Supremo Tribunal Federal existem acórdãos nos dois sentidos. Pela responsabilidade objetiva, citem-se os acórdãos da 1ª Turma, proferidos no RE-109.615-2-RJ, tendo como Relator o Ministro José Celso de Melo (j. 28-5-96, v. u.), e RE-170.014-9-SP, sendo Relator o Ministro Ilmar Galvão (j. 31-10-97, v. u.). Pela responsabilidade subjetiva, os acórdãos da 2ª Turma, proferidos no RE-180-602-8-SP, sendo Relator o Ministro Marco Aurélio (j. 15-12-98, v. u.) e RE-170-147-1-SP, sendo Relator o Ministro Carlos Velloso (j. 12-12-97, v. u.). (DI PIETRO, 2015, p. 797-799).

Mostra-se, importante ressaltar que, não é toda omissão, que enseja a responsabilidade civil do Estado, devendo essa ser específica. Sérgio Cavalieri Filho indica que, haverá omissão específica quando, por

---

²¹ G1. **A escola acessível (ou não).** Agosto, 2015. Disponível em: http://especiais.g1.globo.com/educacao/2015/censo-escolar-2014/a-escola-acessivel-ou-nao.html. Acesso em: 14 jan. 2021.

omissão sua, o Estado, crie a situação favorável para a ocorrência do evento em situação em que tinha que agir para impedi-lo.[22]

Felipe Peixoto Braga Netto explicita:

> Não é qualquer omissão que faz surgir o dever de indenizar do Estado. Diríamos que se trata de uma omissão qualificada. Ou, mais exatamente, de uma omissão juridicamente relevante. Uma omissão que se revisa de cores que revelem que foi inadequada, injusta, a inanição do Estado no caso concreto.[23]

Ademais, verifica-se o dever do Estado em garantir o ensino em igualdade de condições a todos, e consequente omissão no que se refere a acessibilidade nas escolas, de modo a, causar danos à dignidade da pessoa e ferindo o princípio da igualdade material.

Sílvio de Salvo Venosa estabelece que as particularidades do caso concreto devem ser observadas, uma vez que, o exame da situação concreta revelará particularidades que podem influir na temática da responsabilização.

> Para que incida a responsabilidade decorrente de omissão, tem que haver o *dever de agir* por parte do Estado e a *possibilidade de agir* para evitar o dano. [...] Tem que se tratar de uma conduta que seja *exigível* da Administração e que seja *possível* diante das circunstâncias de cada caso e diante dos recursos à disposição do Poder Público. Essa possibilidade só pode ser examinada diante de cada caso concreto. Tem aplicação, no caso, o *princípio da reserva do possível,* que constitui, por sua vez, aplicação do princípio da razoabilidade: o que seria aceitável exigir do Estado para impedir o dano.[24]

Na mesma linha de raciocínio, lecionam Cristiano Chaves de Farias, Nelson Rosenvald e Felipe Peixoto Braga Netto.

> A questão, portanto, se põe: por quais omissões o Estado responde? Cremos que existem duas chaves hermenêuticas

---

[22] CAVALIERI FILHO, Sérgio. **Programa de responsabilidade civil.** 12. ed. São Paulo: Atlas, 2015.
[23] BRAGA NETTO, Felipe Peixoto. **Manual da Responsabilidade Civil do Estado.** 12. ed. Salvador: JusPODIVM, 2014, p. 184.
[24] VENOSA, Silvio de Salvo. **Responsabilidade Civil Contemporânea.** São Paulo: Atlas, 2011, p. 413.

que podem ajudar o interprete diante de casos difíceis: (a) os conceitos de omissão genérica e omissão específica; (b) a indagação a ser contextualizada no caso concreto: o Estado tinha o dever de evitar o dano? [...] Devemos verificar, no caso concreto, se a omissão estatal é juridicamente relevante. Em outras palavras, convém investigar, em caso de omissão, se o Estado pode ser tido como garantidor do bem jurídico lesado. As sociedades em que vivemos, complexas e plurais, redefinem as funções do Estado. Reformulam seus deveres. Reduz-se qualitativamente, os espaços de omissão estatal legítima. O Estado do século XXI não pode se omitir em determinadas áreas, a ele são juridicamente proibidas, hoje, certas omissões que no passado talvez se permitissem. Exige-se, portanto, um agir estatal proporcional, eficiente, cuidadoso. Se ele falhar na sua função de garantidor dos direitos fundamentais, no caso concreto, a responsabilidade civil do Estado deverá se impor.[25]

Dessarte, a responsabilidade civil do Estado resta evidenciada, devendo o julgador, diante das circunstâncias do caso concreto, verificar se a situação em análise se assemelha à regra geral acima verificada.

Ademais, é necessário abordar a questão do transporte para as escolas. A lei não estabeleceu um critério de distância entre a residência do educando e a escola para o fornecimento de transporte escolar. Em vista dessa omissão, a jurisprudência determinou a distância de 2 Km (dois quilômetros) como um parâmetro, como se extrai dos julgados abaixo colacionados.

O AGV-70076649474-RS assevera a construção jurisprudencial de um critério de dois quilômetros a partir dos quais a disponibilização de transporte passa a ser obrigatória.

No mesmo sentido, se estabelece a AC–70076059724-RS.

Complementarmente, os julgados da AC–70075812396-RS e da AC–70075701250-RS, estabelecem o mesmo critério de dois quilômetros.

Essa medida deu solução a uma série de lides e estabilizou inúmeras relações entre o Poder Público e os particulares. Contudo, tal parâmetro não se mostra adequado uma vez que a acessibilidade deve

---

[25] FARIAS, Cristiano Chaves de; ROSENVALD, Nelson; BRAGA NETTO, Felipe Peixoto. **Curso de Direito: Responsabilidade Civil**. 4. ed. Bahia: JusPODIVM, 2017, p. 657-658.

também ser verificada para além dos muros das escolas, pois do contrário a dignidade e a igualdade substancial não seriam garantidas e o dano ainda restaria verificado. A problemática reside no fato de que grande parte dos ônibus de transporte escolar não contarem com acessórios de acessibilidade, tais como, rampas ou assentos, o que inviabiliza sua utilização pela pessoa com deficiência ou com mobilidade reduzida.

Outrossim, é importante que se reconheça que a proposição de reparar o dano sofrido hodiernamente não se limita à indenização, podendo se perfazer por outros meios. *In casu*, propõe-se que a reparação se dê pela matricula da criança ou adolescente, que se encontre em tais condições, na escola mais próxima da sua residência, com acessibilidade, seja ela pública ou particular. Uma vez que, conservar o aluno em uma escola sem acessibilidade ou realizar a matrícula do mesmo em escola distante de sua residência podem causar efetivos danos à sua dignidade, causados pela falta de transporte adequado.

> Por tudo isso, parece que a ideia de responsabilidade por danos pode ser uma importante ruptura com a perspectiva de responsabilidade civil, por se basear em outros pressupostos, quais sejam: (i) foco na vítima; (ii) pressuposto ético na alteridade; (iii) rompimento com a ideia de culpa e dolo; (iv) substituição do nexo de causalidade pela ideia de formação da circunstância danosa; (v) prioridade na precaução e na prevenção, sempre em um viés prospectivo, e a tutela dos hipervulneráveis, dos vulneráveis e dos hipossuficientes: pela resposta proporcional ao agravo e concretizadora de justiça social; (vi) mitigação das excludentes do dever de reparar.[26]

Destarte, o Direito dos Danos[27] se apresenta como uma teoria capaz prover tutela aos interesses das vítimas, ao ampliar o conceito de

---

[26] FROTA, Pablo Malheiros da Cunha. Responsabilidade Civil por danos e a superação da ideia da responsabilidade civil: reflexões. In: ROSENVALD, Nelson; MILAGRES, Marcelo. **Responsabilidade Civil: Novas Tendências**. Indaiatuba: Foco Jurídico, 2017, p. 219-220.

[27] "A responsabilidade por danos redescreve a linguagem da precaução, da prevenção e da reparação, com a extensão e a inovação de direitos e de deveres às vítimas, aos lesantes e (ou) responsáveis e à sociedade. O instituto esteia-se nos princípios do neminem laedere, da solidariedade social, da reparação integral e da primazia da vítima" (FROTA, Pablo Malheiros da Cunha. **Imputação sem**

dano e minimizar as hipóteses de não reparação, apresentando, como elemento central, não mais o nexo causal, mas, o efetivo dano sofrido.

5 CONSIDERAÇÕES FINAIS

Buscou-se, nesta pesquisa, por meio da investigação dos elementos expostos, dos critérios jurídico-sociológicos apontados, do estudo da doutrina e jurisprudência, bem como da legislação pertinente, analisar a questão da aplicação da responsabilidade civil do Estado pela falta de escolas com acessibilidade. A temática se situa em um complexo cenário, excepcionalmente amplo, haja vista que a responsabilidade civil do Estado por omissão é tema regado de controvérsias e ainda não pacífico na doutrina e mesmo na jurisprudência do Supremo Tribunal Federal.

Dessarte, pretendeu-se investigar e analisar a questão da educação sob um prisma humanístico, correlacionando educação isonômica e acessibilidade. Para tal, perpassou-se a questão da importância da educação hodiernamente, com esteio no estudo transdisciplinar da sociologia e do Direito.

Ademais, tratou-se a temática da existência ou inexistência de um dever do Estado brasileiro para com a prestação da educação, procedendo a questão da acessibilidade enquanto pressuposto mínimo para prestação de uma educação lastreada em uma principiologia adequada. Consequentemente, abordou-se a temática responsabilidade civil do Estado por omissão no caso de uma prestação ineficiente da educação correlata à acessibilidade e das controvérsias jurídicas sobre este assunto. Por fim, versou-se a questão da acessibilidade como pressuposto de uma educação isonômica e não excludente.

No que se refere à hipótese delimitada no início do estudo, a pesquisa apontou pela possibilidade de imputação de responsabilidade do Estado pela omissão quanto a prestação de acessibilidade nas escolas.

Conclui-se, portanto, que a educação é elemento constitutivo do homem, não se limitando a mero meio de inserção social e de

---

nexo causal e a responsabilidade por danos. 2013. 275 f. Tese (Doutorado em Direito) – Faculdade de Direito. Universidade Federal do Paraná. Curitiba, Paraná, p. 214)

desenvolvimento intelectual. Ressalta-se sua fundamental importância na vida dos mais diversos indivíduos na medida em que é um processo cognitivo que faz parte do desenvolvimento intelectual e de integração social, auxiliando em sua definição como sujeito individualizado, a construção ou desconstrução de crenças e ideologias, o desenvolvimento como cidadão e sendo hodiernamente elemento transformador do contexto social no qual os alunos estão inseridos.

A análise da Constituição da República, aliada à Declaração Universal dos Direitos Humanos, revela o dever de prestação da educação no Brasil por parte do Estado. Verificou-se, também, o dever do Estado em garantir a acessibilidade aos prédios públicos, sendo necessária a prestação da acessibilidade em escolas, pois do contrário evidencia-se patente omissão estatal. Neste segmento, é possível afirmar que existe a responsabilidade do Estado caso não preste a educação tal como é disciplinada na Constituição da República e demais legislações que abordem a temática.

Nessa linha de raciocínio, constatou-se que a acessibilidade é pressuposto mínimo para a garantia de uma educação pautada em um paradigma que consagre a igualdade substancial e dignidade da pessoa humana. Não é possível se limitar a garantia de acessibilidade ao espaço escolar, sendo necessária sua extensão aos meios ofertados pelo Estado como transportes para os educandos com deficiência ou com mobilidade reduzida.

No cenário exposto, a omissão do Estado em fornecer, efetivamente, o número adequado de escolas com acessibilidade se insere como elemento gerador de inúmeros danos, que merecem atenção da sociedade como um todo e do Direito, notadamente, no que concerne a ofensa aos direitos humanos na situação descrita. Há de se ter em mente que a educação é elemento constitutivo do homem, sendo importante salientar a existência de possíveis reflexos que uma educação que não assegure a dignidade da pessoa humana, em especial, do educando, possa causar no futuro ao indivíduo e a sociedade.

Em vista de todos os aspectos apresentados, propõe-se que a possível solução para a problematização relacionada a falta de escolas com acessibilidade, se encontra na realização da matrícula dos alunos nas escolas próximas de suas residências, sejam públicas ou particulares.

Portanto, deve o Estado arcar com os custos relativos à efetivação desse direito, para fins de se implementar de forma efetiva o programa constitucional de promoção da dignidade da pessoa humana, tal como concebido pela Constituição da República de 1988, com vistas a garantir o respeito e a prioridade do direito à educação.

REFERÊNCIAS

ARENDT, Hannah. **Entre o passado e o futuro.** 7. ed. São Paulo: Perspectiva, 2016.

BOBBIO, Norberto. **A Era dos direitos.** Rio de Janeiro: Elsevier, 2004.

BRAGA NETTO, Felipe Peixoto. **Manual da Responsabilidade Civil do Estado.** 12. ed. Salvador: JusPODIVM, 2014.

BRASIL. **Constituição da República Federativa do Brasil.** 1988. Disponível em: http://www.planalto.gov.br/ccivil03/Constituicao/ConstituicaoCompilado.htm. Acesso em: 22 jan. 2021.

BRASIL. **Lei de Diretrizes e Bases da Educação.** 1996. Disponível em: https://www.planalto.gov.br/ccivil03/Leis/L9394.htm. Acesso em: 02 mar. 2021.

BRASIL. **Lei nº 10.098.** 2000. Disponível em: http://www.planalto.gov.br/ccivil_03/leis/L10098.htm. Acesso em: 02 mar. 2021.

BRASIL. **Lei nº 13.146.** 2015. Disponível em: http://www.planalto.gov.br/CCIVIL_03/Ato2015-2018/2015/Lei/L13146.htm. Acesso em: 10 fev. 2021.

CAVALIERI FILHO, Sérgio. **Programa de responsabilidade civil.** 12. ed. São Paulo: Atlas, 2015.

DI PIETRO, Maria Zanella. **Direito administrativo.** 28. ed. São Paulo: Atlas, 2015.

DURKHEIM, Émile. **Educação e Sociologia.** São Paulo: Hedra, 2010.

EACDH, Escritório do Alto Comissário das Nações Unidas para os Direitos Humanos. **Declaração Universal dos Direitos Humanos.** 1948. Disponível em: https://www.ohchr.org/EN/UDHR/Documents/UDHR_Translations/por.pdf. Acesso em: 10 fev. 2021.

FARIAS, Cristiano Chaves de; ROSENVALD, Nelson; BRAGA NETTO, Felipe Peixoto. **Curso de Direito: Responsabilidade Civil.** 4. ed. Bahia: JusPODIVM, 2017.

FÁVERO, Eugênia Augusta Gonzaga. **Direitos das pessoas com deficiência: garantia da igualdade na diversidade.** 3. ed. Rio de Janeiro: WVA, 2012.

FREIRE, Paulo. **Educação como prática da liberdade.** Rio de Janeiro: Paz e Terra, 2014.

FREIRE, Paulo. **Política e educação.** 3. ed. Rio de Janeiro: Paz e Terra, 2017.

FROTA, Pablo Malheiros da Cunha. **Imputação sem nexo causal e a responsabilidade por danos.** 2013. 275 f. Tese (Doutorado em Direito) – Faculdade de Direito. Universidade Federal do Paraná. Curitiba, Paraná.

FROTA, Pablo Malheiros da Cunha. Responsabilidade Civil por danos e a superação da ideia da responsabilidade civil: reflexões. In: ROSENVALD, Nelson; MILAGRES, Marcelo. **Responsabilidade Civil: Novas Tendências.** Indaiatuba: Foco Jurídico, 2017, p. 211-227.

G1. **A escola acessível (ou não).** Agosto, 2015. Disponível em: http://especiais.g1.globo.com/educacao/2015/censo-escolar-2014/a-escola-acessivel-ou-nao.html. Acesso em: 14 jan. 2021.

GARCIA, Emerson. O Direito à Educação e suas Perspectivas de Efetividade. **Revista Jurídica da Presidência**, Brasília, v. 5, n. 57, p. 8-32, 2004.

GUSTIN, Miracy Barbosa de Sousa; DIAS, Maria Tereza Fonseca. **(Re)pensando a pesquisa jurídica: teoria e prática.** 3. ed. Belo Horizonte: Del Rey, 2010.

MARX, Karl. Teses contra Feurbach. In: MARX - **Os Pensadores**. 3. ed. São Paulo: Abril, 1985.

REIS, Suely Pereira. **Dignidade Humana e danos extrapatrimoniais**. 2008. 112 f. Dissertação (Mestrado em Direito) – Pontifica Universidade Católica do Rio de Janeiro, Rio de Janeiro.

RIO GRANDE DO SUL. Tribunal de Justiça. **Apelação 70075701250**. Relator: Sérgio Fernando de Vasconcellos Chaves, Data de Julgamento: 12/12/2017, Oitava Câmara Cível, Data de Publicação: 14/12/2017. Disponível em: http://www.tjrs.jus.br/busca/search?q=70075701250&proxystylesheet=tjrs_index&client=tjrs_index&filter=0&getfields=*&aba=juris&emtsp=a__politica-site&wc=200&wc_mc=1&oe=UTF-8&ie=UTF-8&ud=1&sort=date%3AD%3ªS%3Ad1&as_qj=&site=ementario&as_epq=&as_oq=&as_eq=&as_q=+#main_res_juris. Acesso em: 15 jan. 2021.

RIO GRANDE DO SUL. Tribunal de Justiça. **Apelação 70076059724**. Relator: Rui Portanova, Data de Julgamento: 08/02/2018, Sétima Câmara Cível, Data de Publicação: 15/02/2018. Disponível em: http://www.tjrs.jus.br/busca/search?q=70076059724&proxystylesheet=tjrs_index&client=tjrs_index&filter=0&getfields=*&aba=juris&entsp=a__politica-site&wc=200&wc_mc=1&oe=UTF-8&ie=UTF-8&ud=1&sort=date%3AD%3AS%3Ad1&as_qj=&site=ementario&as_epq=&as_oq=&as_eq=&as_q=+#main_res_juris. Acesso em: 10 fev. 2021.

RIO GRANDE DO SUL. Tribunal de Justiça. **Apelação 70075812396**. Relator: Sérgio Fernando de Vasconcellos Chaves, Data de Julgamento: 28/02/2018, Sétima Câmara Cível, Data de Publicação: 12/03/2018. Disponível em: http://www.tjrs.jus.br/busca/search?q=70075812396&proxystylesheet=tjrs_index&client=tjrs_index&filter=0&getfields=*&aba=juris&entsp=a__politica-site&wc=200&wc_mc=1&oe=UTF8&ie=UTF-8&ud=1&sort=date%3AD%3ªS%3Ad1&as_qj=0075812396&site=ementario&as_epq=&as_oq=&as_eq=&as_q=+#main_res_juris. Acesso em: 22 mar. 2021.

RIO GRANDE DO SUL. Tribunal de Justiça. **Agravo 70076649474**. Relator: Sérgio Fernando de Vasconcellos Chaves, Data de Julgamento: 28/03/2018, Sétima Câmara Cível, Data de Publicação: 06/04/2018. Disponível em: http://www.tjrs.jus.br/busca/search?q=70076649474&proxystylesheet=tjrs_index&client=tjrs_index&filter=0&getfields=*&aba=juris&entsp=a__politica-site&wc=200&wc_mc=1&oe=UTF8&ie=U

TF-8&ud=1&sort=date%3AD%3ªS%3Ad1&as_qj=&site=ementario&as_epq=&as_oq=&as_eq=&as_q=+#main_res_juris. Acesso em: 15 jan. 2021.

VENOSA, Silvio de Salvo. **Responsabilidade Civil Contemporânea.** São Paulo: Atlas, 2011.

WITKER, Jorge. **Como elaborar una tesis en derecho: pautas metodológicas y técnicas para el estudiante o investigador del derecho.** Madrid: Civitas, 1985.

A EFICÁCIA JURÍDICA E SOCIAL DAS NORMAS REFERENTES À DEMARCAÇÃO DE TERRAS INDÍGENAS

Érica Melicia da Silva Silveira

1 CONSIDERAÇÕES INICIAIS

A presente pesquisa tem como tema, a eficácia jurídica e social das normas referente à demarcação de terras indígenas, especificamente sobre o processo social atual brasileiro, nesse sentido, far-se-á necessário à contextualização histórica, passando-se por marcos normativos, bem como sobre os procedimentos administrativos das demarcações das terras indígenas.

Cabe ressaltar desde logo, as normas positivadas atinentes à demarcação de terras indígenas: s demarcação das terras indígenas está prevista no artigo 231, da Constituição Federal de 1988 que disciplina que serão habitadas pelos índios, em caráter permanente, utilizadas para suas atividades produtivas, imprescindíveis à preservação dos recursos ambientais necessários a seu bem-estar e a sua reprodução física e cultural, usos, costumes e tradições.

Depreende-se da disposição constitucional que a terra está intrinsicamente ligada ao conceito de vida.

Com o escopo de se analisar o tema da presente pesquisa tem-se de admitir, como pressuposto da discussão: a noção de que os direitos dos indígenas à terra são definidos como direitos originários, anterior a criação do próprio Estado, em outras palavras, o direito indígena à terra independe de reconhecimento oficial por parte do Estado, sendo a demarcação de terras por parte do Estado meramente declaratória, e se presta a indicar a extensão territorial da posse para que assim dê-se eficácia a disposição constitucional.

Ainda, contribui para o ordenamento fundiário, garantia da diversidade étnica e cultural, inclusive para fins de proteção dos povos indígenas isolados, além da conservação ambiental.

Cabe destacar que a Constituição além de expressamente prever o direito a demarcação de terra, por meio do artigo 67, ADCT: estabelece um prazo de 5 (cinco) anos para a União promovê-la;

Há uma preocupação de se assegurar o direito aos indígenas sobre as terras por eles habitadas desde a proclamação da República, tanto o é, que todas as Constituições da era republicana, ressalvada a Constituição de 1981 reconhecem o referido direito.

Constata-se que, ainda que houvesse uma preocupação por diversas Constituições, ainda atualmente a demarcação de terras é reivindicada pelos povos indígenas.

Para explicitar essa possível carência de eficácia é proposto para a realização da presente pesquisa, um estudo sobre a demarcação das terras indígenas, a estrutura do procedimento administrativo para que se chegue à delimitação das terras, passa-se pela tradicionalidade da ocupação, bem como as contradições que permeiam o assunto, no que tange as garantias elencadas na Constituição Federal. Para que por fim se verifique se a demarcação de terras indígenas tem eficácia social (efetividade), de que modo se assegura o contraditório no processo de demarcação das referidas terras, e se é demasiadamente burocrático todo esse processo.

Dessa forma se propõe a responder a seguinte pergunta: Em que medida tem eficácia social (efetividade), ante aos anseios da população indígena e a própria previsão constitucional do tema, e como se dá o processo de demarcação propriamente dito, se é assegurado devidamente o contraditório e de que forma minimizar eventual burocracia?

Cumpre salientar o modelo teórico adotado para fins de pesquisa, qual seja, o hermenêutico-argumentativo. Dessa forma, serão tratadas tanto as questões da eficácia da norma constitucional, como a análise do contexto atual sobre o processo de demarcação das terras.

A análise da previsão do direito dos indígenas a terra por eles habitadas nas Constituições da era republicana, denota que este já é uma preocupação antiga, a qual também é compartilhada pela Constituição de 1988, que reconhece que o a posse da terra pelos indígenas é um direito originário, anterior a criação do próprio Estado, ainda assim é importante que seja realizada a demarcação para que se evite problemas conflitos referentes ao ordenamento fundiário, e que se assegure garantia da diversidade étnica e cultural, inclusive para fins de proteção dos povos indígenas isolados, além da conservação ambiental. Ante a importância da atuação do Estado em prol da referida demarcação, esta se mostra incipiente, haveriam conflitos de interesses para com outros setores da sociedade que impedem que seja realizada a demarcação de forma efetiva, e havendo esses conflitos como resolvê-los levando em conta o baixo contingente indígena subrepresentado pelos representantes políticos, essa passa sobretudo sobre uma discussão de incentivo a que os indígenas concorram a cargos políticos para que sem protagonistas de suas próprias reivindicações.

Por fim, nota-se que a importância da pesquisa para sociedade está sobre os aspectos do cumprimento da legislação brasileira, gerando segurança jurídica, já que não o tem se verificado na prática, uma vez que além do não cumprimento das normas, os indígenas também não possuem representatividade, o que dificulta o processo de igualdade e isonomia entre os povos originários.

Para se alcançar o objetivo deste estudo, a metodologia é um ponto nuclear, deste modo, adota-se a uma vertente metodológica jurídico-sociológica. No tocante ao tipo de investigação, foi escolhido, na classificação Witker (1985) e Gustin (2010), o tipo jurídico-projetivo. De acordo com a técnica de análise de conteúdo, afirma-se que se trata de uma pesquisa teórica, o que será possível a partir da análise de conteúdo dos textos doutrinários, normas e demais dados colhidos na pesquisa.

2 CONTEXTUALIZAÇÃO HISTÓRICA DAS TERRAS INDÍGENAS

O conflito pelas terras iniciou-se antes do descobrimento do chamado Novo Mundo. Sob a perspectiva da Igreja, quem se encarregava de outorgar os títulos às terras era a Igreja Católica, a qual afirmava que as terras descobertas através da expansão marítima portuguesa pertenciam a Deus. As nações, por sua vez, repudiavam a doutrina da igreja e reclamavam para si as terras, faz-se referência inclusive ao

Tratado de Tordesilhas, através do qual, Portugal e Castela reclamavam para si terras do Novo Mundo e estabeleciam a partilha das mesmas.[1]

> (...) Os interesses das nações rivalizaram com essa doutrina. Documentos celebrados entre as nações também pactuavam a primazia da exploração das terras descobertas. Dentre eles, o Tratado de Tordesilhas, assinado em 07 de junho de 1494, entre os reinos de Portugal e Castela, definindo a partilha do chamado Novo Mundo. A divisão no Tratado traçava artificialmente um limite de 370 léguas (1.770 km) a oeste das ilhas do Cabo Verde, sendo que as terras a oeste pertenciam ao Reio de Castela e a leste ao de Reino de Portugal[2]

Portugal após reclamar as terras do Brasil, instalou as capitanias hereditárias, um sistema administrativo através do qual dividiu-se o território brasileiro em faixas e concedeu as mesmas à nobres com a finalidade de colonização e exploração econômica.[3] Nota-se que a instituição de tal sistema objetivava o domínio dos povos nativos.

Em contrapartida, estabeleceu-se uma legislação colonial que tinha como pressuposto a soberania indígena e o direito aos territórios que tinham em sua posse, a qual far-se-á referência a seguir:

Nesse período, são reconhecidos expressamente por leis e regimentos oficiais, concomitantes à colonização, as Cartas Régias de 30 de julho de 1609, promulgadas por Filipe III, acerca da proteção à liberdade dos índios ao prever que todos os gentios d'aquelas partes do Brazil por livres, conforme o Direito.[4]

Marco também foi o reconhecimento do domínio dos índios sobre as terras nas Cartas Régias de 10 de setembro de 1611:

> Os gentios são senhores de suas fazendas nas povoações, como o são na Serra, sem lhes poderem ser tomadas, sem sobre elas se lhes fazer moléstia ou injustiças alguma, nem poderão ser mudados contra suas vontades das capitanias e lugares que lhes forem ordenados, salvo quando eles livremente o quiserem fazer".[5]

---

[1] VILLARES, Luiz Fernando. **Direito e povos indígenas**. Juruá, 2013.
[2] VILLARES, Luiz Fernando. **Direito e povos indígenas**. Juruá, 2013, p. 98
[3] VILLARES, Luiz Fernando. **Direito e povos indígenas**. Juruá, 2013.
[4] VILLARES, Luiz Fernando. **Direito e povos indígenas**. Juruá, 2013
[5] VILLARES, Luiz Fernando. **Direito e povos indígenas**. Juruá, 2013, p. 99

Em 1680, a Coroa Portuguesa, declarou expressamente que os índios eram senhores de seus domínios e os desaldeados seriam agraciados com lugares convenientes para cultivarem suas terras, bem como seriam isentos dos impostos e taxas em relação a elas. Nada obstante, não o era considerado na prática.

> Não obstante a Coroa Portuguesa demonstrasse certa prodigalidade na edição de atos protetores do direito indígena, na prática, não era efetivado, especialmente no que tange ao reconhecimento do direito dos silvícolas às suas terras. Como a possibilidade, prevista na Lei de 10.03.1570, de escravizar os índios quando "tomados em guerra justa autorizada pelo rei ou governadores, ou nas correrias matutinas em que assaltavam e roubavam as habitações". O que acabou por privar os índios de sua liberdade e terras, pois com a edição da Carta Régia, Dom João VI declarou devolutas as terras conquistadas aos índios quem havia sido declarada por guerra justa.[6]

Em que pese à posição tratada acima, o reconhecimento da terra indígena veio nos meados de 1819, constando que as aldeias eram consideradas inalienáveis e nulas as concessões das sesmarias.

Em 1850, o Governo imperial promulgou a Lei de Terras ou Lei 601, de 18 de setembro de 1850, que disciplinou o regime fundiário no Brasil. O art. 3º definia o que seriam terras devolutas.[7]

2.1 Conceito de terras devolutas

Todas as terras descobertas nesse período passaram a ser da Coroa Portuguesa, que adotou o sistema de concessão de sesmarias para distribuí-las, assim, aos colonizadores eram dadas e caso estes não cultivassem, seriam elas revertidas à Coroa.

---

[6] VILLARES, Luiz Fernando. **Direito e povos indígenas**. Juruá, 2013, p. 99.
[7] BRASIL. **Lei 601**. 1850. Disponível em http://www.planalto.gov.br/ccivil_03/l eis/l0601-1850.htm#:~:text=LEI%20No%20601%2C%20DE,sem%20preenchi mento%20das%20condições%20legais.&text=1º%20Ficam%20prohibidas%20 as%20acquisições,não%20seja%20o%20de%20compra. Acesso em: 29 mar. 2021.

Pois bem, nesse contexto, faz necessário apresentar o conceito dado às terras devolutas que na Lei 601, de 1850: "Art. 3º São terras devolutas: §1º As que não se acharem aplicadas a algum uso público nacional, provincial ou municipal."[8]

Em seu art. 12, a Lei de Terras possibilitava que fossem reservadas as terras devolutas para colonização dos indígenas. Ou seja, esses aldeamentos artificialmente criados estavam no mesmo lugar das ocupações tradicionais, declarando-se todas as terras necessárias e pertencentes aos índios como devolutas.[9]

Embora, reconheceu-se por intermédio de lei que fossem reservadas as terras devolutas para colonização dos indígenas, a disponibilização das terras era diminuta, uma vez que as províncias reduziam as terras indígenas ao aldeamento, sob a justificativa de que a porção diminuta de terra era suficiente para a necessidade de os indígenas extraírem sua subsistência, pois, já tinham os recursos naturais que lhes eram fundamentais".[10]

Outro expediente muito usado para a usurpação das terras indígenas era a sua divisão em lotes a serem distribuídos para os próprios índios e depois tomados pelos arrendamentos legais, com subterfúgios ou mesmo com a coação para a sua transferência. As terras indígenas foram simplesmente anunciadas, em muitos casos, por leis locais, como devolutas pela extinção fictícia dos aldeamentos, que continuavam existindo materialmente.[11]

Outrossim, o que evidenciava é que posteriormente, as câmaras e o Estado na prática não corroboravam com o que estava disposto pelas leis que asseguravam os direitos indígenas, uma vez que apesar das disposições assegurando às terras, isto não era observado.

---

[8] BRASIL. **Lei 601**. 1850. Disponível em http://www.planalto.gov.br/ccivil_03/l eis/l0601-1850.htm#:~:text=LEI%20No%20601%2C%20DE,sem%20preenchi mento%20das%20condições%20legais.&text=1º%20Ficam%20prohibidas%20 as%20acquisições,não%20seja%20o%20de%20compra. Acesso em: 29 mar. 2021.
[9] VILLARES, Luiz Fernando. **Direito e povos indígenas**. Juruá, 2013, p. 102.
[10] VILLARES, Luiz Fernando. **Direito e povos indígenas**. Juruá, 2013.
[11] VILLARES, Luiz Fernando. **Direito e povos indígenas**. Juruá, 2013, p. 102.

Evidencia-se assim, que as práticas do Estado e dos poderes locais não eram permitidas pela legislação, pois nem sempre se destinava parcela das terras devolutas aos indígenas. E quando se destinava era utilizando de má-fé, pois, criava-se aldeamentos artificiais, com fito de dar aparência de que os indígenas ocupavam porção significativa de terra.

3 TRADICIONALIDADE DA OCUPAÇÃO

A partir da conquista do Brasil diplomas legais passaram a reconhecer o direito dos indígenas a terras, embora, infortunadamente muitas dessas leis eram arbitrariamente descumpridas, inclusive pelo próprio Estado.

Cumpre então destacar a importância do reconhecimento efetivo do direito dos indígenas a terras, este decorre sobretudo da necessidade de preservar a identidade própria do referido grupo étnico, às crenças, usos, costumes, tradições e suas especificidades.

Nada obstante, a terra, suas dimensões políticas e econômicas envolvem grande tensão e conflito em sua disputa, pelo fato de se tratar de um bem de produção de riqueza, que equivalem a diferentes possibilidades de exploração, uso desiguais, bem como violências institucionais.

Neste ponto, com a ascensão do capitalismo, os indígenas, quilombolas vivem em constantes ameaças de expropriação e formas de extinção do seu principal meio de produção da vida: a terra. Pode-se fazer referência a ação predatória do grande capital em empreendimentos como (hidrelétricas, barragens, exploração de minério, madeira e outros).[12]

No que tange a questão da disputa de terras, evidencia-se um monopólio da posse nas mãos de classes economicamente poderosas, que além de deter o poder do capital, por vezes influenciam a classe política para encampar suas causas, sobretudo através de financiamentos.[13]

---

[12] SILVA, Elizângela Cardoso de Araújo. **Povos indígenas e o direito à terra na realidade brasileira.** Disponível em: http://www.scielo.br/pdf/sssoc/n133/0 101-6628-sssoc-133-0480.pdf. Acesso em: 21 ago. 2019.

[13] SILVA, Elizângela Cardoso de Araújo. **Povos indígenas e o direito à terra na realidade brasileira.** Disponível em: http://www.scielo.br/pdf/sssoc/n133/0 101-6628-sssoc-133-0480.pdf. Acesso em: 21 ago. 2019.

Assim, o capitalismo exacerbado continua ameaçando vidas dos povos que vivem uma relação com a terra-natureza não mercadológica.

3.1 Políticas públicas de apoio ao desenvolvimento indígena e sobre a demarcação

Há uma evidente falta de efetividade no asseguramento do direito dos indígenas a terra, sobretudo, em decorrência de interesses do capital, atendo-se especificamente sobre o processo de demarcação, pode-se mencionar que dentre os anos de 2010 e 2013 foram deflagrados mais de 200 conflitos em seus territórios.[14]

Reitera-se que como há por parte das classes economicamente poderosas uma movimentação política a respeito das terras, é imperioso que os indígenas também se movimentem sobretudo acerca das diretrizes do processo de demarcação.

O Estado como detentor, também tem responsabilidade de planejamentos e programas voltados ao respeito da cultura desses povos, e com isso, voltar à consecução dos objetivos.

> Destaca-se, desse modo, a responsabilidade do Estado planejar o programa de desenvolvimento voltado para a consecução dos objetivos do regime do desenvolvimento e dos princípios contidos na Constituição para propiciar a equidade e territorial, promovendo a concertação participativa, descentralizada, desconcentrada e transparente.[15]

Com isso, a principal importância seria assegurar a cultura das comunidades, povos e suas nacionalidades para gozarem efetivamente de seus direitos, garantida assim, pela Constituição Federal em seu art. 231.

Também tem como marco a Declaração das Nações Unidas sobre o direito dos povos originários que garante o direito de todos os povos a serem diferentes e a serem respeitados como tais, bem como o respeito aos conhecimentos, às culturas e às práticas tradicionais indígenas

---

[14] SILVA, Elizângela Cardoso de Araújo. **Povos indígenas e o direito à terra na realidade brasileira**. Disponível em: http://www.scielo.br/pdf/sssoc/n133/0101-6628-sssoc-133-0480.pdf. Acesso em: 21 ago. 2019.
[15] COSTA, Beatriz Souza. **Povos originários da Amazônia Internacional.** Lumen Juris, 2018, p. 109.

contribui para o desenvolvimento sustentável e equitativo e para a gestão adequada do meio ambiente.[16]

As políticas dizem respeito às ações que visam assegurar os direitos dos indígenas, previstos no art. 231 da Constituição Federal, com o foco de desenvolvimento das comunidades.[17]

> No estado do Amazonas, por meio do Decreto n° 20.825 de 04/04/2000, foi criado um Departamento na estrutura organizacional do Poder Executivo, ligado à Secretaria de Estado de Governo para tratar das questões indígenas no âmbito governamental. Em 2001, o referido departamento foi transformado em Fundação Estadual de Política Indigenista FEPI/AM, através da Lei n° 2.650 de 04/06/2001 para dar andamento ao projeto de implantação de uma política indigenista para os povos indígenas.[18]

Assim, essas atividades são realizadas com o objetivo de dar maior visibilidade aos indígenas, que contaram com Seminários, I Semana dos Povos Indígenas, I Feira Cultural, Conferência de Pajés, Carta de Manaus que tem como foco reunir os pajés e discutir sobre as políticas de valorização do conhecimento tradicional com valor estratégico ao desenvolvimento sustentável do País.

> Essas ações pontuais, de certa forma, vêm corroborar para a formulação da política indigenista estadual, porque estes eventos envolvem órgãos governamentais e organizações indígenas, com suas experiências e olhares analíticos sobre a problemática da questão indígena. E assim, estão direta e indiretamente contribuindo para o aperfeiçoamento de uma proposta de política indigenista que está sendo gestada por meio dessas atividades; refletindo um momento ímpar para a história, ou seja, uma forma diferente de intervenção do Estado

---

[16] ORGANIZAÇÃO DAS NAÇÕES UNIDAS. **Declaração das Nações Unidas sobre o Direito dos Povos Indígenas.** Disponível em: https://www.un.org/esa/s ocdev/unpfii/documents/DRIPS_pt.pdf. Acesso em 29. mar. 2021.
[17] BRASIL. **Constituição da República Federativa do Brasil.** 1988. Disponível em: http://www.planalto.gov.br/ccivil_03/constituicao/constituicao. htm. Acesso em: 29 mar. 2021.
[18] COSTA, Beatriz Souza. **Povos originários da Amazônia Internacional.** Lumen Juris, 2018, p. 69.

na relação com os indígenas, sem preconizar a priori um "neocolonialismo".[19]

Salienta-se que a comunidade não está satisfeita com a atuação do Estado Brasileiro, que diminui as formas de participação política dos indígenas, pode-se exemplificar por intermédio da extinção da Secretaria de Estado para povos indígenas promovida pelo governador do Estado do Amazonas em 2015, sob o argumento de que precisava cortar verbas, gerando assim, mais fragilidade à comunidade.

Ocorre que, com a extinção e a possível transferência das ações para um departamento vinculado à outra Secretaria, as políticas públicas para os povos indígenas perderam autonomia e se fragilizam. Dessa forma, houve um retrocesso, no estado, no tocante às Políticas Públicas Indigenistas.[20]

Com isso, evidenciam que as políticas afirmativas tem a finalidade de propiciar maior força às pautas indígenas, o respeito às suas culturas e sua terra e com isso, venha minimizar um pouco das desigualdades, marginalização das comunidades, assegurando-lhes de fato, o que é garantido pela Constituição.

4 MARCO NORMATIVO E PROCEDIMENTO ADMINISTRATIVO

A Constituição Federal de 1988 garante o direito dos índios sobre as terras que são ocupadas tradicionalmente. Nesse sentido, o art. 231 da Constituição esclarece quanto à natureza originária de seus direitos, cujo foco primordial é o reconhecimento das terras aos índios, na sua falta aplica-se subsidiariamente ao Decreto 1775/1996, complementada pela Portaria do Ministério da Justiça 14/1996.[21]

---

[19] COSTA, Beatriz Souza. **Povos originários da Amazônia Internacional.** Lumen Juris, 2018, p. 70.
[20] COSTA, Beatriz Souza. **Povos originários da Amazônia Internacional.** Lumen Juris, 2018, p. 70.
[21] BRITTO, Gladstone Avelino. Direitos e erros na demarcação de terras indígenas. **Agrária (São Paulo. Online).** n. 19, p. 34-60, 2013. Disponível em: https://www.revistas.usp.br/agraria/article/view/83850. Acesso em: 4 abr. 2021.

O dispositivo legal que determinava que as terras indígenas deveriam ser demarcadas foi regulamentado na atual Constituição, pelo Decreto 1775/1996, que dispõe sobre as etapas do procedimento administrativo de delimitação e identificação para demarcação.

No campo do regulamento infra legal, a Portaria do Ministério da Justiça nº 14/1996 também elencou regras para elaboração do RCID, que é o responsável por efetivar as bases técnicas para decisão da demarcação.[22] Nesse mesmo sentido, a FUNAI em sua Portaria nº 116/2012, estabeleceu diretrizes e critérios a serem observados na concepção e execução no processo de demarcação do território dos indígenas.[23]

Importante salientar que o Decreto nº 1775/1996 que é o documento responsável por ter as diretrizes de demarcação, conterá várias etapas, sendo que, esta é apenas o fechamento de um processo administrativo conduzido por um Grupo Técnico nomeado pela FUNAI para fins de elaboração do RCID - Relatório Circunstanciado de Identificação e Delimitação das áreas reivindicadas. O Grupo Técnico é composto por um antropólogo, designado pela FUNAI e por servidores da Unidade Local, detentores da realidade fundiária das áreas a serem vistoriadas. O Decreto estipula que a Funai deve nomear um grupo técnico especializado, preferencialmente por servidores do próprio quadro funcional, cujo objetivo é realizar estudos complementares de natureza étnico-histórica, jurídica, ambiental, sociológica e o levantamento fundiário necessário à delimitação.[24]

Ademais, o §2º do artigo 2 do Decreto estabelece que o levantamento fundiário "será realizado, quando necessário, conjuntamente com o órgão federal ou estadual específico, cujos técnicos

---

[22] BRASIL. **Portaria FUNAI 14**. 1996. Disponível em: http://www.funai.gov.br /arquivos/conteudo/dpt/pdf/portaria14funai.pdf. Acesso em: 01 abr. 2021.
[23] BRASIL. **Portaria FUNAI 116**. 2012. Disponível em: https://pesquisa.in.gov .br/imprensa/jsp/visualiza/index.jsp?jornal=1&pagina=27&data=15/02/2012. Acesso em: 01 abr. 2021.
[24] BRASIL. **Decreto 1775**. 1996. Disponível em: http://www.planalto.gov.br/cci vil_03/decreto/D1775.htm. Acesso em 01 abr. 2021.

serão designados no prazo de vinte dias contados da data do recebimento da solicitação do órgão federal de assistência ao índio".[25]

No Decreto nº 1775/1996, o contraditório decorre do mandamento constitucional. Foi estabelecido que todos os que se julgassem prejudicados com o reconhecimento administrativo de territórios indígenas" poderiam impugnar administrativamente para evitar o reconhecimento dos territórios.

A FUNAI é o órgão responsável pela garantia permanente da terra aos indígenas, bem como tem o efetivo poder de polícia em suas terras e proteção ao índio:

> Isto porque a Funai é o órgão da União legalmente responsável por garantir a posse permanente das terras indígenas e o usufruto exclusivo dos recursos naturais e de todas as utilidades nelas existentes (Lei 5.371, de 05.12.1967). Há uma clara correspondência da Lei 5.371/67 com o inc. III, da Lei 6.938/81, que define como órgãos setoriais do Sistema Nacional do Meio Ambiente – Sisnama.[26]

De acordo com Villares, para efetivar essa competência, é conferido à FUNAI o exercício do poder de polícia nas terras indígenas e nas matérias atinentes à proteção do índio (Lei 5.371/67, art. 1º, inc. VII).[27]

Entretanto, a Funai não cumpre com a necessária ética na fase de execução do RCID, em virtude da leitura do Decreto nº 1775/96 de que o trabalho administrativo, na fase de investigações e levantamentos para fins de sua elaboração, não está observando o contraditório, sendo esse permitido somente após a publicação do resumo do RCID.

Os estudos realizados com fito de se realizar a demarcação são complexos e tecnicamente rigorosos, condição para proporcionar maior segurança jurídica no processo administrativo, gerando maior tranquilidade para a sociedade e para os próprios indígenas.

O mencionado RCID deve cumprir os requisitos técnicos necessários para regular processo demarcatório. Nesse sentido, caso

---

[25] BRASIL. Decreto 1775. 1996. Disponível em: http://www.planalto.gov.br/ccivil_03/decreto/D1775.htm. Acesso em 01 abr. 2021.
[26] VILLARES, Luiz Fernando. Direito e povos indígenas. Juruá, 2013, p. 224.
[27] VILLARES, Luiz Fernando. Direito e povos indígenas. Juruá, 2013.

resulte em ocorrências de falhas na atuação administrativa da Funai no processo demarcatório enseja em insegurança jurídica e, em alguns casos, pode provocar conflitos na ordem pública quando o processo afetar os interesses de um número considerável de pessoas.

Apesar da insegurança jurídica gerada, o Supremo Tribunal Federal foi favorável ao devido processo do contraditório, no que tange o processo de demarcação:

> O processo de demarcação foi considerado desnecessário por parte da doutrina, mas, com o Decreto 1.775/96, solapou-se a discussão sobre a constitucionalidade do Decreto 22/91 – anterior decreto que regulamentava a demarcação de terras indígenas -, que não previa o contraditório e a ampla defesa. Hoje, é entendimento do Supremo Tribunal Federal que o Decreto 1.775/96 obedece ao art. 5º, L, da Constituição Federal de 1988, o qual assegura aos litigantes em processo judicial ou administrativo o contraditório e ampla defesa, com os meios a ela inerentes.[28]

O processo de demarcação de terras indígenas pelo Estado brasileiro está longe de se concluir, espera-se que na realização do referido processo de demarcação ao menos atenda-se os princípios da ampla defesa e do contraditório, afim de que se reduza a explícita insegurança a que os povos indígenas estão submetidos.

5 INEFICÁCIA NORMATIVA SOBRE O PROCESSO DE DEMARCAÇÃO DAS TERRAS INDÍGENAS

Os indígenas foram excluídos por todo o período colonial e durante toda história brasileira, o que resultou em fim com a construção de uma identidade nacional, cunhada pelo poder estatal, na qual cabe aos indígenas ficar em situação de população subalterna, para o enquadramento no sistema de legislações no que diz respeito à vida.[29]

---

[28] VILLARES, Luiz Fernando. **Direito e povos indígenas**. Juruá, 2013, p. 130.
[29] SILVA, Elizângela Cardoso de Araújo. **Povos indígenas e o direito à terra na realidade brasileira**. Disponível em: http://www.scielo.br/pdf/sssoc/n133/0101-6628-sssoc-133-0480.pdf. Acesso em: 21 ago. 2019.

Essa exclusão decorre de o direito, ser por vezes, um sistema de normatividade com uma essência classista e com o domínio de uma classe sobre a outra. Esse caráter classista implica em um reconhecimento pífio do direito das minorias como é o caso dos indígenas, ou mesmo quando há o reconhecimento respaldado em lei, há uma inefetividade na aplicação desta lei por parte do Estado.

> Significa dizer que a própria dinâmica social, permite, em circunstâncias favoráveis, mudanças que respondam aos interesses das classes não dominantes, atendendo a interesses particulares. Desse modo, "o direito é uma mediação que se interpõe entre o domínio direito e os conflitos entre as diversas classes sociais com interesses diversos".[30]

Acerca da inefetividade na aplicação dos direitos dos indígenas a terra, o que se evidencia é que há obstáculos para sua efetivação, uma vez que o interesse também atua nos processos materiais, capitalistas, fonte de circulação econômica e interesses particulares; e o poder estatal não consegue efetivamente dar conta da complexidade da análise sobre o direito nas contradições do sistema jurídico capitalista burguês.

É problemático quando o direito favorece uma classe, pois, em verdade este deveria

alcançar a totalidade da sociedade, reconhecendo o direito das minorias. O direito deve ser uma mediação que se interpõe entre o domínio direito e os conflitos entre as diversas classes sociais com interesses diversos.[31]

Como o direito deve ser uma mediação entre as diversas classes sociais, por conseguinte, é imperioso que haja a participação políticas dos diversos segmentos da sociedade, sobretudo de minorias, como é o caso dos indígenas.

---

[30] SARTORI, Vitor S. **Lukács e a crítica ontológica ao direito**. São Paulo: Cortez, 2010, p. 80.
[31] SARTORI, Vitor S. **Lukács e a crítica ontológica ao direito**. São Paulo: Cortez, 2010, p. 80.

6 INDÍGENAS NA POLÍTICA

Reconhece-se que para fins de evolução no tratamento do direito dos povos indígenas a terra, é imperioso a participação política dos mesmos, sobretudo valendo-se do direito de elegibilidade.

> Em relação ao direito de elegibilidade, ou seja, para pleitear mandatos políticos, em cargos representativos, mediante eleição (ser votado), é necessário que, além dos requisitos necessários ao alistamento eleitoral, o índio preencha as condições de elegibilidade e não incida em alguma das inelegibilidades previstas constitucionalmente. São condições de elegibilidade: ter nacionalidade brasileira ou condição de português equiparado: estar em pleno exercício dos direitos políticos; alistar-se eleitoramente; filiar-se a um partido político; ter a idade mínima requerida a cada cargo pleiteado.[32]

É especialmente difícil incentivar um grupo a participar de um processo político quando estes foram submetidos a uma história de exclusão e marginalização, como é o caso dos indígenas, essa marginalização acaba por ensejar um desafeiçoamento do processo político.

> (...) quando há uma história de exclusão ou marginalização de certos grupos da influência política, os membros desses grupos tendem a se desafeiçoar do processo político: podem ficar apáticos ou se recusar terminantemente a se engajar com outros para tentar resolver problemas compartilhados. Sob tais circunstâncias, a representação específica de grupos desfavorecidos estimula a participação e o engajamento.[33]

Evidenciando essa dificuldade dos indígenas de participar de um processo político pode-se apontar que somente dois indígenas foram eleitos deputados federais: Mário Juruna, este ocupou o posto entre 1983

---

[32] VILLARES, Luiz Fernando. **Direito e povos indígenas**. Juruá, 2013, p. 69.
[33] YOUNG, Iris Marion. Representação política, identidade e minorias. **Lua Nova: Revista de Cultura e Política**. n. 67, p. 139-190, 2006. Disponível em: https://www.scielo.br/scielo.php?script=sci_arttext&pid=S0102-64452006000200006&lng=pt&tlng=pt. Acesso em: 01 abr. 2021.

e 1987, e Joênia Batista de Carvalho, esta ocupa o posto atualmente no ano de 2021.[34]

Essa falta de representavidade ocorre ainda que tenha se implantado um modelo democrático no Brasil, pois os representantes eleitos privilegiam a camada da população responsável por sua eleição, assim grupos numericamente minoritários tornam-se subrepresentados, e dependem de que a sociedade como um todo reconheçam a suas demandas.

> O modelo democrático vigente no mundo e, especialmente, no Brasil, ainda não é a democracia que expressa "o poder do povo ou o poder que emana do povo". Não se pode olvidar que a democracia, mesmo que minimalista, é preferível a outras formas de governo. O modo representativo foi o melhor encontrado até o momento, conforme a realidade dos dias correntes e experiências históricas vividas. Da maneira atualmente sedimentada, a forma representativa não constrói um sentimento de representatividade efetiva, pairando sobre esta uma sensação de vazio representativo. Com isso, o sistema político atual demonstra um tipo de política que privilegia certas camadas da população em desfavor de outras, indicando certa frustração democrática.[35]

Para fins de dirimir essas sub-representação, é imprescindível que grupos minoritários se utilizem meios para apresentar suas demandas a sociedade em geral, e que assim segmentos da sociedade acolham essas pautas.

> Antigamente, para fazer uma passeata contra políticos, a organização podia levar meses. O protesto durava algumas horas numa rua central, e cada manifestante voltava para casa, exausto. Hoje, a "opinião pública" fica sentada na frente do computador, expressando permanentemente seu poder, 24 horas por dia. Existe uma democracia direta com poder de

---

[34] EXAME. **Primeira mulher indígena é eleita para a Câmara dos Deputados.** 2018. Disponível em: https://exame.com/brasil/primeira-mulher-indigena-e-eleita-para-a-camara-dos-deputados/. Acesso em: 01 abr. 2021.

[35] DORNELLES, Ederson Nadir Pires; VERONESE, Osmar. A falta de representatividade indígena nos parlamentos brasileiros: a democracia representativa vigente deve ser (re)inventada? **Revista Eletrônica Direito e Política**, v. 13, n. 1, 2018, p. 56. Disponível em: https://siaiap32.univali.br/seer/index.php/rdp/article/view/12619. Acesso em: 01 abr. 2021.

denunciar e criticar. O povo ocupará cada vez mais a rua virtual.[36]

Dentre esses meios, destaca-se as plataformas virtuais, que acabam funcionando como um mecanismo mais direto de representação, no qual, os indígenas podem apresentar pessoalmente suas demandas a sociedade.

A partir das premissas e problemas encarados pela pesquisa, pode-se concluir que o fomento à representatividade indígena tende a fortalecer a democracia brasileira, propiciando a defesa de seus direitos e interesses. Logo, a instituição de ferramentas garantidoras dessa representação é fundamental. A criação de cotas para a eleição de indígenas nas Casas Legislativas de todo o Brasil, assim como de frentes e bancadas parlamentares estáveis, são opções para a inclusão desses grupos na arena democrática, como já fizeram outros países da América Latina. As organizações partidárias também podem colaborar com esse processo, reservando vagas para candidaturas indígenas.[37]

E mais concretamente é necessário o estabelecimento de cotas para a eleição de indígenas nas Casas Legislativas de todo o Brasil, assim como de frentes e bancadas parlamentares estáveis. Note que essa maior pluralidade tende a fortalecer a democracia brasileira.

Em verdade, nos tempos atuais, vivenciamos, no Brasil da democracia de eleitores, uma perversa articulação cultural: o clientelismo, o favoritismo, o corporativismo, os preconceitos e as discriminações, a manutenção de privilégios e as práticas autoritárias, misturam-se com o individualismo, o consumismo, o imediatismo e a dominância do dinheiro[38]

---

[36] AQUINO, Ruth de. Quem tem medo da opinião pública? **Época**. n. 573, 2009, p.123. Disponível em: http://revistaepoca.globo.com/Revista/Epoca/0,,EMI720 93-15665,00.html. Acesso em: 01 abr. 2021.
[37] DORNELLES, Ederson Nadir Pires; VERONESE, Osmar. A falta de representatividade indígena nos parlamentos brasileiros: a democracia representativa vigente deve ser (re)inventada? **Revista Eletrônica Direito e Política**, v. 13, n. 1, 2018, p. 56. Disponível em: https://siaiap32.univali.br/seer/i ndex.php/rdp/article/view/12619. Acesso em: 01 abr. 2021.
[38] CARVALHO, Alba Maria de. **Radicalizar a democracia**. 2004, p.38. Disponível em: www.revistapoliticaspublicas.ufma.br/site/download.php. Acesso em: 01 abr. 2021.

A democracia brasileira precisa ser fortalecida, ante ao que se denomina democracia de eleitores, em que são favorecidos a dominância do dinheiro. A participação indígena na política não representa mera condição dos mesmos garantirem os seus direitos, mas representa em certa medida condição para que toda classe subrepresentada tenha meios de reivindicar suas próprias demandas.

7 CONSIDERAÇÕES FINAIS

Diante do ante exposto, observa-se que há uma ineficiência prática, no que tange a eficácia normativa constitucional sobre o processo de demarcação de terras indígenas, tendo em vista que apesar de todas as disposições atinentes à demarcação, na prática não se observa, além disso, tampouco a cultura desses povos é respeitada, diante do poder autoritário estatal.

Com isso, verificou-se que a proteção à terra indígena está abrangida pelas normas da Constituição Federal, bem como outras leis esparsas, em contrapartida, também se observa que o Estado nacional possui um enfoque individualista, uma vez que a proteção às terras muitas vezes é negada em prol dos direitos cristalizados na propriedade. Além disso, conclui-se que os indígenas foram comprimidos sobre uma parcela da sociedade, uma vez que o Estado não observa a coletividade com um todo, nem tampouco conseguem exercer a autodeterminação de modo pacífico.

Assim, percebeu-se que se faz necessário mais do que legislações acerca do assunto, ante a sua ineficácia prática.

Foi proposto então, a implantação de políticas públicas em prol dos povos indígenas para respeito às suas culturas, suas terras, para preservação do seu povo, uma vez que em razão do não conhecimento por parte da sociedade brasileira, isto acaba provocando a invisibilidade desses povos e não só, também podem levá-los a marginalização.

Além disso, também se verificou a necessidade de os indígenas concorrerem a cargos políticos, uma vez que desde 500 anos transcorridos até a chegada dos europeus até o momento atual só foram eleitos dois deputados federais indígenas.

Apesar de todas as dificuldades encontradas pelos índios, como corrupção, preconceito e falta de representatividade no campo político, os indígenas devem ter seu papel desempenhado para terem seus direitos garantidos na prática, devendo ainda, contar com a participação social da população, nesse ponto é que se fazem necessárias as políticas públicas de conscientização da cultura dos indígenas.

REFERÊNCIAS

AQUINO, Ruth de. Quem tem medo da opinião pública? **Época**. n. 573, 2009. Disponível em: http://revistaepoca.globo.com/Revista/Epoca/0,,E MI72093-15665,00.html. Acesso em: 01 abr. 2021.

BRASIL. **Constituição da República Federativa do Brasil.** 1988. Disponível em: http://www.planalto.gov.br/ccivil_03/constituicao/consti tuicao.htm. Acesso em: 29 mar. 2021.

BRASIL. **Decreto 1775.** 1996. Disponível em: http://www.planalto.gov. br/ccivil_03/decreto/D1775.htm. Acesso em 01 abr. 2021.

BRASIL. **Lei 601.** 1850. Disponível em http://www.planalto.gov.br/cciv il_03/leis/l0601-1850.htm#:~:text=LEI%20No%20601%2C%20DE,se m%20preenchimento%20das%20condições%20legais.&text=1º%20Fic am%20prohibidas%20as%20acquisições,não%20seja%20o%20de%20c ompra. Acesso em: 29 mar. 2021.

BRASIL. **Portaria FUNAI 14.** 1996. Disponível em: http://www.funai.g ov.br/arquivos/conteudo/dpt/pdf/portaria14funai.pdf. Acesso em: 01 abr. 2021.

BRASIL. **Portaria FUNAI 116.** 2012. Disponível em: https://pesquisa.i n.gov.br/imprensa/jsp/visualiza/index.jsp?jornal=1&pagina=27&data=1 5/02/2012. Acesso em: 01 abr. 2021.

BRITTO, Gladstone Avelino. Direitos e erros na demarcação de terras indígenas. **Agrária (São Paulo. Online).** n. 19, p. 34-60, 2013. Disponível em: https://www.revistas.usp.br/agraria/article/view/83850. Acesso em: 4 abr. 2021.

CARVALHO, Alba Maria de. **Radicalizar a democracia.** 2004. Disponível em: www.revistapoliticaspublicas.ufma.br/site/download.php. Acesso em: 01 abr. 2021.

COSTA, Beatriz Souza. **Povos originários da Amazônia Internacional.** Lumen Juris, 2018.

DORNELLES, Ederson Nadir Pires; VERONESE, Osmar. A falta de representatividade indígena nos parlamentos brasileiros: a democracia representativa vigente deve ser (re)inventada? **Revista Eletrônica Direito e Política,** v. 13, n. 1, 2018. Disponível em: https://siaiap32.univali.br/seer/index.php/rdp/article/view/12619. Acesso em: 01 abr. 2021.

EXAME. **Primeira mulher indígena é eleita para a Câmara dos Deputados.** 2018. Disponível em: https://exame.com/brasil/primeira-mulher-indigena-e-eleita-para-a-camara-dos-deputados/. Acesso em: 01 abr. 2021.

FERREIRA, Rafael. **Legislação Fundiária:** O que são terras devolutas. 2013. Disponível em: axelgrael.blogspot.com/2013/09/legislacao-fundiaria-o-que-sao-terras.html. Acesso em: 01 dez. 2019.

GUSTIN, Miracy Barbosa de Sousa; DIAS, Maria Tereza Fonseca. **(Re)pensando a pesquisa jurídica:** teoria e prática. 3. ed. Belo Horizonte: Del Rey, 2010.

ORGANIZAÇÃO DAS NAÇÕES UNIDAS. **Declaração das Nações Unidas sobre o Direito dos Povos Indígenas.** Disponível em: https://www.un.org/esa/socdev/unpfii/documents/DRIPS_pt.pdf. Acesso em 29. mar. 2021.

SARTORI, Vitor S. **Lukács e a crítica ontológica ao direito.** São Paulo: Cortez, 2010.

SILVA, Elizângela Cardoso de Araújo. **Povos indígenas e o direito à terra na realidade brasileira.** Disponível em: http://www.scielo.br/pdf/sssoc/n133/0101-6628-sssoc-133-0480.pdf. Acesso em: 21 ago. 2019.

SILVEIRA, Edson Damas da. **Meio Ambiente terras indígenas e defesa nacional.** Juruá, 2010.

VILLARES, Luiz Fernando. **Direito e povos indígenas.** Juruá, 2013.

WITKER, Jorge. **Como elaborar una tesis en derecho:** pautas metodológicas y técnicas para el estudiante o investigador del derecho. Madrid: Civitas, 1985.

YOUNG, Iris Marion. Representação política, identidade e minorias. **Lua Nova: Revista de Cultura e Política.** n. 67, p. 139-190, 2006. Disponível em: https ://www.scielo.br/scielo.php?script=sci_arttext&pid =S0102-64452006000200006&lng=pt&tlng=pt. Acesso em: 01 abr. 2021.

DESIGUALDADE SALARIAL ENTRE OS GÊNEROS: CABIMENTO DE REPARAÇÃO POR DANO PATRIMONIAL E MORAL À MULHER

4

Marina Ribeiro Fonseca
Sarah Batista Santos Pereira

1 CONSIDERAÇÕES INICIAIS

A desigualdade salarial entre os gêneros consiste no ato de remunerar com salários diferentes homens e mulheres que exercem as mesmas funções, tendo como fator determinante para essa distinção a questão de gênero. A desarmonia remuneratória entre esses grupos vai de encontro ao artigo 7º da Constituição Federal, o qual proíbe a diferença de salários por sexo, cor, idade ou estado civil e, ainda, contra o artigo 5º da Consolidação das Leis do Trabalho, que garante salários iguais, sem distinção de gênero, para trabalhos de igual valor.

Diante disso, fica evidente que a Carta Magna rechaça qualquer tipo de desigualdade entre homens e mulheres, não abrindo margem para que haja diferença salarial em razão do gênero. Desse modo, caso o empregador retribua de forma diferente esses grupos sociais, agirá em desconformidade com o ordenamento jurídico pátrio.

Destarte, pode-se perceber que por mais que a igualdade salarial entre homens e mulheres seja assegurada por lei, não há uma fiscalização efetiva para o seu cumprimento. Dessa maneira, torna-se primordial analisar o princípio da isonomia como forma de proteção jurídica ao trabalho feminino, visando romper o machismo estrutural que perdurou ao longo do tempo.

Assim, a fim de compreender a disparidade salarial entre os gêneros e o cabimento da reparação por dano material e moral, nesses casos, o presente artigo busca desenvolver a temática da inserção da mulher no mercado de trabalho e sua evolução com o tempo, analisando de forma crítica a posição ocupada pelas mulheres nos postos de trabalho, tal como a menor participação nos cargos de chefia. Ademais, pretende-se apresentar o contexto histórico e os dados científicos que apontam a diferença salarial entre os gêneros, bem como a necessidade de aplicação do princípio da isonomia no ambiente de trabalho. Por fim, faz-se necessário verificar a possibilidade de aplicação do dano material e moral em consequência da desigualdade salarial entre os gêneros.

À vista disso, no presente estudo, utilizar-se-á o modelo teórico hermenêutico, pois está diretamente relacionado com a análise e a abrangência dos fenômenos e comportamentos do indivíduo. Esse raciocínio teórico leva a concretização da vertente-jurídico sociológica. Tal vertente tem o objetivo de buscar entender o fenômeno jurídico no ambiente social, analisando para tanto, a aplicação, na prática, do dano material e moral em caso de disparidade de remunerações. Assim, atenta-se para a praticidade do direito e a contradição entre a teoria e a realidade.

Outrossim, levando em consideração a temática escolhida e a sua natureza, deve-se utilizar uma pesquisa dedutiva e explicativa. Portanto, é preciso descrever o problema de forma *latu sensu,* de acordo com o levantamento de pontos de vista de diversos autores sobre a temática, além de identificar as situações de aplicação dos danos material e moral na hipótese de discrepância salarial. Para tanto, usar-se-á o raciocínio predominantemente dedutivo, visto que, em primeiro lugar, pretende-se contextualizar a disparidade das remunerações entre os gêneros para, em um segundo momento, averiguar as possibilidades de reparação através do dano material e moral.

2   INSERÇÃO DA MULHER NO MERCADO DE TRABALHO

No decorrer da Revolução Industrial, durante o século XIX, o trabalho da mulher foi muito utilizado, principalmente na operação de máquinas. As trabalhadoras para não perderem seus empregos sujeitavam-se a jornadas de 14 a 16 horas por dia, recebendo salários inferiores aos dos homens, embora exercerem os mesmos serviços que estes.[1] Apesar dos percalços foram esses acontecimentos que

---

[1] MARTINS, Sergio Pinto. **Direito do trabalho.** 28. ed., São Paulo: Adas, 2012.

viabilizaram o início do movimento de emancipação feminina. Nesse seguimento destaca Simone de Beauvoir:

> Como o súbito desenvolvimento da indústria exige uma mão-de-obra mais considerável do que a fornecida pelos trabalhadores masculinos, a colaboração da mulher é necessária. Essa é a grande revolução que, no século XIX, transforma o destino da mulher e abre, para ela, uma nova era.[2]

Destarte, percebe-se que a eclosão das Guerras Mundiais teve importante contribuição para inserção da mulher no mercado de trabalho, considerando que a partir do momento em que seus companheiros foram, forçadamente, para os campos de batalha, se incumbiu a figura feminina buscar, através do trabalho, o sustento da família. Além disso, com o desenvolvimento industrial a mão de obra feminina começou a ser utilizada como meio de força de trabalho, assumindo os postos de trabalho mais sacrificados, mal remunerados e sem perspectivas de ascensão profissional e social. Nessa linha de intelecção José Augusto Rodrigues Pinto expõe o seguinte:

> O século XXI oferece um panorama de impressionante avanço da mulher no mercado de trabalho e, ainda mais, na preparação para concorrer dentro dele. Esse fenômeno, entretanto, vem do século anterior, cujos dois conflitos mundiais impuseram uma mudança quase cirúrgica à face e ao organismo da sociedade. De fato, o decidido ingresso da mulher no mercado de trabalho industrial, tanto quanto sua assunção unilateral da direção da família, se deveram, maciçamente, à absorção da energia masculina para os combates fora das fronteiras nacionais [..].[3]

Disponível em: https://direitom1universo.files.wordpress.com/2016/08/sc3a9rgio-pinto-martins-direito-do-trabalho.pdf. Acesso em: 17 maio 2021.
[2] BEAUVOIR, Simone de. **O segundo sexo:** Fatos e Mitos; Trad. Sérgio Milliet. 4. ed. São Paulo: Difusão Europeia do Livro, 1970, p. 147.
[3] PINTO, José Augusto Rodrigues. **Empregabilidade da mulher no mercado atual de trabalho.** 2º Congresso Internacional Sobre a Mulher, Gênero e Relações de Trabalho. Goiânia, 2007, p. 35. Disponível em: https://silo.tips/queue/empregabilidade-da-mulher-no-mercado-atual-de-trabalho?&queue_id=1&v=1621289773&u=MjgwNDo1ODE4OmEw NTk6MWEwMDoyNWE0Om Y2NmU6N2M5OTpjYTM5. Acesso em: 17 maio 2021.

Por essa perspectiva, pode-se verificar que vivemos em uma sociedade considerada machista, e que se exterioriza principalmente na desigualdade de direitos entre homens e mulheres, altos índices de violência, objetificação do gênero feminino e diferença salarial. Tal ideologia, desde a antiguidade, se utiliza de argumentos religiosos, culturais, morais e biológicos para fundamentar o desequilíbrio entre os gêneros, beneficiando os homens. A subordinação feminina só foi contestada de forma mais contundente ao final da Primeira Guerra Mundial, com o advento de proposições que dissertam sobre essa temática, culminado no movimento feminista atual.

Nessa linha intelectiva, Simone Beauvoir na obra "Segundo Sexo: Fatos e Mitos", apresenta a importância da inserção feminina no mercado de trabalho assegurando que:

> Foi pelo trabalho que a mulher cobriu em grande parte a distância que a separava do homem; só o trabalho pode assegurar-lhe uma liberdade concreta [...] A maneira por que se empenha em sua profissão e a ela se dedica depende do contexto constituído pela forma global de sua vida[...]. O privilégio que o homem detém, e que se faz sentir desde sua infância, está em que sua vocação de ser humano não contraria seu destino de homem. Da assimilação do falo e da transcendência, resulta que seus êxitos sociais ou espirituais lhe dão um prestígio viril. Ele não se divide. Ao passo que à mulher, para que realize sua feminilidade, pede-se que se faça objeto e presa, isto é, que renuncie a suas reivindicações de sujeito soberano. É esse conflito que caracteriza singularmente a situação da mulher libertada.[4]

Por conseguinte, Simone rechaça os estereótipos, aos quais a mulher é submissa. Destarte, a autora demonstra que com a introdução feminina no mercado ocupacional trabalhista, foi possível atenuar as disparidades em relação ao homem, assegurando mais autonomia a mulher.

Socialmente havia a ideia de que as mulheres não conseguiriam conciliar os afazeres corporativos com ser boas mães e cuidar do lar. Tais circunstâncias históricas contribuíram de forma decisiva para a tomada de consciência

---

[4] BEAUVOIR, Simone de. **O segundo sexo:** Fatos e Mitos; Trad. Sérgio Milliet. 4. ed. São Paulo: Difusão Europeia do Livro, 1970, p. 451-452.

da igual capacidade dos gêneros para o trabalho. Somente com o advento da Constituição de 1988 foi consagrada a igualdade entre homens e mulheres no Brasil, pelo menos sob o aspecto formal, pois na prática o gênero feminino ainda está em disparidade se comparado com o masculino.

No país, pesquisas destacam a crescente presença das mulheres no mercado de trabalho a partir dos anos de 1970, assim como sua permanência mesmo em períodos marcados pelo elevado nível de desemprego e crise econômica.[5]

Conforme os dados do Censo de 1872 no conjunto da população feminina com profissão, cerca de 52% eram empregadas domésticas e costureiras. Logo, pode-se constatar que a inserção da mulher no mercado de trabalho é marcada pela grande diferença salarial e elevada concentração em setores ligados ao comércio e a serviços, especialmente em ocupações mais vulneráveis e com reduzida exigência de qualificação profissional, tais como serviços sociais e trabalho doméstico.[6]

Essas são características que acompanham toda trajetória de inserção das mulheres no mundo produtivo tem como cerne a desigual divisão sexual do trabalho e a atribuição às mulheres do trabalho reprodutivo e manutenção do lar. Acerca da ascensão feminina no mercado de trabalho, Glaucia de Lima D' Alonso acentua que:

> As mulheres deixaram de ser apenas meras donas-de-casa e passaram a ser não somente mãe, esposa e também operária, enfermeira, professora e mais tarde, arquiteta, juíza, motorista de ônibus, bancária entre outras das mais diversificadas profissões, ocupando um cenário que antes era masculino.[7]

A ruptura do paradigma do monopólio masculino da vida em sociedade traduz-se em uma espécie de rebeldia feminina, deturpando os

---

[5] BRASIL. **Cadernos de formação:** As mulheres e o mercado de trabalho. São Paulo: CESIT, 2017. Disponível em: https://www.eco.unicamp.br/images/arquivos/Caderno-3-web.pdf. Acesso em: 10 maio 2021.
[6] BRASIL. **Cadernos de formação:** As mulheres e o mercado de trabalho. São Paulo: CESIT, 2017. Disponível em: https://www.eco.unicamp.br/images/arquivos/Caderno-3-web.pdf. Acesso em: 10 maio 2021.
[7] D'ALONSO, Glaucia de Lima. **Trabalhadoras brasileiras e a relação com o trabalho:** trajetórias e travessias. Psicologia para América Latina, México, n. 15, dez. 2008. Disponível em: http://pepsic.bvsalud.org/scielo.php?pid=S1870-350X2008000400003&script=sci_arttext. Acesso em: 10 maio 2021.

alicerces da segmentação de atribuições, as quais o sustento do lar se incumbia ao sexo masculino e o cuidado com a prole e afazeres domésticos incumbiam-se ao sexo feminino[8].

O processo de conquista de espaço pelas mulheres, bem como do exercício da cidadania, reflete a busca pelo empoderamento feminino. Nessa toada, o espaço conquistado pelas mulheres no mercado de trabalho e na sociedade tem crescido substancialmente e, simultaneamente, ocorrem as mudanças de paradigma com relação aos papeis historicamente atribuídos ao sexo feminino.

3 POSIÇÕES OCUPADAS POR MULHERES NO MERCADO DE TRABALHO

Segundo o levantamento de dados da pesquisa intitulada Estatísticas de Gênero: indicadores sociais das mulheres no Brasil realizada pelo Instituto Brasileiro de Geografia e Estatística- IBGE, no país tão somente 37,4% das funções superiores em 2019 eram ocupados por representantes femininas. Ao analisar os 20% dos funcionários com remuneração superior, a discrepância era evidente, tendo em vista que as mulheres ocupavam somente 22,3% dos cargos e o restante, ou seja, 77,3% eram ocupados por homens. Ademais, nota-se que as mulheres receberam 77,7% dos rendimentos dos homens.[9] Logo, verifica-se que o gênero feminino está menos representado em trabalhos com maior remuneração e responsabilidades.

Analisando a população que ocupa a faixa etária de 25 anos ou mais, de acordo com o levantamento do IBGE, cerca de 40,4% dos homens não possuíam instrução ou não haviam concluído o ensino fundamental. Observando o grupo das mulheres a proporção foi menor, totalizando 37,1%. Lado outro, 19,4% da porção feminina no mesmo nível de idade já tinha concluído o ensino superior, em contraposição há

---

[8] COSTA, Patrícia Ávila da. **Janela das andorinhas:** a experiência da feminilidade em uma comunidade rural. 2007. Disponível em: https://www.max well.vrac.puc-rio.br/10160/10160_4.PDF. Acesso em: 17 maio 2021.

[9] IBGE – INSTITUTO BRASILEIRO DE GEOGRAFIA E ESTATÍSTICA. **Estatísticas de Gênero:** indicadores sociais das mulheres no Brasil. 2 ed. Rio de Janeiro: IBGE, 2021. Disponível em: https://biblioteca.ibge.gov.br/visualiz acao/livros/liv101784_informativo.pdf. Acesso em: 22 abril 2021.

15,1% da parcela masculina.[10] Tal parâmetro muda na faixa etária de 65 anos ou mais, tendo mais homens com ensino superior do que as mulheres, consequência da dificuldade de acesso das mulheres as instituições superiores há décadas.[11] Destarte, de acordo com os dados apresentados, analisa-se que o gênero feminino, apesar de possuir grau de instrução maior em comparação ao gênero masculino, ainda encontra obstáculos para acessar cargos de autoridade no mercado de trabalho.

Conforme percebe-se nos dados obtidos na pesquisa "Estatística de Gênero: indicadores sociais das mulheres no Brasil" produzida pelo IBGE, a existência de crianças nos lares diminui consideravelmente a participação feminina no mercado de trabalho, situação em que passam a ocupar cargos menos produtivos. Dessa forma, apura-se que entre as mulheres de 25 a 49 anos que possuíam filhos de até três anos, apenas 54,6% estavam trabalhando em 2019, em contrapartida 67,2% da população feminina sem filhos laborava. A disparidade entre homens e mulheres fica evidenciada ao compararmos a faixa de homens de 25 a 49 anos que possuem filhos de até três anos, 89,2% trabalhavam e entre os que não tinham filhos 83,4% laboravam.[12]

Ante os dados apresentados é notório que a construção histórico-social brasileira contribuiu para a desigualdade das tarefas desempenhadas pela figura masculina e pela feminina, cabendo ao homem prover o sustento da família e a mulher a manutenção do lar e cuidado com os filhos.

Ademais, verifica-se que entre as mulheres negras ou pardas com filhos de até três anos somente 49,7% trabalhavam, enquanto, 62,6% das mulheres brancas nas mesmas condições laboravam. Por outro lado,

---

[10] IBGE – INSTITUTO BRASILEIRO DE GEOGRAFIA E ESTATÍSTICA. **Estatísticas de Gênero:** indicadores sociais das mulheres no Brasil. 2 ed. Rio de Janeiro: IBGE, 2021. Disponível em: https://biblioteca.ibge.gov.br/visualiz acao/livros/liv101784_informativo.pdf. Acesso em: 22 abril 2021.
[11] IBGE – INSTITUTO BRASILEIRO DE GEOGRAFIA E ESTATÍSTICA. **Estatísticas de Gênero:** indicadores sociais das mulheres no Brasil. 2 ed. Rio de Janeiro: IBGE, 2021. Disponível em: https://biblioteca.ibge.gov.br/visualiz acao/livros/liv101784_informativo.pdf. Acesso em: 22 abril 2021.
[12] IBGE – INSTITUTO BRASILEIRO DE GEOGRAFIA E ESTATÍSTICA. **Estatísticas de Gênero:** indicadores sociais das mulheres no Brasil. 2 ed. Rio de Janeiro: IBGE, 2021. Disponível em: https://biblioteca.ibge.gov.br/visualiz acao/livros/liv101784_informativo.pdf. Acesso em: 22 abril 2021.

observando a população feminina sem filhos, observa-se que 63% das negras e pardas exerciam uma profissão ao passo que a proporção era de 72,8% para as brancas.[13]

Atesta-se que essa disparidade entre as mulheres negra e pardas e as mulheres brancas têm relação com a renda e com a dificuldade de acesso a creches públicas. Tal fato ocorre porque as mulheres que possuem renda mais alta tendem a terceirizar as tarefas domésticas e o cuidado com os filhos, contratando profissionais ou pagando creches[14].

Na década de 90, com a ascendência dos governos de direita, ocorreu o refreamento dos movimentos feministas. Todavia, com o alargamento do ensino superior esses grupos ganharam maior importância, o que proporcionou o ingresso da questão de gênero no meio acadêmico.[15] Diante disso, verifica-se que aos poucos a figura feminina conseguiu conquistar seu espaço no mercado de trabalho, entretanto, afere-se que ela ocupa timidamente setores do alto escalão, devido à forte tradição masculina no país.

Destarte, é possível observar que apesar de notáveis avanços, em comparação ao homem, a mulher ainda tem muita dificuldade de ocupar cargos predominantemente masculinos. Então, pode-se contatar que a sociedade brasileira passa por um processo de evolução rumo a igualdade entre os gêneros, todavia, há uma resistência das partes mais conservadoras que ainda se fecham em preconceitos sobre a figura feminina, não admitindo que elas assumam altos cargos de chefia, tanto quanto os homens.

---

[13] IBGE – INSTITUTO BRASILEIRO DE GEOGRAFIA E ESTATÍSTICA. **Estatísticas de Gênero:** indicadores sociais das mulheres no Brasil. 2 ed. Rio de Janeiro: IBGE, 2021. Disponível em: https://biblioteca.ibge.gov.br/visualiz acao/livros/liv101784_informativo.pdf. Acesso em: 22 abril 2021.
[14] IBGE – INSTITUTO BRASILEIRO DE GEOGRAFIA E ESTATÍSTICA. **Estatísticas de Gênero:** indicadores sociais das mulheres no Brasil. 2 ed. Rio de Janeiro: IBGE, 2021. Disponível em: https://biblioteca.ibge.gov.br/visualiz acao/livros/liv101784_informativo.pdf. Acesso em: 22 abril 2021.
[15] SENKEVICS, Adriano. **Mulheres e feminismo no Brasil:** um panorama da ditadura à atualidade. 2013. Disponível em: https://ensaiosdegenero.wordpress.c om/2013/07/11/mulheres-e-feminismo-no-brasil-um-resumo-da-ditadura-a-atu alidade/. Acesso em: 06 de maio de 2021.

4 A DIFERENÇA SALARIAL ENTRE OS GÊNEROS

Segundo estudo de Diferença do rendimento do trabalho de mulheres e homens nos grupos ocupacionais - Pnad Contínua 2018, realizado pelo IBGE, no ano de 2018 as mulheres representavam 45,3% da força de trabalho e ganhavam 79.5% do total do salário pago aos homens.[16]

Constata-se pelo estudo que o rendimento médio total das mulheres ocupadas com idade entre 25 e 49 anos era de R$ 2.050, enquanto o dos homens chegava a R$ 2.579, nesse mesmo grupo etário. Observou-se ainda que o valor médio da hora trabalhada era de R$ 13,00 para as mulheres, correspondendo a 91,5% da hora trabalhada para os homens, que chegava a R$ 14,20.[17] Necessário destacar que as mulheres trabalham em média três horas por semana a mais do que os homens, levando em conta o trabalho remunerado, atividades domésticas e cuidados com outras pessoas, mas ganham apenas dois terços do rendimento masculino.[18]

Logo, constata-se que apesar das mulheres terem conquistado igualdade em direito, permanece a desigualdade de fato, tendo em vista que na esfera profissional as mulheres ainda não alcançaram o mesmo patamar de remuneração nem de cargos que os homens. Já no aspecto social elas ainda são consideradas fundamentalmente sujeitas aos papéis de esposas e mães, contexto que as colocam em situação de dependência. Ademais, no âmbito familiar subsiste a desigualdade da divisão sexual do trabalho doméstico.

---

[16] OLIVEIRA, Nielmar de. **Mulher ganha em média 79,5% do salário do homem, diz IBGE**. Agência Brasil, 2019. Disponível em: https://agenciabrasil.ebc.com.br/economia/noticia/2019-03/mulheres-brasileiras-ainda-ganham-menos-que-os-homens-diz-ibge. Acesso em: 17 maio 2021.

[17] OLIVEIRA, Nielmar de. **Mulher ganha em média 79,5% do salário do homem, diz IBGE**. Agência Brasil, 2019. Disponível em: https://agenciabrasil.ebc.com.br/economia/noticia/2019-03/mulheres-brasileiras-ainda-ganham-menos-que-os-homens-diz-ibge. Acesso em: 17 maio 2021.

[18] FRANCO, Luiza; IDOETA, Paula Adamo. **Como a desigualdade no pagamento entre homens e mulheres prejudica a economia brasileira**. BBC News Brasil em São Paulo, 2019. Disponível em: https://www.bbc.com/portuguese/brasil-46655125. Acesso em: 17 maio 2021.

No ano de 2018, o Fundo Monetário Internacional (FMI) analisou pesquisas e dados de mais de uma centena de nações em questões como acesso ao sistema financeiro, tais como crédito e contas bancárias, e a ascensão profissional feminina no setor bancário. A partir disso, a conclusão foi de que mulheres mais fortes financeiramente demonstraram maior probabilidade em investir no bem-estar familiar e a tomar mais decisões financeiras mais inteligentes, o que por sua vez repercutem na educação e na saúde de sua família.[19]

Depreende-se do exposto que o poder financeiro feminino tem a capacidade de melhorar a condição de vida das famílias, traduzindo-se em menos pobreza, maior crescimento econômico e redução da desigualdade. Assim, a igualdade na percepção salarial entre os gêneros, além de ser um direito básico garantido constitucionalmente, também reflete de modo favorável no andamento social, na confecção dos núcleos familiares e na ascensão social da mulher como detentora de direitos e oportunidades.

5 PRINCÍPIO DA IGUALDADE NAS RELAÇÕES TRABALHISTAS

Pode-se perceber que a causa da discriminação muitas vezes reside no cru preconceito, num juízo sedimentado desqualificador de uma pessoa em virtude de uma característica, determinada externamente, e identificadora de um grupo ou seguimento de indivíduos, por motivos, em sua maioria, de cor, etnia, sexo ou gênero, podendo também derivar de outros fatores relevante a um determinado caso concreto específico. Nessa toada, segundo Mauricio Godinho Delgado:

> Discriminação é a conduta pela qual se nega à pessoa, em face de critério injustamente desqualificante, tratamento

---

[19] FRANCO, Luiza; IDOETA, Paula Adamo. **Como a desigualdade no pagamento entre homens e mulheres prejudica a economia brasileira**. BBC News Brasil em São Paulo, 2019. Disponível em: https://www.bbc.com/portugues/brasil-46655125. Acesso em: 17 maio 2021.

compatível com o padrão jurídico assentado para a situação concreta por ela vivenciada.[20]

O combate à discriminação é uma das mais importantes áreas de avanço do Direito, pois as sociedades modernas distinguem-se justamente por prezar processos de inclusão social, contrapondo às sociedades mais antigas, marcadas pela exclusão social e segregação de grupos.

Ante a relevância da temática a Organização Internacional do Trabalho -OIT, no ano de 1958, editou a Convenção n. 111 que trata sobre a discriminação em matéria de emprego e ocupação, a qual conceitua o termo "discriminação" em seu artigo 1º como qualquer distinção ou exclusão feita com base em critérios objetivos e que tenham como finalidade anular ou impedir a igualdade de oportunidades e tratamento no labor. Nos termos da referida Convenção, o termo discriminação inclui:

> Artigo 1º - 1. [...] a) toda distinção, exclusão ou preferência, feita com base em raça, cor, sexo, religião, opinião política, ascendência nacional ou origem social, que tenha por efeito anular ou impedir a igualdade de oportunidades ou de tratamento no emprego ou na ocupação; b) qualquer outra distinção, exclusão ou preferência que tenha por efeito anular ou impedir a igualdade de oportunidades ou tratamento no emprego ou na ocupação, conforme pode ser definido pelo Membro em questão, após consultar organizações representativas de empregadores e de trabalhadores, se as houver, e outros organismos convenientes.[21]

Pormenorizando o tema cabe o questionamento sobre falar-se em princípio de não discriminação ou em princípio de isonomia quando

---

[20] DELGADO, Mauricio Godinho. **Curso de direito do trabalho**: obra revista e atualizada conforme a lei da reforma trabalhista e inovações normativas e jurisprudenciais posteriores. 18. ed. São Paulo: LTr, 2019, p.955. Disponível em: https://edisciplinas.usp.br/pluginfile.php/5746884/mod_resource/content/1/Curso%20de%20Direito%20do%20Trabalho%20-%20Mauri%CC%81cio%20Godinho%20Delgado%2C%202019.pdf. Acesso em: 17 maio 2021.
[21] OIT. **Convenção nº 111** - Discriminação em Matéria de Emprego e Ocupação. 1958. Disponível em: https://www.ilo.org/brasilia/convencoes/WCMS_235325/lang--pt/index.htm. Acesso em: 14 maio 2021.

trata-se de igualdade salarial entre os gêneros no mercado de trabalho. O autor Mauricio Godinho Delgado ressalta que:

> A dúvida é razoável, pois, afinal, não é pacífica a própria diferenciação entre as duas noções. Contudo, não são conceitos efetivamente idênticos. O princípio da não discriminação é princípio de proteção, de resistência, denegatório de conduta que se considera gravemente censurável. Portanto, labora sobre um piso de civilidade que se considera mínimo para a convivência entre as pessoas. Já o princípio da isonomia é mais amplo, mais impreciso, mais pretensioso. A ideia de isonomia ultrapassa, sem dúvida, a mera não discriminação, buscando igualar o tratamento jurídico a pessoas ou situações que tenham relevante ponto de contato entre si.[22]

Conclui-se do exposto que, no tocante a igualdade salarial entre os gêneros nas relações trabalhistas, é mais adequado falarmos da aplicação do princípio da isonomia, vez que este tem o condão de igualar o tratamento entre as pessoas, ultrapassando a ideia de não discriminação.

Outrossim, embora o preâmbulo da Constituição Federal de 1988 não possua força normativa, consoante sentido adotado pelo Supremo Tribunal Federal no julgamento da ADI 2.076/AC[23], esta dispõe sobre os indicadores e fins que o Estado deve seguir, fazendo menção ao Princípio da Igualdade:

> Nós, representantes do povo brasileiro, reunidos em Assembleia Nacional Constituinte para instituir um Estado democrático, destinado a assegurar o exercício dos direitos sociais e individuais, a liberdade, a segurança, o bem-estar, o desenvolvimento, a igualdade e a justiça como valores supremos de uma sociedade fraterna, pluralista e sem

---

[22] DELGADO, Mauricio Godinho. **Curso de direito do trabalho**: obra revista e atualizada conforme a lei da reforma trabalhista e inovações normativas e jurisprudenciais posteriores. 18. ed. São Paulo: LTr, 2019, p.955-956. Disponível em: https://edisciplinas.usp.br/pluginfile.php/5746884/mod_resourc e/content/1/Curso%20de%20Direito%20do%20Trabalho%20-%20Mauri%CC %81cio%20Godinho%20Delgado%2C%202019.pdf. Acesso em: 17 maio 2021.
[23] BRASIL. Supremo Tribunal Federal. Ação Direta de Inconstitucionalidade 2.076/AC. Relator: Min. Carlos Velloso. **Diário de Justiça Eletrônico**, 15 agosto 2002. Disponível em: http://redir.stf.jus.br/paginadorpub/paginador.jsp? docTP=AC&docID=375324. Acesso em: 10 maio 2021.

preconceitos, fundada na harmonia social e comprometida, na ordem interna e internacional, com a solução pacífica das controvérsias, promulgamos, sob a proteção de Deus, a seguinte Constituição da República Federativa do Brasil.[24]

Assim sendo, o direito à igualdade é considerado um dos fundamentos da democracia não apenas para fins interpretativos, posto que o Princípio da Igualdade foi positivado pelo legislador federal no artigo 5° da Constituição Federal, circunstância em que trata dos Direitos e Garantias Individuais:

> Art. 5° Todos são iguais perante a lei, sem distinção de qualquer natureza, garantindo- se aos brasileiros e aos estrangeiros residentes no País a inviolabilidade do direito à vida, à liberdade, à igualdade, à segurança e à propriedade, nos termos seguintes: [...].[25]

A proibição à discriminação salarial também é abordada no artigo 7° da Constituição que proíbe a "diferença de salários, de exercício de funções e de critério de admissão por motivo de sexo, idade, cor ou estado civil".[26]

Dessa forma, é necessário salientar que a legislação trabalhista garante a igualdade salarial entre homens e mulheres desde 1943, conforme disposto nos artigos 5° e 461 da Consolidação das Leis do Trabalho (CLT), a qual determina que salários devem ser iguais "sem distinção de sexo", tendo como finalidade resguardar os trabalhadores e garantir isonomia de tratamento.

---

[24] BRASIL. **Constituição da República Federativa do Brasil**. Brasília, DF: Presidência da República, 1998. Disponível em: http://www.planalto.gov.br/cci vil_03/Constituicao/Constituiçao.htm. Acesso em: 30 abril 2021.
[25] BRASIL. **Constituição da República Federativa do Brasil**. Brasília, DF: Presidência da República, 1998. Disponível em: http://www.planalto.gov.br/cci vil_03/Constituicao/Constituiçao.htm. Acesso em: 30 abril 2021.
[26] BRASIL. **Constituição da República Federativa do Brasil**. Brasília, DF: Presidência da República, 1998. Disponível em: http://www.planalto.gov.br/cci vil_03/Constituicao/Constituiçao.htm. Acesso em: 30 abril 2021.

Para além disso, o artigo 5º da Constituição Federal afirma que homens e mulheres são iguais em direitos e obrigações[27], no mesmo sentido que o ostentado, e para que ocorra a correta interpretação desse dispositivo, é inaceitável a utilização da diferença de gênero com propósito de desnivelar materialmente o homem da mulher, sendo aceito apenas quando a finalidade pretendida for de atenuar os desníveis de tratamento em razão do sexo.[28]

Relativo ao exposto cabe apresentar a máxima trazida por Rui Barbosa no discurso intitulado "Oração aos Moços", ao afirmar que:

> A regra da igualdade não consiste senão em quinhoar desigualmente aos desiguais, na medida em que se desigualam. Nesta desigualdade social, proporcionada à desigualdade natural, é que se acha a verdadeira lei da igualdade. O mais são desvarios da inveja, do orgulho, ou da loucura. Tratar com desigualdade a iguais, ou a desiguais com igualdade, seria desigualdade flagrante, e não igualdade real. Os apetites humanos conceberam inverter a norma universal da criação, pretendendo, não dar a cada um, na razão do que vale, mas atribuir o mesmo a todos, como se todos se equivalessem.[29]

Compreende-se, portanto, que para alcançarmos o tratamento isonômico faz-se necessário conferir tratamento desigual aos desiguais na exata medida de suas desigualdades, bem como tratar igualmente os iguais. Nessa linha de intelecção, conclui-se que o princípio da "não discriminação" não é absoluto, havendo situações em que exceções são comportadas justamente para manter a igualdade.

---

[27] BRASIL. **Constituição da República Federativa do Brasil**. Brasília, DF: Presidência da República, 1998. Disponível em: http://www.planalto.gov.br/cci vil_03/Constituicao/Constituiçao.htm. Acesso em: 30 abril 2021.
[28] MORAES, Alexandre de. **Direito constitucional**. 13. ed. São Paulo: Editora Atlas S.A. 2003.
[29] BARBOSA, Rui. **Oração aos moços**. 5. ed. Rio de Janeiro: Fundação Casa de Rui Barbosa, 1997, p. 26. Disponível em: http://www.casaruibarbosa.gov.br/dad os/DOC/artigos/rui_barbosa/FCRB_RuiBarbosa_Oracao_aos_mocos.pdf. Acesso em: 10 maio 2021.

6 A POSSIBILIDADE DE DANO PATRIMONIAL E MORAL DECORRENTE DA DESIGUALDADE SALARIAL

Ante a carência de políticas públicas que tenham como objetivo diminuir a desigualdade entre os gêneros no mercado de trabalho, faz-se necessário investigar alternativas para alcançar uma visível aplicação do princípio da isonomia no âmbito laboral. A discriminação salarial causa a mulher lesões em diferentes áreas, podendo ocasionar em danos de vertente material e moral, posto que afetam desde a construção de seu patrimônio econômico, visto que os rendimentos não correspondem ao serviço prestado, até danos em sua personalidade, vez que tem sua dignidade e honra atingidos.

Verifica-se que tanto os danos materiais como os morais podem ser ressarcidos de forma monetária, a fim alcançar uma compensação pela violação sofrida e atenuar os impactos decorrentes. Corroborando com esse entendimento Rodolfo Pamplona Filho e Pablo Stolze Gagliano lecionam acerca da reparação de danos:

> Sendo a reparação do dano, como produto da teoria da responsabilidade civil, uma sanção imposta ao responsável pelo prejuízo em favor do lesado, temos que, em regra, todos os danos devem ser ressarcíveis, eis que, mesmo impossibilitada a determinação judicial de retorno ao status quo ante, sempre se poderá fixar uma importância em pecúnia, a título de compensação. [30]

Por esse ângulo, a disparidade de remuneração, tendo como fator determinante o sexo do empregado, ocasiona em dano material à mulher, isto porque ela sofre lesão patrimonial ao auferir salário incompatível com a natureza do trabalho realizado. Ademais, ao verificar-se que outros trabalhadores do sexo masculino, no desempenho de mesma função, são remunerados de forma compatível e integral, vislumbra-se a probabilidade de dano moral indireto, dado que o tratamento discriminatório atinge a dignidade feminina, afetando sua imagem e honra, seja na esfera objetiva ou subjetiva. Desse modo, compreende-se

---

[30] GAGLIANO Pablo Stolze; PAMPLONA FILHO Rodolfo. **Novo Curso de Direito Civil**. v. 3, 17. ed. São Paulo: Saraiva Educação, 2019, p. 84.

que a disparidade salarial acarreta as mulheres danos de natureza patrimonial e moral.

Nessa linha intelectiva, conforme a jurisprudência pacífica do Superior Tribunal de Justiça -STJ, conforme Súmula nº 37: "São cumuláveis as indenizações por dano material e moral oriundos do mesmo fato".[31] Sendo assim, é correto afirmar que não há empecilhos legais para a cumulação das duas modalidades de dano, tendo como fator gerador a desigualdade salarial entre os gêneros.

Dessa forma, cabe a figura feminina, que sofreu prejuízos causados pela discriminação, pleitear a reparação por dano material cumulado com dano moral, através da propositura de uma ação de indenização, é o que se extraí do artigo 404 do Código Civil:

> Art. 404. As perdas e danos, nas obrigações de pagamento em dinheiro, serão pagas com atualização monetária segundo índices oficiais regularmente estabelecidos, abrangendo juros, custas e honorários de advogado, sem prejuízo da pena convencional. Parágrafo único. Provado que os juros da mora não cobrem o prejuízo, e não havendo pena convencional, pode o juiz conceder ao credor indenização suplementar.[32]

Assim sendo, a reparação pode ocorrer na fase pré-contratual, isto é, nas negociações previas à formação do vínculo de emprego; na fase contratual, considerando os salários não concedidos de maneira equânime; ou na fase pós-contratual, pois, apesar de extinto o vínculo de emprego, ações posteriores do empregador podem comprometer os futuros empregos das mulheres. Destarte, surge para a figura feminina o direito de exigir, além da compensação pecuniária, a entrega de uma "carta de recomendação", na qual o ex-contratante deverá descrever o

---

[31] BRASIL. **Superior Tribunal de Justiça**. Súmula 37. Disponível em: https://scon.stj.jus.br/SCON/sumstj/toc.jsp?livre=%28%40NUM+%3E%3D+%221%22+E+%40NUM+%3C%3D+%22100%22%29+OU+%28%40SUB+%3E%3D+%221%22+E+%40SUB+%3C%3D+%22100%22%29&tipo=%28SUMULA+OU+SU%29&l=100&ordenacao=%40NUM. Acesso em: 1 de maio 2021.

[32] BRASIL. **Código Civil**. Lei 10.406 de 10 de janeiro de 2002. Disponível em: http://www.planalto.gov.br/ccivil_03/leis/2002/L10406compilada.htm. Acesso em: 01 maio 2021.

desempenho da mulher enquanto empregada, a fim de facilitar a sua contratação e um novo trabalho.

7 CONSIDERAÇÕES FINAIS

Por todo exposto, constata-se a iminente necessidade de aplicação do princípio da isonomia no âmbito laboral como forma de tutelar o trabalho feminino e garantir salário compatível e equivalente ao prestado, sem distinção de gênero ou justificativas arbitrarias. Logo, nota-se que o Direito não deve mais ser efetivado como um fim em si mesmo, fundamentado no positivismo exacerbado e nas políticas arcais e oligárquicas, devendo propiciar a propagação dos princípios que o sustentam.

Conclui-se, nesse sentido, que a desigualdade salarial é ilegítima quando ocorre entre indivíduos que realizam tarefas de valor igual por motivos ligados a questões de gênero. À vista disso, verifica-se que apesar do Direito de o Trabalho ser formado por relações de desigualdade jurídica, quais sejam, entre empregado e empregador, esse ramo do direito deve resguardar o hipossuficiente e assegurar a equiparação de tratamento para indivíduos que exerçam funções idênticas. Nesta perspectiva, a equivalência salarial entre as figuras masculinas e femininas que desempenham a mesma função não está atrelada apenas com o princípio da isonomia salarial, mas também com a igualdade que remonta as origens do Direito.

Constata-se, portanto, que os danos causados podem não ser reparados completamente com a compensação remediadora proposta ao longo do artigo, especialmente os danos extrapatrimoniais, que atingem os bens intangíveis de cada indivíduo. Contudo, recomenda-se um comportamento ativo contra as desigualdades salariais e as discriminações sofridas, com o propósito de salvaguardar os direitos conquistados pelas mulheres ao longo de décadas. Para tanto, é preciso combater as ideologias machistas ainda arraigadas na sociedade pós-moderna, de forma a se reconhecer o poder da figura feminina, bem como o fato de que ela deve ser respeitada. Apenas uma percepção da sociedade baseada na alteridade é capaz de assegurar a mulher a dignidade plena e a tutela dos direitos, de forma a construir um autêntico Estado Democrático de Direito ao atenuar as desigualdades.

REFERÊNCIAS

BARBOSA, Rui. **Oração aos moços**. 5. ed. Rio de Janeiro: Fundação Casa de Rui Barbosa, 1997. Disponível em: http://www.casaruibarbosa.gov.br/dados/DOC/artigos/rui_barbosa/FCRB_RuiBarbosa_Oracao_aos_mocos.pdf. Acesso em: 10 maio 2021.

BEAUVOIR, Simone de. **O segundo sexo:** Fatos e Mitos; Trad. Sérgio Milliet. 4. ed. São Paulo: Difusão Europeia do Livro, 1970.

BRASIL. **Constituição da República Federativa do Brasil**. Brasília, DF: Presidência da República, 1998. Disponível em: http://www.planalto.gov.br/ccivil_03/Constituicao/Constituiçao.htm. Acesso em: 30 abril 2021.

BRASIL. **Código Civil**. Lei 10.406 de 10 de janeiro de 2002. Disponível em: http://www.planalto.gov.br/ccivil_03/leis/2002/L10406compilada.htm. Acesso em: 01 maio 2021.

BRASIL. **Cadernos de formação:** As mulheres e o mercado de trabalho. São Paulo: CESIT, 2017. Disponível em: https://www.eco.unicamp.br/images/arquivos/Caderno-3-web.pdf. Acesso em: 10 maio 2021.

BRASIL. **Superior Tribunal de Justiça**. Súmula 37. Disponível em: https://scon.stj.jus.br/SCON/sumstj/toc.jsp?livre=%28%40NUM+%3E%3D+%221%22+E+%40NUM+%3C%3D+%22100%22%29+OU+%28%40SUB+%3E%3D+%221%22+E+%40SUB+%3C%3D+%22100%22%29&tipo=%28SUMULA+OU+SU%29&l=100&ordenacao=%40NUM. Acesso em: 1 de maio 2021.

BRASIL. Supremo Tribunal Federal. Ação Direta de Inconstitucionalidade 2.076/AC. Relator: Min. Carlos Velloso. **Diário de Justiça Eletrônico**, 15 agosto 2002. Disponível em: http://redir.stf.jus.br/paginadorpub/paginador.jsp?docTP=AC&docID=375324. Acesso em: 10 maio 2021.

COSTA, Patrícia Ávila da. **Janela das andorinhas:** a experiência da feminilidade em uma comunidade rural. 2007. Disponível em: https://ww

w.maxwell.vrac.puc-rio.br/10160/10160_4.PDF. Acesso em: 17 maio 2021.

D'ALONSO, Glaucia de Lima. **Trabalhadoras brasileiras e a relação com o trabalho:** trajetórias e travessias. Psicologia para América Latina, México, n. 15, dez. 2008. Disponível em: http://pepsic.bvsalud.o rg/scielo.php?pid=S1870-350X2008000400003&script=sci_arttext. Acesso em: 10 maio 2021.

DELGADO, Mauricio Godinho. **Curso de direito do trabalho:** obra revista e atualizada conforme a lei da reforma trabalhista e inovações normativas e jurisprudenciais posteriores. 18. ed. São Paulo: LTr, 2019. Disponível em: https://edisciplinas.usp.br/pluginfile.php/5746884/mod_ resource/content/1/Curso%20de%20Direito%20do%20Trabalho%20- %20Mauri%CC%81cio%20Godinho%20Delgado%2C%202019.pdf. Acesso em: 17 maio 2021.

FRANCO, Luiza; IDOETA, Paula Adamo. **Como a desigualdade no pagamento entre homens e mulheres prejudica a economia brasileira.** BBC News Brasil em São Paulo, 2019. Disponível em: https://www.bbc.com/portuguese/brasil-46655125. Acesso em: 17 maio 2021.

IBGE – INSTITUTO BRASILEIRO DE GEOGRAFIA E ESTATÍSTICA. **Estatísticas de Gênero:** indicadores sociais das mulheres no Brasil. 2 ed. Rio de Janeiro: IBGE, 2021. Disponível em: https://biblioteca.ibge.gov.br/visualizacao/livros/liv101784_informativ o.pdf. Acesso em: 22 abril 2021.

GAGLIANO Pablo Stolze; PAMPLONA FILHO Rodolfo. **Novo Curso de Direito Civil.** v. 3, 17. ed. São Paulo: Saraiva Educação, 2019.

LOPES, Miguel Maria de Serpa. **Comentários à Lei de Introdução ao Código Civil.** volume I. 2. ed. Rio de Janeiro: Editora Livraria Freitas Bastos, 1959.

MARTINS, Sergio Pinto. **Direito do trabalho.** 28. ed., São Paulo: Adas, 2012. Disponível em: https://direitom1universo.files.wordpress.c om/2016/08/sc3a9rgio-pinto-martins-direito-do-trabalho.pdf. Acesso em: 17 maio 2021.

MORAES, Alexandre de. **Direito constitucional.** 13. ed. São Paulo:

Editora Atlas S.A. 2003.

OIT. **Convenção nº 111** - Discriminação em Matéria de Emprego e Ocupação. 1958. Disponível em: https://www.ilo.org/brasilia/convenco es/WCMS_235325/lang--pt/index.htm. Acesso em: 14 maio 2021.

OLIVEIRA, Nielmar de. **Mulher ganha em média 79,5% do salário do homem, diz IBGE.** Agência Brasil, 2019. Disponível em: https://agenciabrasil.ebc.com.br/economia/noticia/2019-03/mulheres-b rasileiras-ainda-ganham-menos-que-os-homens-diz-ibge. Acesso em: 17 maio 2021.

PINTO, José Augusto Rodrigues. **Empregabilidade da mulher no mercado atual de trabalho.** 2º Congresso Internacional Sobre a Mulher, Gênero e Relações de Trabalho. Goiânia, 2007. Disponível em: https://silo.tips/queue/empregabilidade-da-mulher-no-mercado-atual-d e-trabalho?&queue_id=1&v=1621289773&u=MjgwNDo1ODE4OmE w NTk6MWEwMDoyNWE0OmY2NmU6N2M5OTpjYTM5. Acesso em: 17 maio 2021.

SENKEVICS, Adriano. **Mulheres e feminismo no Brasil:** um panorama da ditadura à atualidade. 2013. Disponível em: https://ensaiosdegenero.w ordpress.com/2013/07/11/mulheres-e-feminismo-no-brasil-um-resumo-da-ditadura-a-atualidade/. Acesso em: 06 de maio de 2021.

DESENVOLVIMENTOS E DIFICULDADES CONTEMPORÂNEAS DA RESPONSABILIDADE CIVIL ANTE AO PARADIGMÁTICO RECURSO EXTRAORDINÁRIO Nº 580.252[1]

5

Caio César do Nascimento Barbosa
Fabrícia Vicente Barbosa

1 CONSIDERAÇÕES INICIAIS

A Responsabilidade Civil contemporânea perpassa por diversos avanços e dificuldades hodiernamente, principalmente no campo do Direito Digital e suas matérias relacionadas. Contudo, a seara ainda lida com problemáticas inerentes às condições existenciais da pessoa humana que, em tese, poderiam (e deveriam) ter sido solucionadas décadas antes.

A situação prisional brasileira, objeto deste breve estudo, encontra-se há muito tempo em crítico situação, de forma que recorrentes são, em diversas unidades prisionais, os problemas relacionados à superlotação, saúde precária, falta de higiene, abusos de terceiros e de entes governamentais, má administração pública, etc. Estes fatores, sejam *per si* ou em conjunto, são agravantes das condições degradantes e inadequadas as quais os presos se encontram.

Destarte, a presente análise visa abordar o RE 580252, julgado pelo Supremo Tribunal Federal em 2017, ocasião que o Supremo Tribunal Federal reconheceu a lesão aos direitos fundamentais dos

---

[1] Artigo originalmente publicado na obra coletiva "Responsabilidade Civil: diálogos entre o direito processual e o direito privado" coordenado por Michael César Silva e Vinícius Lott Thibau, com o título "A (Im)possibilidade de Compensação por Danos Morais ao Presidiário pelo Prisma da Responsabilidade Civil: uma análise do recurso extraordinário nº 580.252". Nos pareceu – por ocasião da revisão que antecedeu esta versão – que o título merecia ser alterado em busca de melhor esclarecimento, aos leitores, das ideias adiante desenvolvidas.

indivíduos em situação carcerária pelas condições extremamente degradantes em que se encontravam sujeitos.

Contudo, a decisão não se demonstrou plenamente satisfatória, em especial sob o prisma da Responsabilidade Civil contemporânea, uma vez que os padrões fixados pelo Supremo Tribunal Federal não se encontram em consonância com os recentes avanços da temática, apresentando, assim solução precária.

Neste toar, imperiosa é a necessidade de se analisar o papel da Responsabilidade Civil estatal, uma vez que a inércia e a omissão do Poder Público na solução da problemática existente demonstra-se como fator de agravo da presente situação.

Todas essas circunstâncias, se traduzem como cristalino atentado aos direitos humanos concernentes a qualquer cidadão – independentemente de sua posição social, sem distinção –, sendo levados ao questionamento pela ótica civilista relativamente à atribuição de danos extrapatrimoniais.

Destarte, baseando-se na decisão do Supremo Tribunal Federal e nas consequências da temática, questiona-se, *sob o prisma da Responsabilidade Civil*, se a compensação por danos morais seria possível e satisfatória como resposta a essa violação que ocorre no ambiente carcerário, ou se outros meios poderiam resolver a problemática de forma minimamente adequada.

Outrossim, caso seja possível a compensação por danos morais, passa-se a dificuldade de se auferir economicamente o *quantum* cabível.

A imprescindibilidade de discussão da temática, demonstra-se pela necessidade de importar a matéria para a seara da Responsabilidade Civil, uma vez que os números do sistema prisional brasileiro aparentam alavancar em ritmo progressivo, pautando-se não apenas pelos questionamentos mencionados, mas pela extrema dificuldade de se atingir uma solução viável ante ao exorbitante número de presos no país, tornando-se custosa e dificultosa solução para diversas searas do Direito.

Dada as atuais conjunturas sistemáticas, indaga-se se a Responsabilidade Civil atual poderia regulamentar a matéria e se, no ordenamento jurídico pátrio, respostas viáveis e realistas poderiam ser objetivadas neste contexto.

O estudo proposto pertence à vertente metodológica jurídico-dogmático. Em relação ao tipo de investigação, foi escolhido, na classificação Witker[2] e Gustin[3], o tipo jurídico-projetivo. No tocante à técnica de análise do conteúdo, trata-se de pesquisa teórica, a partir de análise de conteúdo de jurisprudência e doutrina.

Assim, objetiva o presente estudo lançar luzes sobre a relevância do debate, analisando-se os desdobramentos do RE 580252 e a repercussão da temática em sede da Responsabilidade Civil contemporânea ante ao tema em epígrafe.

2 A REALIDADE PRISIONAL E SEUS OBTÁCULOS PERANTE A DIGNIDADE DA PESSOA HUMANA

Em conformidade com o Levantamento Nacional de Informações Penitenciárias,[4] é estimado que o número total de indivíduos encarcerados no Brasil é de 726.712 mil, sendo que em torno de 40% deste resultado são considerados presos provisórios (ou seja, que não possuem condenação judicial em definitivo).

Outrossim, é contabilizado que cerca de 89% da população carcerária encontra-se em unidades classificadas como superlotadas e que 78% dos estabelecimentos estão com um número de presos superior ao de vagas originariamente ofertadas, restando como evidente a superlotação carcerária.

Destarte, notoriamente é apresentado um agravante para violação aos direitos humanos: a pessoa privada de sua liberdade não possui as condições básicas que lhe devem ser fornecidas se compartilha o local

---

[2] WITKER, Jorge. **Como elaborar una tesis en derecho**: pautas metodológicas y técnicas para el estudiante o investigador del derecho. Madrid: Civitas, 1985.
[3] GUSTIN, Miracy Barbosa de Sousa; DIAS, Maria Tereza Fonseca. **(Re)pensando a pesquisa jurídica**: teoria e prática. 3. ed. Belo Horizonte: Del Rey, 2010.
[4] BRASIL. **MINISTÉRIO DA JUSTIÇA E SEGURANÇA PÚBLICA.** DEPARTAMENTO PENITENCIÁRIO NACIONAL. Levantamento nacional de informações penitenciárias – INFOPEN. Atualização: Junho de 2016. Brasília: Ministério da Justiça e Segurança Pública. Departamento Penitenciário Nacional, 2017.

onde convive com um número maior de pessoas que o permitido e adequado.

Pondera Ingo Wolfgang Sarlet:[5]

> Um sinal de que já estejamos até mesmo perdendo a medida adequada para mensurar os fatos reside na circunstância de que as celas nas quais as condições de vida ainda podem ser, no limite, chamadas de condignas passam a ser percebidas como se fossem privilégios, o que, em certo sentido, não deixam de ser, quando comparadas às condições desumanas, praticamente insuportáveis e insustentáveis, que caracterizam grande parte dos nossos estabelecimentos carcerários e às quais está submetida a absoluta maioria dos reclusos.

Destarte, o objetivo das prisões não é expor o preso a condições degradantes e torturantes. O que as prisões brasileiras modernas objetivam é que o indivíduo, ofensor da ordem pública e moral, em seu tempo cumprindo a pena imposta pelo Estado, pondere sobre os erros que o levaram até ali e assim possa retornar ao convívio na sociedade. Luís Roberto Barroso deslinda que "a pena admitida pela lei e pela Constituição é a de privação de liberdade, e não a perda de dignidade".[6]

É incongruente encarar a realidade prisional pátria sob o prisma do ordenamento jurídico brasileiro no tangente à observância aos direitos humanos e às garantias fundamentais pautadas pela Constituição Federal, dada a situação fática atual.

A falta de condições humanas nos presídios acarreta na constituição de um cenário que não promove a reabilitação do indivíduo, mas na realidade "a desestruturação do sistema prisional ocasiona o descrédito da prevenção e da reabilitação do condenado, ante um

---

[5] SARLET, Ingo Wolfgang. **Dignidade Humana, Ressocialização e a Superpopulação Carcerária no Brasil.** Disponível em: https://www.conjur.co m.br/2017-mar-10/direitos-fundamentais-dignidade-humana-ressocializacao-superlotacao-carceraria. Acesso em: 22 set. 2020.
[6] SUPREMO TRIBUNAL FEDERAL. **Recurso Extraordinário 580252.** Relator: Min. Teori Zavascki. Data de Julgamento: 16/02/2017. Tribunal Pleno. Data de Publicação: DJE 11-09-2017, p. 44. Disponível em: http://www.stf.jus.b r/portal/jurisprudenciaRepercussao/verAndamentoProcesso.aspincidente=2600 961&numeroProcesso=580252&classeProcesso=RE&numeroTema=365#. Acesso em: 24 set. 2019.

ambiente, cujo fatores culminaram para que chegasse a um precário sistema prisional".[7]

Em outras nações, as discussões acerca das condições de seus respectivos sistemas prisionais podem variar, conjuntamente com o disposto nas suas respectivas legislações, acopladas a realidade fática da situação do país.

Os Estados Unidos – país notório em termos de debates dos sistemas prisionais, vez que ostenta a maior população prisional do mundo, possui em torno de 2,3 milhões de presos, em dados de 2018 –[8] conhecido pela imposição de penas severas aos infratores, também enfrenta problemas quanto a sua política carcerária, ainda que em parâmetros diferentes dos problemas brasileiros.

O encarceramento em massa movido pela política norte-americana, que agrava delitos certamente insignificantes, originou o degradante sistema prisional do país.

> A medida do explosivo poder da política de massa na América pode ser tomada da lei de punição, onde a pressão por um retributivismo duro teve um efeito extraordinário. Inúmeros estatutos prolongaram as penas de prisão. Mais especialmente, certas ofensas morais têm sido alvo de sentenças legislativas particularmente aumentadas, às vezes drasticamente aumentadas.[9]

---

[7] MACHADO, Nicaela Olímpia; GUIMARÃES, Issac Sabbá. A Realidade do Sistema Prisional Brasileiro e o Princípio da Dignidade da Pessoa Humana. **Revista Eletrônica de Iniciação Científica**. Itajaí, Centro de Ciências Sociais e Jurídicas da UNIVALI. v. 5, n.1, p. 573, 1º Trimestre de 2014. Disponível em: https://www.univali.br/graduacao/direitoitajai/publicacoes/revista-de-iniciacao-cientificaricc/edicoes/Lists/Artigos/Attachments/1008/Arquivo%2030.pdf. Acesso em: 24 set. 2019.

[8] Dados oficiais do ano de 2018. HOW MANY PEOPLE ARE LOCKED UP IN THE UNITED STATES? **Prison Policy.org,** 2018. Disponível em: https://www.prisonpolicy.org/graphs/pie2018.html. Acesso em: 11 nov. 2019.

[9] No original: The measure of the explosive power of mass politics in America can indeed be taken from the law of punishment, where the push for a tough retributivism has had an extraordinary effect. Numerous statutes have lengthened prison sentences. Most especially, certain morals offenses have been the target of particularly increased – sometimes drastically increased – legislated sentencing. (WHITMAN, James Q. **Harsh Justice:** criminal punishment and the widening divide between America and Europe. New York: Oxford University Press, 2003, p. 56.)

Em sentido congênere, a cultura do encarceramento em massa também é adotada no Brasil, com delitos menores servindo de condão para o aprisionamento de cada vez mais indivíduos, abarrotando-se os complexos prisionais e servindo como agravante para a piora nas condições consideradas como desumanas.

3 O DANO MORAL NO AMBIENTE PRISIONAL BRASILEIRO

Em fevereiro de 2017, o Supremo Tribunal Federal, em sede de julgamento de Recurso Extraordinário, "reconheceu a lesão aos direitos fundamentais dos presos, independentemente do evento morte. O só fato de estar cumprindo a pena em situações degradantes faria surgir o dever de indenizar do Estado".[10]

Da tese de repercussão geral aprovada pelo Plenário, se extrai:

> Considerando que é dever do Estado, imposto pelo sistema normativo, manter em seus presídios os padrões mínimos de humanidade previstos no ordenamento jurídico, é de sua responsabilidade, nos termos do art. 37, §6 da Constituição, a obrigação de ressarcir os danos, inclusive morais, comprovadamente causados aos detentos em decorrência da falta ou insuficiência das condições legais de encarceramento.[11]

O paradigmático Recurso Extraordinário 580.252 destaca a responsabilidade estatal – prevista legalmente no artigo 37, § 6º da

---

[10] FARIAS, Cristiano Chaves de. NETTO, Felipe Braga. ROSENVALD, Nelson. **Novo Tratado de Responsabilidade Civil**. 3ª ed. São Paulo: Saraiva Educação, 2018, p. 1164.
[11] SUPREMO TRIBUNAL FEDERAL. **Recurso Extraordinário 580252**. Relator: Min. Teori Zavascki. Data de Julgamento: 16/02/2017. Tribunal Pleno. Data de Publicação: DJE 11-09-2017. Disponível em: http://www.stf.jus.br/port al/jurisprudenciaRepercussao/verAndamentoProcesso.aspincidente=2600961& numeroProcesso=580252&classeProcesso=RE&numeroTema=365#. Acesso em: 24 set. 2019.

Constituição Federal de 1988 –,[12] relacionado-a à temática em comento, de forma a esclarecer que as normas do ordenamento jurídico pátrio garantem ao indivíduo privado de sua liberdade condições e padrões mínimos de humanidade, vez que é dever do Estado lhe garantir sua integridade psíquica e física, conforme explícito no artigo 5°, incisos III[13] e XLIX[14] da Constituição Federal de 1988.

Em similar sentido, o artigo V da Declaração Universal dos Direitos Humanos preleciona que "ninguém será submetido à tortura nem a tratamento ou castigo cruel, desumano ou degradante".[15]

A tese adotada na atualidade é a da Responsabilidade Civil Estatal pela modalidade objetiva, de forma a se dispensar a análise do elemento culpa, bastando a relação causal entre o fato gerador e o dano ocorrido, não importando se este último for de caráter patrimonial ou extrapatrimonial, conforme o cenário em análise.

O Brasil, desde 1946, adota, em relação à responsabilidade civil do Estado, a teoria do risco administrativo. O que significa, em essência, que o Estado responde sem culpa, porém fica livre de responsabilização se conseguir demonstrar que não existe nexo causal entre o dano e a ação ou omissão imputada a ele (em outras palavras, o Estado não indeniza se

---

[12] Art. 37. A administração pública direta e indireta de qualquer dos Poderes da União, dos Estados, do Distrito Federal e dos Municípios obedecerá aos princípios de legalidade, impessoalidade, moralidade, publicidade e eficiência e, também, ao seguinte:
§ 6° As pessoas jurídicas de direito público e as de direito privado prestadoras de serviços públicos responderão pelos danos que seus agentes, nessa qualidade, causarem a terceiros, assegurado o direito de regresso contra o responsável nos casos de dolo ou culpa. (BRASIL. **Constituição da República Federativa do Brasil**. Disponível em: http://www.planalto.gov.br. Acesso em 24 set. 2019)
[13] Art. 5°, III: "ninguém será submetido a tortura nem a tratamento desumano ou degradante" (BRASIL. **Constituição da República Federativa do Brasil**. Disponível em: http://www.planalto.gov.br. Acesso em 24 set. 2019.)
[14] Art. 5°, XLIX: "é assegurado aos presos o respeito à integridade física e moral" (BRASIL. **Constituição da República Federativa do Brasil**. Disponível em: http://www.planalto.gov.br. Acesso em 24 set. 2019.)
[15] DECLARAÇÃO UNIVERSAL DOS DIREITOS HUMANOS. **Assembleia Geral das Nações Unidas em Paris**. 10 dez. 1948. Disponível em: http://www.dudh.org.br/wpcontent/uploads/2014/12/dudh.pdf. Acesso em: 24 set. 2019.

provar: (a) culpa exclusiva da vítima; ou (b) caso fortuito ou força maior).[16]

Tal conceito se alia às diretrizes basilares da Responsabilidade Civil, consagradas no artigo 186[17] e 927[18] do Código Civil de 2002. Ressalta-se que o parágrafo único se alia ao artigo 37, § 6º da Constituição Federal de 1988, vez que trata da hipótese de reparação independentemente de culpa nos casos previstos legalmente.

No plano da Responsabilidade Civil objetiva, o dano sofrido tem como causa o fato objetivo da atividade, podendo ser comissivo ou omissivo. No caso em epígrafe, a conduta estatal frente à violação dos direitos humanos dos detentos é substancialmente omissiva, vez que deveria agir diante da manifesta inconstitucionalidade dos atos praticados pela administração prisional, porém, acaba se abstendo, fato que culmina na referida omissão.

Assim, deslumbra-se, no âmago do ambiente carcerário, uma verdadeira institucionalização da insalubridade ensejada, sobretudo, pela superlotação, causando desvio legal crítico, dada a generalidade da situação e a marginalização desses indivíduos.

A Lei de Execuções Penais, em seu artigo 85, expõe que "o estabelecimento penal deverá ter lotação compatível com a sua estrutura

---

[16] FARIAS, Cristiano Chaves de. NETTO, Felipe Braga. ROSENVALD, Nelson. **Novo Tratado de Responsabilidade Civil**. 3ª ed. São Paulo: Saraiva Educação, 2018, p. 1163.
[17] Art. 186. Aquele que, por ação ou omissão voluntária, negligência ou imprudência, violar direito e causar dano a outrem, ainda que exclusivamente moral, comete ato ilícito (BRASIL. Código Civil. **Lei nº 10.406**, de 10 de janeiro de 2002. Disponível em: http://www.planalto.gov.br/ccivil_03/LEIS/2002/L104 06.htm. Acesso em: 26 set. 2019).
[18] Art. 927. Aquele que, por ato ilícito (arts. 186 e 187), causar dano a outrem, fica obrigado a repará-lo.
Parágrafo único. Haverá obrigação de reparar o dano, independentemente de culpa, nos casos especificados em lei, ou quando a atividade normalmente desenvolvida pelo autor do dano implicar, por sua natureza, risco para os direitos de outrem. (BRASIL. Código Civil. **Lei nº 10.406**, de 10 de janeiro de 2002. Disponível em: http://www.planalto.gov.br/ccivil_03/LEIS/2002/L10406.htm. Acesso em: 26 set. 2019)

e finalidade",[19] de forma a se caracterizar como manifesto o descumprimento da referida lei.

O Brasil, que ostenta a terceira maior população carcerária do planeta, possui capacidade de abrigar em seus presídios um número muito menor do que a realidade demonstra. Sob o argumento de violação dos direitos humanos básicos, os presos recorrerem ao Poder Judiciário para buscar a reparação em âmbito cível, mais especificamente a figura da compensação, ante a impossibilidade de retorno ao *status quo*.

Salienta-se que a Constituição Federal de 1988, em seu artigo 5°, inciso X, consolida a figura do dano moral de forma autônoma, dispensando-se a conjunção com prejuízos de natureza material, bastando-se a incidência de profunda dor no íntimo.[20]

Na complexa busca por uma definição de o que seria o dano moral, aponta Nelson Rosenvald que, "alguns diriam se tratar da dor, mágoa, depressão, enfim de dissabores decorrentes do ilícito. Essa é uma visão equivocada e, felizmente superada. Não se pode confundir a lesão com eventuais consequências que dela derivam".[21]

Nesta linha de intelecção, preleciona Maria Celina Bodin de Moraes que:[22]

> Afirmar que o dano moral é "dor, vexame, humilhação, ou constrangimento" é semelhante ao dar-lhe o epíteto de "mal evidente". Através destes vocábulos, não se conceitua juridicamente, apenas se descrevem sensações e emoções desagradáveis, que podem ser justificáveis, compreensíveis, razoáveis, moralmente legitimas até, mas que, se não forem decorrentes de "danos injustos", ou melhor, de danos a

---

[19] BRASIL. **Lei n° 7.210** de 11 de julho de 1984. Disponível em: http://www.planalto.gov.br/ccivil_03/LEIS/L7210.html. Acesso em 24 set. 2019.
[20] Art. 5°, X: "são invioláveis a intimidade, a vida privada, a honra e a imagem das pessoas, assegurado o direito a indenização pelo dano material ou moral decorrente de sua violação" (BRASIL. **Constituição da República Federativa do Brasil**. Disponível em: http://www.planalto.gov.br. Acesso em 24 set. 2019)
[21] ROSENVALD, Nelson. **O direito civil em movimento**: desafios contemporâneos. 2. ed. Salvador: JusPODIVM, 2018, p. 236.
[22] BODIN DE MORAES, Maria Celina. **Danos à pessoa humana**: uma leitura civil-constitucional dos danos morais. 2.ed. Rio de Janeiro: Editora Processo, 2017, p. 130.

situações merecedoras de tutela por parte do ordenamento, não são reparáveis.

Destarte, percebe-se que o dano moral, além de causar a parte lesada males e angústias, devem ser originados por uma situação que seja juridicamente merecedora de tutela jurídica, de modo a ser reparado de acordo com os ditames da Responsabilidade Civil.

Preceituam Cristiano Chaves de Farias, Felipe Braga Netto e Nelson Rosenvald que "aproximar o modelo jurídico do dano moral com o princípio da dignidade humana é um exercício indispensável para todos que queiram construir um direito civil constitucional".[23]

Neste toar, a busca pela reparação por danos morais, objeto sustentado no RE 580.252, escora-se na extrínseca condição degradante em que os presos se submetem, com respaldo no princípio constitucional da dignidade humana, considerado valor inerente à pessoa humana, trazendo uma pretensão de respeito por parte da coletividade. Basta classificar-se como ser humano para ver-se contemplado pelo princípio ora em comento.

Explana Ingo Wolfgang Sarlet:[24]

> Além disso, como já frisado, não se deverá olvidar que a dignidade–ao menos de acordo com o que parece ser a opinião largamente majoritária–independe das circunstâncias concretas, já que inerente a toda e qualquer pessoa humana, visto que, em princípio, todos–mesmo o maior dos criminosos–são iguais em dignidade, no sentido de serem reconhecidos como pessoas–ainda que não se portem de forma igualmente digna nas suas relações com seus semelhantes, inclusive consigo mesmos. Assim, mesmo que se possa compreender a dignidade da pessoa humana–na esteira do que lembra José Afonso da Silva–como forma de comportamento (admitindo-se, pois, atos dignos e indignos), ainda assim, exatamente por constituir–no sentido aqui acolhido–atributo intrínseco da pessoa humana (mas não propriamente inerente à sua natureza, como se fosse um atributo físico!) e expressar

---

[23] FARIAS, Cristiano Chaves de. NETTO, Felipe Braga. ROSENVALD, Nelson. **Novo Tratado de Responsabilidade Civil**. 3ª ed. São Paulo: Saraiva Educação, 2018, p. 362.

[24] SARLET, Ingo Wolfgang. **Dignidade (da pessoa) Humana e Direito Fundamentais na Constituição Federal de 1988**. 10 ed. Porto Alegre: Livraria do Advogado Editora, 2015, p. 901.

o seu valor absoluto, é que a dignidade de todas as pessoas, mesmo daquelas que cometem as ações mais indignas e infames, não poderá ser objeto de desconsideração.

Logo, deve ser entendida a dignidade sob o aspecto da inerência a qualidade de ser humano e não aos comportamentos do indivíduo em sociedade, embora essa abordagem esteja sendo concebida no seio das prisões brasileiras, em flagrante desrespeito constitucional.

Deste modo, "fica claro até então que um dos fins do Estado é justamente o de reunir as condições necessárias e suficientes para que as pessoas se tornem dignas".[25]

A injusta violação a este fundamento deve ser reparada, de forma a se respeitar as sensações ou emoções desagradáveis e repulsivas sofridas pelo lesado, ensejando um mínimo de respeito aos direitos humanos, merecedores de tutela no ordenamento pátrio, quando inseridos no texto constitucional como direitos fundamentais e, notadamente, na legislação infraconstitucional, pertinente aos direitos de personalidade.

A Responsabilidade Civil, como reguladora da matéria dos danos morais, deverá, de forma justa e dentro da atual conjuntura – haja vista a situação dos presídios nacionais – possibilitar que se atinjam graus satisfatórios para solução da temática.

4 O OBSTÁCULO DA FUNÇÃO REPARATÓRIA DA RESPONSABILIDADE CIVIL E A CONTROVÉRSIA DO RE 580.252

Ante a impossibilidade de retorno ao *status quo* pelas violações aos direitos fundamentais dos presos, foi decidido pelo Supremo Tribunal Federal no Recurso Extraordinário 580252 a compensação monetária relacionado aos danos morais sofridos pelo mesmo no montante de R$2.000,00 (dois mil reais).

---

[25] SILVA, Fábio de Sousa Nunes da. Construindo uma nova hermenêutica civil constitucional: "da mudança de paradigma aos novos vetores constitucionais aplicáveis a normativa privada". In: NETO, Inacio de Carvalho (Coord.). **Novos direitos após seis anos de vigência do Código Civil de 2002.** Curitiba: Juruá Editora, 2009, p. 32.

Denota-se que o dano moral não é apto de ser mensurável, não constituindo-se como restituição – haja vista a impossibilidade de retorno a situação prévia –, mas sim como reparação pela lesão sofrida, visando "diminuir" os transtornos sofridos.

Aponta Flávio Tartuce:[26]

> Constituindo o dano moral uma lesão aos direitos da personalidade (arts. 11 a 21 do CC), para a sua reparação não se requer a determinação de um preço para a dor ou o sofrimento, mas sim um meio para atenuar, em parte, as consequências do prejuízo imaterial, o que traz o conceito de lenitivo, derivativo ou sucedâneo.

Em face da realidade prisional brasileira, a decisão do Supremo Tribunal Federal gerou debates e impasses no tangente à sua eficácia. Em primeiro plano, a compensação no montante de dois mil reais – que no contexto atual brasileiro têm diminuta representação em termos de poder aquisitivo – por si só beira incertezas: a compensação monetária atribuída é considerada ínfima em relação à condição do preso, algo como se o presidiário possuísse despicienda relevância na busca por seus direitos fundamentais – em especial a dignidade da pessoa humana – do que o cidadão que se encontra no gozo de sua liberdade.

Nesta linha de intelecção, preleciona Nelson Rosenvald:[27]

> [...] uma condenação do Estado a um valor pouco superior a 2 salários mínimos como resposta à banalização da dignidade de um detento importa em um pedagógico reforço da inadmissível noção de que a prática do ilícito penal acarreta a mitigação da honra do condenado e, por conseguinte, justifica uma reparação módica – por sinal, muito aquém do que qualquer um de nós obteria por uma indevida negativação de crédito. Se o objetivo fosse o de fixar um valor simbólico para demonstrar que o ilícito estatal foi reconhecido, melhor seria fixar um valor de R$ 1,00 (um real) em prol da vítima, como uma advertência subliminar quanto à inadmissibilidade desse

---

[26] TARTUCE, Flávio. **Direito Civil**, volume 2. Direito das Obrigações e Responsabilidade Civil. 11. ed. Rio de Janeiro: Forense; São Paulo: Método, 2016, p. 409.

[27] ROSENVALD, Nelson. **O direito civil em movimento**: desafios contemporâneos. 2. ed. Salvador: JusPODIVM, 2018, p. 206.

estado de coisas em pleno século XXI, em um "pretenso" Estado Democrático de Direito.

Ainda que na sistemática contemporânea ocorra certa tendência jurisprudencial de se auferir valores considerados "irrisórios" aos danos morais, é inegável a atribuição de valores consideravelmente maiores para situações que podem ser classificadas como de menor relevância jurídico-social. Destarte, a fixação do valor de dois mil reais ao presidiário lesado por tais situações é incoerente com as inclinações do Poder Judiciário sobre a matéria.

Noutro giro, ainda que se considere tal indenização como adequada, a realidade apresenta discordância com a nobre intenção do Superior Tribunal Federal. A atualidade fática exprime adversidades no tangente à impossibilidade, em termos monetários, de os cofres públicos compensarem todos os presos do país que se encontram em tal cenário, haja vista a maioria dos Estados Federativos não possuir recursos suficientes para que seja economicamente possível compensar a situação causada pelos mesmos.

O Ministro Luís Roberto Barroso, acompanhado posteriormente pelos Ministros Celso de Mello e Luiz Fux, se posicionou na direção de substituir a compensação em pecúnia pela remição de pena.

> O Min. Luís Roberto Barroso finaliza suas considerações introdutórias com a sugestão de que a gravidade do cenário prisional brasileiro determina que eventual solução somente será possível, caso haja uma atuação coordenada pela qual sejam combatidas as três principais de suas tantas causas: a) a superlotação dos presídios; b) a lógica do hiper encarceramento; c) as deficiências na estruturação e funcionamento dos presídios.[28]

Ainda que essa proposta não tenha sido rediscutida em momento oportuno, a adoção do posicionamento do Ministro poderia representar uma postura legiferante do legislativo em termos das normas atinentes à execução da pena, bem como ensejaria uma adoção de um "método

---

[28] MAFFINI, Rafael. Responsabilidade civil do estado por dano moral e a questão da prioridade da reparação in natura em torno da RE 580.252. **Revista digital ESA**. Rio de Janeiro, RJ: OABRJ, 2018. Vol. 1, n. 1 (set. 2018), p. 621, 2018.

alternativo" de reparação que poderia vir a remediar o dano sofrido pelo detento.

Contudo, a admissão do método sugerido pelo Ministro poderia ocasionar na subestimação da real essência dos danos morais – que deveria ser a reparação pela ofensa aos princípios fundamentais do indivíduo –, suscitando na privação do alcance dos direitos constitucionais garantidos a todos seres humanos.

Em vista do exposto, percebe-se a tênue linha em que o ordenamento jurídico brasileiro se encontra, ao tratar de tal matéria. Em primeiro plano, indaga-se como deverá o juiz proceder na aplicação da quantificação de danos extrapatrimoniais. A posteriori, é questionado como seria possível reparar os danos causados a todos que se encontram em situação equivalente.

Verificada a impossibilidade satisfatória de reparação premente, necessário se faz o reforço de se estudar os meios que a Responsabilidade Civil encontraria para que, nos limites possíveis, fosse o dano compensado e que seu foco seja extinto, ou, ao menos, mitigado.

5 A (IM)POSSIBILIDADE DE COMPENSAÇÃO AO PRESIDIÁRIO PELO PRISMA DA RESPONSABILIDADE CIVIL ATUAL

A Responsabilidade se apresenta atualmente como uma vertente fluida dentro do âmbito do Direito Civil, de modo que alterações sociais, filosóficas, éticas e religiosas alteram significativamente o estudo da matéria.

As transformações experimentadas pela sociedade propiciaram a ascensão da Responsabilidade Civil, a qual se converteu no principal eixo do Direito Civil contemporâneo. Nessa toada, Silvio de Salvo Venosa afirma que:[29]

> A história da responsabilidade civil na cultura ocidental é exemplo marcante dessa situação absolutamente dinâmica, desde a clássica ideia de culpa ao risco, das modalidades clássicas de indenização para as novas formas como a perda

---

[29] VENOSA, Silvio de Salvo. **Direito Civil: Obrigações e Responsabilidade Civil.** v. 2, 12. ed. São Paulo: Atlas, 2017, p. 402.

de uma chance e criação de fundos especiais para determinadas espécies de dano, como os danos ecológicos. Todas as novas conquistas jurídicas refletem um desejo permanente de adequação social.

Assim, a Responsabilidade Civil, a qual originalmente apresentava enfoque no ofensor, paulatinamente desviou seu olhar para a figura da vítima, de forma a repensar a figura da reparação do evento danoso.

Deste modo, com a seara perpassando por evoluções constantes, urge a necessidade de se voltarem olhares para a temática em epígrafe, de modo que as garantias constitucionais não lhes seja privada como lhes é a liberdade.

Diante da controversa decisão do Supremo Tribunal Federal, é suscitada a problemática da (im)possibilidade de compensação ao presidiário pela via da Responsabilidade Civil, vez que ambos argumentos apresentados no STF implicam em resultados insatisfatórios sob a ótica em questão.

Ainda que a proposta apresentada pelo Ministro Luís Roberto Barroso possa lograr êxito no campo das políticas públicas, ricocheteando na área penal e administrativa, a seara cível ainda possui papel fundamental a ser desencadeado na problemática em comento, não devendo ser esquecida, mas sim devendo ser objeto de estudos doutrinário e análises jurisprudenciais com escopo de levantar possíveis soluções.

Em síntese, aplicações na área de políticas públicas e ações administrativas na esfera penal poderiam mitigar a problemática, contudo, não deve ser a única resposta conferida ao presidiário, vez que este deverá buscar a compensação pecuniária em âmbito cível.

Destarte, buscam-se outros meios pela via da Responsabilidade Civil que produzam resoluções minimamente adequadas e razoáveis com a conjuntura fática. Daniele Courtes Lutzky aponta que "à medida que a sociedade fica mais complexa e só fazem aumentar as violações às pessoas, novas situações passam a exigir proteção jurídica adequada, pertinente, eficaz e condizente com os direitos tutelados".[30]

---

[30] LUTZKY, Daniele Courtes. A necessidade de um verdadeiro olhar constitucional sobre a ação de reparação de danos imateriais. **Revista IBERC**, Minas Gerais, v. 1, n. 2, p. 4, 2019.

A Constituição Federal de 1988 explicita em seu artigo 5º, inciso V que "é assegurado o direito de resposta, proporcional ao agravo, além da indenização por dano material, moral ou à imagem".[31]

Assim, em consonância com a Carta Magna, não é possível retirar do indivíduo – preso ou não – a sua prerrogativa constitucional de buscar indenização por danos, sejam de ordem material ou moral. Desta premissa, entende-se que o presidiário, nas situações suscitadas e debatidas anteriormente, não poderá ser privado de seus direitos assegurados pela Constituição Federal.

Em consonância com o **RE 580252**, entende-se que o inequívoco dano moral existente, decorrente das ultrajantes situações carcerárias às quais estes indivíduos se encontram, deverá ser compensado pela via pecuniária, seguindo a função primordial da Responsabilidade Civil, a qual "se insere como uma resposta aos atos antijurídicos praticados por determinado agente, sendo aplicável e mensurável, tão somente, após a efetiva lesão".[32]

Importante destacar, como deslindam Glayder Daywerth Pereira Guimarães e Michael César Silva, que "o Código Civil buscou sintetizar e colmatar a responsabilidade civil em poucos artigos, sendo que os artigos 186, 187 e 927 do diploma legal traçam as diretrizes básicas da responsabilidade civil no Brasil".[33]

Ainda, conforme destaca exemplarmente Nelson Rosenvald:[34]

> Nos últimos tempos avançamos bastante em termos de acesso ao dano individual pela via da abertura de compotas no campo dos pressupostos da responsabilidade civil. Flexibilizamos o nexo causal, convertemos a imputação objetiva em cláusula geral (art. 927, parágrafo único do CC) e

---

[31] BRASIL. **Constituição da República Federativa do Brasil**. Disponível em: http://www.planalto.gov.br. Acesso em 24 set. 2019.
[32] BARBOSA, Caio César do Nascimento; GUIMARÃES, Glayder Daywerth Pereira; SILVA, Michael César. Contenção de ilícitos lucrativos no Brasil: o disgorgement of profits enquanto via restitutória. **Revista de Direito da Responsabilidade**, Coimbra, ano 2, p. 521, 2020.
[33] GUIMARÃES, Glayder Daywerth Pereira; SILVA, Michael César. Fake News À Luz Da Responsabilidade Civil Digital: O Surgimento De Um Novo Dano Social. **Revista Jurídica da FA7**, v. 16, n. 2, p. 105, 12 dez. 2019.
[34] ROSENVALD, Nelson. Responsabilidade civil: compensar, punir e restituir. **Revista IBERC**, v. 2, n. 2, p. 2 2019.

ampliamos a abrangência do conceito de dano, seja pela introdução da perda de uma chance como indenização autônoma como pela aceitação generosa dos mais variados danos existenciais. Ocorre que todos esses aperfeiçoamentos se deram no interno da função compensatória de danos, negligenciando-se a necessidade de uma difusão de remédios capazes de oferecer maiores incentivos ao efetivo cumprimento das normas substanciais.

Em verdade, a decisão do Supremo Tribunal Federal parece, em primeira análise, abarcar as três funções da Responsabilidade Civil contemporânea de forma edificativa, vez que, para além da função reparatória, aborda o viés pedagógico (sancionando o ente estatal, pecuniariamente, pela prática reiterada de sua conduta omissiva) e também o precaucional (desestimulando o ofensor de reiterar suas condutas antijurídicas).

Neste sentido, aponta Caroline Vaz que:[35]

> [...] apesar de a responsabilidade civil possuir, em tese, uma finalidade eminentemente de proteção da esfera jurídica de cada pessoa (ou manutenção do *status quo ante*) através da reparação ou da compensação, quanto aos danos patrimoniais e extrapatrimoniais, respectivamente, a doutrina e a jurisprudência, em especial no ordenamento jurídico alienígena, preveem atualmente outras funções: de punição (ou sancionatória) e prevenção (ou dissuasória) que, pela repercussão no universo jurídico da contemporaneidade, merecem uma investigação cuidadosa para a sua compreensão.

Assim, a aplicação harmônica das três funções da Responsabilidade Civil contemporânea – restitutória, pedagógica e preventiva – garante ao Estado Democrático de Direito a mais pura forma de equilíbrio, vez que: a) seriam compensados os danos oriundos de atos ilícitos; b) seria o ofensor (Estado) da conduta ilícita desestimulado a reiterar tal comportamento; c) seriam prevenidas as novas ocorrências de danos, para que não seja necessário recorrer as duas funções anteriores.

---

[35] VAZ, Caroline. **Funções da responsabilidade civil:** da reparação à punição e dissuasão: os punitive damages no direito comparado e brasileiro. Porto Alegre: Livraria do Advogado, 2009, p. 36.

Desta forma, a decisão desprende-se do mero caráter reparatório, vez que ricocheteia nas outras importantes funções inerentes a temática, de modo a tutelar os danos de maneira mais adequada. Neste sentido, discorre Felipe Peixoto Braga Netto que:[36]

> *O direito do século XXI não se satisfaz apenas com a reparação dos danos. Mais importante do que tentar reparar – sempre imperfeitamente, como se sabe – os danos sofridos, a tutela mais adequada, e mais conforme à Constituição, é a tutela preventiva, que busca evitar que os danos ocorram ou que continuem a ocorrer. A função preventiva assume, portanto, neste século, fundamental importância.*

Sobre o elemento preventivo, esclarecem Caio César do Nascimento Barbosa, Glayder Daywerth Pereira Guimarães e Michael César Silva:[37]

> Deste modo, se apresenta, como um elemento fluído e dinâmico, motivo pelo qual consegue se inserir dentro de todas as funções da Responsabilidade Civil. O elemento preventivo confere às funções da Responsabilidade Civil a característica de uma tutela ampliativa, que pretende evitar que os danos se apresentem na sociedade.

Em sentido congênere, explica Anderson Schreiber que:[38]

> É nesse sentido que se fala, hoje, por exemplo, em um *princípio de precaução*, voltado à eliminação prévia (anterior à produção do dano) dos riscos de lesão, por meio de normas específicas, de natureza administrativa e regulatória, que imponham tal dever aos agentes econômicos de maior potencial lesivo, sob uma fiscalização eficiente por parte do Poder Público. [...] Em setores os mais diversos, e mesmo à

---

[36] BRAGA NETTO, Felipe Peixoto. A dimensão preventiva da responsabilidade civil. In: BRAGA NETTO, Felipe Peixoto; SILVA, Michael César (Org.). **Direito privado e contemporaneidade**: desafios e perspectivas do direito privado no século XXI. Belo Horizonte: D'Plácido, 2014, p. 86.
[37] BARBOSA, Caio César do Nascimento; GUIMARÃES, Glayder Daywerth Pereira; SILVA, Michael César. Contenção de ilícitos lucrativos no Brasil: o disgorgement of profits enquanto via restitutória. **Revista de Direito da Responsabilidade**, Coimbra, ano 2, p. 526, 2020.
[38] SCHREIBER, Anderson. **Direito Civil e constituição**. São Paulo: Atlas, 2013, p. 236.

falta de dever legal, os administradores têm se preocupado crescentemente com o chamado *risk management*, a revelar uma saudável alteração de foco: dos danos para os riscos.

Logo, embora a reparação ainda se traduza como o âmago da matéria, as outras funções devem ser inseridas no contexto atual para que seja atingido o equilíbrio desejado pelo ordenamento jurídico.

Outrossim, ante a impossibilidade de tempo razoavelmente hábil para que os problemas atuais no sistema prisional brasileiro sejam resolvidos, retirando-se ou mitigando-se as condições indignas carcerárias (para a partir deste ponto, serem adotadas técnicas de *risk manegement* que abrangeriam o cerne preventivo da questão), solução em nível imediato deverá ser elencada.

Contudo, ainda que a decisão do Supremo Tribunal Federal pela via compensatória se escore nos preceitos contemporâneos da temática, o debate retorna ao ponto de origem em relação ao *quantum* indenizatório.

Ante ao vasto contingente de indivíduos em situação carcerária no país, o erário não comportaria gastos de tamanha monta, ainda que individualmente a quantia de R$ 2.000,00 seja considerada como irrisória, vez que "presos em situação degradante, no Brasil, lamentavelmente, são quase todos".[39]

Seguindo-se o entendimento dos gastos do plenário, em conjunto com a aplicação principiológica da reserva do possível, melhor seria, de fato, que houvesse investimento por parte do Poder Executivo em amenizar e remediar as situações decorrentes da desagradável conjuntura que assola número considerável de indivíduos, que possuem enclausurados não apenas sua liberdade, mas a chance de atingirem triunfo em suas demandas que violam seus direitos fundamentais.

Ainda se argumenta, em sentido oposto, de que a excessiva oneração estatal para compensar pecuniariamente montante expressivo de presos atingiria a coletividade como um todo, que estaria a arcar indiretamente com a má administração estatal pelos indivíduos aos quais lhe é submetida a custódia.

---

[39] FARIAS, Cristiano Chaves de. NETTO, Felipe Braga. ROSENVALD, Nelson. **Novo Tratado de Responsabilidade Civil**. 3ª ed. São Paulo: Saraiva Educação, 2018, p. 1164.

Destarte, extrai-se entendimento de que, por hora, ainda que a resposta apresentada pelo Supremo Tribunal Federal possua caráter fundamentalista com escora nos avanços da Responsabilidade Civil, a realidade fática não a comportaria, de modo a gerar a impossibilidade de compensação ao montante geral de presos em situação elencada anteriormente, não apresentando, desta forma, resposta minimamente satisfatória quando se analisado o panorama geral e as mazelas pelas quais o sistema prisional brasileiro se encontra.

Nesta toada, o investimento pela via administrativa poderia, eventualmente, evitar o risco de novos danos, bem como impedir que os danos já existentes sejam reiterados. Contudo, essa não parece ser uma realidade próxima no Brasil.

O Recurso Extraordinário 580.252, deste modo, parece não apresentar viáveis e realistas soluções para a realidade experimentada no país, de forma que a Responsabilidade Civil possui poucas chances de corresponder aos ideais da temática como deve, tal fator agravado pela ineficácia estatal ante aos indivíduos que deve manter sob sua custódia.

Contudo, a seara das políticas públicas pode atuar no cerne preventivo da Responsabilidade Civil, aliando-se a técnicas de gerenciamento de riscos, de forma a liquidar danos e, assim, não gerarem demandas que ensejem compensação, haja vista a inexistência de dano, mesmo que tal resultado seja auferido a longo prazo.

6 CONSIDERAÇÕES FINAIS

Ante aos avanços conferidos pela seara da Responsabilidade Civil nas últimas décadas, merecida é a necessidade de se atentar ao novo âmago da temática, a prevenção. A partir da prevenção, possível será gerir os riscos para que estes não se convertam em danos, de forma a não mais focar isoladamente na reparação, mas em métodos que previnam condutas ilícitas, e, por consequente, novos danos.

É dever estatal atentar-se aos indivíduos que estão sob sua custódia, de modo que a situação em pauta não se reitere, sob pena de fragilidade do ordenamento jurídico. Por meio da gestão de riscos estatal, novas implementações devem ser conferidas em relação ao precário sistema prisional brasileiro, buscando-se apaziguar a já ocorrida situação que ensejou, segundo o Supremo Tribunal Federal, a reparação pelo ato ilícito cometido oriundo da omissão estatal.

Deve ser repensada, após sérias análises, a conduta omissiva por parte do Estado, frente ao desrespeito de preceitos constitucionais básicos. O atual modelo prisional está marcado por inúmeras irregularidades que ferem a dignidade da pessoa humana, sendo manifesta a necessidade de se alterar esse paradigma. Desse modo, repensar o modelo atual e propor possíveis soluções se mostra de suma importância.

Ainda que a decisão do Supremo Tribunal Federal possua nobres intenções e de fato se alie com os avanços contemporâneos no campo da Responsabilidade Civil, a realidade não comporta modelo que satisfaça as demandas oriundas dos danos mencionados, vez que se encontra pautada em muitas contradições e incongruências.

Neste toar, extrai-se o entendimento de que, avaliado o panorama geral, seria impossível pelos caminhos da Responsabilidade Civil compensar a vasta maioria de presos que se encontram na situação de lesão aos seus direitos fundamentais, ainda que demandas individuais possam lograr êxito com base no RE 580.252.

O caminho da prevenção (como uma espécie de *risk management*) parece ser o mais razoável e viável no atual cenário, vez que na atual conjuntura, impossível seria o ordenamento jurídico pátrio conferir resposta imediata de forma satisfatória, isto é, em que a parte seja compensada de forma justa e que os cofres públicos suportem arcar com os custos.

Contudo, o hercúleo trabalho dependerá de boa vontade da Administração Pública, a qual há muito tempo se omite em relação a esta agravadora sistemática, merecedora de atenção dos entes governamentais para que, esperançosamente, a situação possa ser atingir o status constitucional desejável.

REFERÊNCIAS

BARBOSA, Caio César do Nascimento; GUIMARÃES, Glayder Daywerth Pereira; SILVA, Michael César. Contenção de ilícitos lucrativos no Brasil: o disgorgement of profits enquanto via restitutória. **Revista de Direito da Responsabilidade**, Coimbra, ano 2, p. 517-542,

2020.

BODIN DE MORAES, Maria Celina. **Danos à pessoa humana**: uma leitura civil-constitucional dos danos morais. 2.ed. Rio de Janeiro: Editora Processo, 2017.

BRAGA NETTO, Felipe Peixoto. A dimensão preventiva da responsabilidade civil. In: BRAGA NETTO, Felipe Peixoto; SILVA, Michael César (Org.). **Direito privado e contemporaneidade**: desafios e perspectivas do direito privado no século XXI. Belo Horizonte: D'Plácido, 2014, p. 75-91.

BRASIL. Código Civil. **Lei nº 10.406**, de 10 de janeiro de 2002. Disponível em: http://www.planalto.gov.br/ccivil_03/LEIS/2002/L1040 6.htm. Acesso em: 26 set. 2019.

BRASIL. **Constituição da República Federativa do Brasil**. Disponível em: http://www.planalto.gov.br. Acesso em 24 set. 2019.

BRASIL. **MINISTÉRIO DA JUSTIÇA E SEGURANÇA PÚBLICA.** DEPARTAMENTO PENITENCIÁRIO NACIONAL. Levantamento nacional de informações penitenciárias – INFOPEN. Atualização: Junho de 2016. Brasília: Ministério da Justiça e Segurança Pública. Departamento Penitenciário Nacional, 2017.

BRASIL. **Lei nº 7.210** de 11 de julho de 1984. Disponível em: http://www.planalto.gov.br/ccivil_03/LEIS/L7210.html. Acesso em 24 set. 2019.

DECLARAÇÃO UNIVERSAL DOS DIREITOS HUMANOS. **Assembleia Geral das Nações Unidas em Paris.** 10 dez. 1948. Disponível em: http://www.dudh.org.br/wpcontent/uploads/2014/12/dud h.pdf. Acesso em: 24 set. 2019.

FARIAS, Cristiano Chaves de. NETTO, Felipe Braga. ROSENVALD, Nelson. **Novo Tratado de Responsabilidade Civil.** 3ª ed. São Paulo: Saraiva Educação, 2018.

GUSTIN, Miracy Barbosa de Sousa; DIAS, Maria Tereza Fonseca. **(Re)pensando a pesquisa jurídica**: teoria e prática. 3. ed. Belo Horizonte: Del Rey, 2010.

HOW MANY PEOPLE ARE LOCKED UP IN THE UNITED STATES? **Prison Policy.org**, 2018. Disponível em: https://www.prisonpolicy.org/graphs/pie2018.html. Acesso em: 11 nov. 2019.

GUIMARÃES, Glayder Daywerth Pereira; SILVA, Michael César. Fake News À Luz Da Responsabilidade Civil Digital: O Surgimento De Um Novo Dano Social. **Revista Jurídica da FA7**, v. 16, n. 2, p. 99-114, 12 dez. 2019.

LUTZKY, Daniele Courtes. A necessidade de um verdadeiro olhar constitucional sobre a ação de reparação de danos imateriais. **Revista IBERC**, Minas Gerais, v. 1, n. 2, p. 01-24, 2019.

MACHADO, Nicaela Olímpia; GUIMARÃES, Issac Sabbá. A Realidade do Sistema Prisional Brasileiro e o Princípio da Dignidade da Pessoa Humana. **Revista Eletrônica de Iniciação Científica**. Itajaí, Centro de Ciências Sociais e Jurídicas da UNIVALI. v. 5, n.1, p. 566-581, 1º Trimestre de 2014. Disponível em: https://www.univali.br/graduacao/direitoitajai/publicacoes/revista-de-iniciacao-cientificaricc/edicoes/Lists/Artigos/Attachments/1008/Arquivo%2030.pdf. Acesso em: 24 set. 2019.

MAFFINI, Rafael. Responsabilidade civil do estado por dano moral e a questão da prioridade da reparação in natura em torno da RE 580.252. **Revista digital ESA**. Rio de Janeiro, RJ: OABRJ, 2018. Vol. 1, n. 1 (set. 2018), p. 616-632, 2018.

ROSENVALD, Nelson. **O direito civil em movimento**: desafios contemporâneos. 2. ed. Salvador: JusPODIVM, 2018.

ROSENVALD, Nelson. Responsabilidade civil: compensar, punir e restituir. **Revista IBERC**, v. 2, n. 2, 2019.

SARLET, Ingo Wolfgang. **Dignidade (da pessoa) Humana e Direito Fundamentais na Constituição Federal de 1988**. 10 ed. Porto Alegre: Livraria do Advogado Editora, 2015.

SARLET, Ingo Wolfgang. **Dignidade Humana, Ressocialização e a Superpopulação Carcerária no Brasil**. Disponível em: https://www.conjur.com.br/2017-mar-10/direitos-fundamentais-dignidade-humana-ressocializacao-superlotacao-carceraria. Acesso em: 22 set. 2020.

SCHREIBER, Anderson. **Direito Civil e constituição**. São Paulo: Atlas, 2013.

SILVA, Fábio de Sousa Nunes da. Construindo uma nova hermenêutica civil constitucional: "da mudança de paradigma aos novos vetores constitucionais aplicáveis a normativa privada". In: NETO, Inacio de Carvalho (Coord.). **Novos direitos após seis anos de vigência do Código Civil de 2002**. Curitiba: Juruá Editora, 2009.

SUPREMO TRIBUNAL FEDERAL. **Recurso Extraordinário 580252**. Relator: Min. Teori Zavascki. Data de Julgamento: 16/02/2017. Tribunal Pleno. Data de Publicação: DJE 11-09-2017. Disponível em: http://www.stf.jus.br/portal/jurisprudenciaRepercussao/verAndamentoProcesso.aspincidente=2600961&numeroProcesso=580252&classeProcesso=RE&numeroTema=365#. Acesso em: 24 set. 2019.

TARTUCE, Flávio. **Direito Civil**, volume 2. Direito das Obrigações e Responsabilidade Civil. 11. ed. Rio de Janeiro: Forense; São Paulo: Método, 2016.

VAZ, Caroline. **Funções da responsabilidade civil:** da reparação à punição e dissuasão: os punitive damages no direito comparado e brasileiro. Porto Alegre: Livraria do Advogado, 2009.

VENOSA, Silvio de Salvo. **Direito Civil: Obrigações e Responsabilidade Civil**. v. 2, 12. ed. São Paulo: Atlas, 2017.

WHITMAN, James Q. **Harsh Justice:** criminal punishment and the widening divide between America and Europe. New York: Oxford University Press, 2003.

WITKER, Jorge. **Como elaborar una tesis en derecho**: pautas metodológicas y técnicas para el estudiante o investigador del derecho. Madrid: Civitas, 1985.

RESPONSABILIDADE CIVIL DO ESTADO EM TEMPOS DE PANDEMIA: UMA ANÁLISE DO DIREITO À EDUCAÇÃO NO ENSINO PÚBLICO E AO ACESSO AOS MEIOS DIGITAIS COMO FUNDAMENTAL

6

Agnes Luiza Soares Gonçalves
Giovanna Duarte Silva

1 CONSIDERAÇÕES INICIAIS

O presente trabalho representa uma análise crítica e construtiva voltada à temática da responsabilidade civil do Estado, especificamente no tocante ao direito à educação no ensino público como fundamental, diante da pandemia do Novo Coronavírus (COVID-19).

Na estruturação da pesquisa utiliza-se uma metodologia jurídico-sociológica baseada em um raciocínio dedutivo, com uma análise qualitativa e técnica de pesquisa bibliográfica e documental.

A partir das reflexões preliminares acerca da temática, é possível afirmar que a efetivação do direito à educação representa um desafio na realidade brasileira. Em destaque ao momento pandêmico, tal contexto foi corroborado, sobretudo pela discrepância ao acesso aos meios digitais entre escolas públicas e privadas.

De forma não exaustiva, na primeira parte da pesquisa será apresentada a evolução do direito à educação no arcabouço jurídico internacional e nacional, destacando a Declaração Universal dos Direitos Humanos, de 1948; Constituição Federal de 1988 e a Lei nº 9.394/96 (Lei de Diretrizes e Bases da Educação). Por meio disso, demonstra-se que o direito à educação é um direito social, público e subjetivo e, ao mesmo tempo, obrigatório.

Posteriormente, a investigação abordará a capacidade do direito à educação atuar como um instrumento de libertação da classe oprimida e marginalizada e, a contraponto, o modo em que a educação é utilizada como instrumento de perpetuação de ideologias das classes dominantes. Para isso, adotou-se como marco teórico o educador e filósofo Paulo Freire, como referência para debater no âmbito jurídico a situação do direito à educação como instrumento de libertação humana.

Nessa linha, propõe-se a responsabilização civil do Estado de maneira objetiva na garantia do direito à educação durante a pandemia da COVID-19, uma vez incabível a ausência de responsabilidade estatal face a esse direito fundamental e, ainda, a inadequação da responsabilidade meramente subjetiva.

Em seguida, estuda-se o direito ao acesso aos meios digitais como fundamental no Brasil, considerando que a Organização das Nações Unidas (ONU) reconheceu o acesso à internet como direito humano e que os meios digitais representam, atualmente, garantia do acesso à educação e ao conhecimento, em consequência.

A pesquisa a ser realizada pertence à vertente metodológica jurídico-sociológica. No tocante ao tipo de investigação foi escolhido, na classificação Jorge Witker[1] e Miracy Gustin[2], o tipo hermenêutico-argumentativo. De acordo com a técnica de análise do conteúdo, afirma-se que se trata de uma pesquisa teórica, o que será possível a partir da análise de conteúdo da doutrina e legislação pertinente.

Por fim, o estudo propõe lançar luzes sobre a temática proposta com a finalidade de evidenciar a responsabilidade Objetiva da Administração Pública em garantir o acesso à educação durante a pandemia da COVID-19 e, em consequência, aos meios digitais, que se fazem instrumentos imprescindíveis à promoção do processo de conhecimento.

---

[1] WITKER. Jorge. **Como elaborar una tesis en derecho:** pautas metodológicas y técnicas para el estudiante o investigador del derecho. Madrid: Civilistas, 1985.
[2] GUSTIN. Miracy Barbosa de Sousa; DIAS, Maria Tereza Fonseca. **(Re)pensando a pesquisa jurídica:** teoria e prática. 3. Ed. Belo Horizonte: Del Rey, 2010.

2 O ACESSO À EDUCAÇÃO COMO DIREITO FUNDAMENTAL

A educação está inserida no rol dos Direitos Sociais, chamados de Segunda Dimensão. Para tanto, passou por um longo período de evolução, a fim de construir um arcabouço protecionista em âmbito internacional e interno.

Assim, o direito à educação foi introduzido no ordenamento jurídico pátrio a partir da socialização dos Direitos Civis, inspirando-se nas Constituições Mexicana (1917) e Alemã (1919), essa conhecida como "Constituição de Weimar".

Posteriormente à Constituição Alemã, passando por todo o constitucionalismo europeu, até chegar à Declaração Universal dos Direitos do Homem,[3] os direitos sociais foram erigidos à condição de próprios, inerentes à pessoa humana.

O artigo 26 da Declaração Universal de Direitos Humanos, de 1948 dispõe, *in verbis:*

> 1.Todo ser humano tem direito à instrução. A instrução será gratuita, pelo menos nos graus elementares e fundamentais. A instrução elementar será obrigatória. A instrução técnico-profissional será acessível a todos, bem como a instrução superior, esta baseada no mérito. 2. A instrução será orientada no sentido do pleno desenvolvimento da personalidade humana e do fortalecimento do respeito pelos direitos do ser humano e pelas liberdades fundamentais. A instrução promoverá a compreensão, a tolerância e a amizade entre todas as nações e grupos raciais ou religiosos e coadjuvará as atividades das Nações Unidas em prol da manutenção da paz. 3. Os pais têm prioridade de direito na escolha do gênero de instrução que será ministrada a seus filhos.[4]

---

[3] ORGANIZAÇÃO DAS NAÇÕES UNIDAS – ONU. **Declaração Universal dos Direitos Humanos**, de 10 de dezembro de 1948. Disponível em: https://www.unicef.org/brazil/declaracao-universal-dos-direitos-humanos. Acesso em: 01 abr. 2021.

[4] ORGANIZAÇÃO DAS NAÇÕES UNIDAS – ONU. **Declaração Universal dos Direitos Humanos**, de 10 de dezembro de 1948. Disponível em: https://www.unicef.org/brazil/declaracao-universal-dos-direitos-humanos. Acesso em: 01 abr. 2021.

No Brasil, os direitos sociais foram erigidos à condição de direitos fundamentais, surgindo para o Estado uma obrigação de fazer, amoldando-se em uma prestação positiva estatal. É o que dispõe o artigo 6º da Constituição Federal de 1988:

> Art. 6º São direitos sociais a educação, a saúde, a alimentação, o trabalho, a moradia, o transporte, o lazer, a segurança, a previdência social, a proteção à maternidade e à infância, a assistência aos desamparados, na forma desta Constituição. (Redação dada pela Emenda Constitucional nº 90, de 2015).[5]

Historicamente, no que diz respeito à obrigatoriedade do oferecimento e exercício, o direito à educação, desde as primeiras constituições brasileiras, vem alicerçado, com maior ou menor força, a depender do texto constitucional a que se refira. Esse direito ganhou destaque com a entrada em vigor da Constituição de 1988, conhecida como "Constituição Cidadã", elaborada por Ulysses Guimarães.[6]

Ademais, a Carta Magna de 1988 foi o primeiro texto constitucional a prever, de forma específica e detalhada, o direito à educação com seção específica (artigos 205 a 214), além de disposições ao longo do texto.

É mister frisar que, esse direito é considerado cláusula pétrea, nos termos do artigo 60, §4º, inciso IV, da Constituição Federal e, portanto, não será objeto de deliberação de proposta de emenda tendente a aboli-lo.

Noutro ponto, tendo em vista que o direito à educação pressupõe um comportamento ativo por parte do cidadão, também é considerado um direito público subjetivo. Desta forma, pela observação de todo o arcabouço jurídico, verifica-se que, com o intuito de garantir a prestação

---

[5] BRASIL. **Constituição da República Federativa do Brasil**, de 5 de outubro de 1988. Disponível em: http://www.planalto.gov.br/ccivil_03/Constituicao/Co nstituicaoCompilado.htm. Acesso em: 25 abr. 2021.

[6] Ulysses Silveira Guimarães foi um político e advogado brasileiro, um dos principais opositores à ditadura militar. Foi o presidente da Assembleia Nacional Constituinte de 1987-1988, que inaugurou a nova ordem democrática, após 21 anos sob a Ditadura Militar.

estatal e de resguardar o interesse público, o legislador cria uma alegoria jurídica, qual seja, "a faculdade obrigatória".

Isso porque, a inserção no sistema de ensino é obrigatória, (em idade escolar), sendo esse dos 4 aos 17 anos de idade. Portanto, a educação é um direito, mas também uma obrigação. Vejamos o artigo 208, incisos I e VII e o artigo 208, § 1°, da Carta Magna vigente:

> Art. 208. O dever do Estado com a educação será efetivado mediante a garantia de: I - educação básica **obrigatória e gratuita** dos 4 (quatro) aos 17 (dezessete) anos de idade, assegurada inclusive sua oferta gratuita para todos os que a ela não tiveram acesso na idade própria; (Redação dada pela Emenda Constitucional n° 59, de 2009) (Vide Emenda Constitucional n° 59, de 2009) [...] VII - atendimento ao educando, em todas as etapas da educação básica, por meio de programas suplementares de material didáticoescolar, transporte, alimentação e assistência à saúde. (Redação dada pela Emenda Constitucional n° 59, de 2009) § 1° O acesso ao ensino **obrigatório e gratuito** é direito público subjetivo.[7]

Da mesma forma, sob o ponto de vista infraconstitucional, preconiza o artigo 5° da Lei n° 9.394/96 (Lei de Diretrizes e Bases da Educação):

> Art. 5° O acesso à **educação básica obrigatória é direito público subjetivo**, podendo qualquer cidadão, grupo de cidadãos, associação comunitária, organização sindical, entidade de classe ou outra legalmente constituída e, ainda, o Ministério Público, acionar o poder público para exigi-lo. (Redação dada pela Lei n° 12.796, de 2013)[8]

No mesmo sentido, vejamos o artigo 54, §1°, da Lei n° 8.069/90 (Estatuto da Criança e do Adolescente – ECA): "Art. 54. É **dever do**

---

[7] BRASIL. **Constituição da República Federativa do Brasil**, de 5 de outubro de 1988. Disponível em: http://www.planalto.gov.br/ccivil_03/Constituicao/Constituicao Compilado.htm. Acesso em: 25 abr. 2021.
[8] BRASIL. **Lei n° 9.394**, de 20 de dezembro de 1996. Disponível em: http://www.planalto.gov.br/ccivil_03/leis/l9394.htm. Acesso em: 01 abr. 2021.

Estado assegurar à criança e ao adolescente: [...] §1º O acesso ao ensino **obrigatório e gratuito** é direito público subjetivo".[9]

Destarte, no momento em que a Constituição Federal e a legislação infraconstitucional atribuem o caráter subjetivo ao direito ao ensino, assim qualificam-no no sentido de revestir a sociedade, tendo em vista o caráter de solidariedade, do poder de agir e, quanto aos agentes do Estado, a natureza de obrigatoriedade, do poder-dever de agir, sob pena de responsabilização, nos termos do artigo 208, inciso VII, § 2º da Constituição Federal.

Ao mesmo tempo, obriga aquele que, *a priori* detentor do direito, por obrigação decorrente do poder familiar, ou por outro meio de assunção na obrigação, a inserir a criança no sistema de ensino, sob pena de responder administrativa e penalmente pela inação ou omissão, o que seria, na prática, a ocorrência de comissão por omissão. Vejamos:

> Art. 208. O dever do Estado com a educação será efetivado mediante a garantia de:
> [...] § 3º Compete ao poder público recensear os educandos no ensino fundamental, fazer-lhes a chamada e zelar, **junto aos pais ou responsáveis**, pela freqüência à escola.[10]

Ademais, merece destaque o artigo 205 da Carta Magna:

> Art. 205. A educação, direito de todos e **dever do Estado e da família**, será promovida e incentivada com a colaboração da sociedade, visando ao pleno desenvolvimento da pessoa, seu preparo para o exercício da cidadania e sua qualificação para o trabalho.[11]

---

[9] BRASIL. **Estatuto da Criança e do Adolescente – ECA**. Lei nº 8.069, de 13 de julho de 1990. Disponível em: http://www.planalto.gov.br/ccivil_03/leis/l806 9.htm. Acesso em: 01 abr. 2021.
[10] BRASIL. **Constituição da República Federativa do Brasil**, de 5 de outubro de 1988. Disponível em: http://www.planalto.gov.br/ccivil_03/Constituicao/Con stituicaoCompilado.htm. Acesso em: 25 abr. 2021.
[11] BRASIL. **Constituição da República Federativa do Brasil**, de 5 de outubro de 1988. Disponível em: http://www.planalto.gov.br/ccivil_03/Constituicao/Con stituicaoCompilado.htm. Acesso em: 25 abr. 2021.

Ainda que aparentemente essa reflexão pareça paradoxal (direito público "subjetivo obrigatório"), se justifica pelo caráter social da obrigação tanto do estado, quanto da família.

Nesse sentido, a autora Clarice Seixas Duarte preceitua:

> A função de se prever de forma expressa na Constituição que um determinado direito é público subjetivo é afastar, definitivamente, interpretações minimalistas de que direitos sociais não podem ser acionáveis em juízo, nem gerar pretensões individuais. Trata-se de uma figura que vem reforçar o regime já existente, além de constituir uma baliza para a melhor compreensão dos direitos sociais, sob o prisma do seu potencial de efetividade.[12]

Portanto, é de clareza solar que os direitos sociais, em destaque à educação, prezam pela dignidade da pessoa humana tanto no aspecto individual, quanto no âmbito social (nesse último ponto, dado o aspecto solidário desse direito).

Nessa linha de intelecção, por meio da educação o indivíduo poderá se desenvolver, exercer a cidadania e se qualificar para o trabalho. Assim, a educação configura-se aspecto fundamental para exercício do direito de liberdade e instrumento de desenvolvimento, conforme será exposto no subtópico a seguir.

2.1 O direito à educação como instrumento de libertação humana

A educação é reconhecida e consagrada pela Constituição Federal e por instrumentos internacionais. Trata-se de uma prerrogativa própria à qualidade humana, em razão da exigência de dignidade aos homens.

Nesse sentido, conforme preceitua o artigo 1º da Lei nº 9.394/96 (Lei de Diretrizes e Bases da Educação), a educação "abrange os processos formativos que se desenvolvem na vida familiar, na convivência humana, no trabalho, nas instituições de ensino e pesquisa,

---

[12] DUARTE, Clarice Seixas. Direito Público Subjetivo e Políticas Educacionais. **Revista São Paulo em perspectiva**. v. 18, n. 2, 2004, p. 117. Disponível em: https://www.scielo.br/pdf/spp/v18n2/a12v18n2.pdf. Acesso em: 03 abr. 2021.

nos movimentos sociais, organizações da sociedade civil e nas manifestações culturais".[13]

Todavia, por muitas vezes, a educação escolar é utilizada como instrumento de perpetuação de ideologias de classes dominantes. Não obstante, é capaz de atuar como um instrumento, se não o mais poderoso, de libertação da classe minoritária dos oprimidos e marginalizados.

Nesse aspecto, na obra "Pedagogia do Oprimido", de Paulo Freire, o autor traz a reflexão acerca do modo em que a educação escolar, sobretudo a escola pública, está organizada para reproduzir os processos de dominação.

Ademais, pondera sobre a maneira em que a pedagogia e a metodologia de ensino desenvolvida estão a serviço da manutenção da realidade do País, dos processos de dominação de classe e opressão daqueles menos favorecidos socialmente.[14]

O autor denomina a forma em que a escola executa a dominação de classes como "Educação Bancária", destacando o aspecto da relação professor-estudante ser extremamente narradora e dissertadora:

> A narração, de que o educador é o sujeito, conduz os educandos à **memorização mecânica** do conteúdo narrado. Mais ainda, a **narração os transforma em "vasilhas"**, em recipientes a serem "enchidos" pelo educador. Quanto mais vá "enchendo" os recipientes com seus "depósitos", tanto melhor educador será. Quanto mais se deixem docilmente "encher", tanto melhores educandos serão. Desta maneira, a educação se torna um ato de depositar, em que os educandos são os depositários e o educador o depositante.[15]

Assim, a relação entre professor e estudante ocorre numa perspectiva vertical. De um lado há o professor dotado de saberes. Já do outro lado, há o aluno que nada sabe, em que a experiência e a perspectiva de vida não são colocadas em movimento.

---

[13] BRASIL. Lei nº 9.394, de 20 de dezembro de 1996. Disponível em: http://www.planalto.gov.br/ccivil_03/leis/l9394.htm. Acesso em: 01 abr. 2021.
[14] FREIRE, Paulo. **Pedagogia do oprimido**. 17. Ed. Rio de Janeiro: Paz e Terra, 1987, p. 37 [E-book].
[15] FREIRE, Paulo. **Pedagogia do oprimido**. 17. Ed. Rio de Janeiro: Paz e Terra, 1987, p. 37 [E-book].

Freire propõe exatamente o contrário. O autor apresenta uma pedagogia pautada no diálogo e interação entre os sujeitos, a fim de permitir o confronto de conhecimentos, o senso crítico e o surgimento de novas ideias, justificando essa proposta de pedagogia do oprimido a partir da capacidade de humanização que os grupos oprimidos detêm.

Essa aptidão advém da luta pelo fim dos processos de exploração de classes e grupos humanos, superando a dicotomia opressor/oprimido que marca a sociedade vigente, daí a importância da educação que, de fato, desenvolva o ser humano, pois tanto a humanização quanto a desumanização fazem parte do mesmo processo histórico.

Contudo, somente a humanização é considerada vocação dos homens, sendo essa "negada na injustiça, na exploração, na opressão, na violência dos opressores. Mas afirmada no anseio de liberdade, de justiça, de luta dos oprimidos, pela recuperação de sua humanidade roubada".[16]

Portanto, é evidente a importância do direito à educação oferecido de forma qualificada, pautado no diálogo, pois assim é possível efetivar os preceitos constitucionais que qualificam esse direito como social e subjetivo. Afinal de contas, "Quando a educação não é libertadora, o sonho do oprimido é ser o opressor" (FREIRE, 1921-1997).

3 EDUCAÇÃO EM TEMPOS DE PANDEMIA NO BRASIL: REALIDADE E DESAFIOS

Em 11 de março de 2020, a Organização Mundial da Saúde – OMS declarou que a disseminação do vírus *Sars-CoV-2 (*Novo Coronavírus), que causa a doença nominada de "COVID-19", caracteriza-se como pandemia. A fim da diminuição do contágio, "a OMS recomenda ações fundamentais, quais sejam: isolamento, tratamento dos casos identificados, testes massivos e distanciamento social".[17]

---

[16] FREIRE, Paulo. **Pedagogia do oprimido**. 17. Ed. Rio de Janeiro: Paz e Terra, 1987, p. 19 [E-book].
[17] MINISTÉRIO DA EDUCAÇÃO. **Proposta de parecer sobre reorganização dos calendários escolares e realização de atividades pedagógicas não presenciais durante o período de pandemia da Covid-19.** Disponível em: http://portal.mec.gov.br/docman/marco-2020-pdf/144511-texto-referencia-reor ganizacao-dos-calendarios-escolares-pandemia-da-covid-19/file#:~:text=A%20

A partir do isolamento, práticas culturais e sociais foram obrigatoriamente repensadas. "O mundo mudou e, aquele mundo de antes do Coronavírus não existe mais. A nossa vida vai mudar muito daqui pra frente e, alguém que tenta manter o status quo de 2019 é alguém que ainda não aceitou essa nova realidade".[18]

Nesse ponto, merecem destaque as escolas, que foram fechadas para evitar aglomerações de estudantes e professores nas salas de aula e, por isso, houve migração do ensino presencial para modalidades virtuais, denominada "Educação à Distância – EAD".

No Brasil, o processo de reconhecimento dessa modalidade de educação teve início com a Lei nº 9.394/96 que, a partir do artigo 80, incentivou o desenvolvimento e a veiculação de programas de ensino à distância em todos os níveis e modalidades de ensino, além da educação continuada.

Contudo, a utilização de meios tecnológicos, sobretudo na educação básica, ganhou força com a pandemia da COVID-19, ocasionando repercussões complexas para os múltiplos entrelaçamentos da educação brasileira.

Segundo os dados do quarto semestre de 2019, colhidos através da Pesquisa Nacional por Amostra de Domicílios Contínua - PNAD Contínua, do Instituto Brasileiro de Geografia e Estatística – IBGE, na população de 10 anos ou mais de idade que utilizou a Internet, o meio de acesso indicado por maior número de pessoas foi, destacadamente, o telefone móvel celular (98,6%), seguido, em menor medida, pelo microcomputador (46,2%).[19]

Ademais, em 2019, 21,7% das pessoas de 10 anos ou mais de idade não utilizaram a Internet, no período de referência dos últimos três meses.

ºMS%20declarou%2C%20em%2011,testes%20massivos%3B%20e%20distanc iamento%20social. Acesso em: 01 abr. 2021.
[18] IAMARINO, Atila. **O Mundo Pós-Pandemia com Atila Iamarino - Saúde e Prevenção**. 2020. Disponível em: https://www.youtube.com/watch?v=1PuLV jFj5xg. Acesso em: 01 abr. 2021.
[19] INSTITUTO BRASILEIRO DE GEOGRAFIA E ESTATÍSTICA-IBGE. **Pesquisa Nacional por Amostragem de Domicílios 2019**. Acesso à Internet e Posse de Telefone Móvel Celular para Uso Pessoal. Disponível em: https://biblioteca.ibge.gov.br/visualizacao/livros/liv101794_informativo.pdf. Acesso em: 01 abr. 2021.

Para esse contingente, formado por 39,8 milhões de pessoas, investigou-se o motivo de não terem acessado a Internet nesse período.[20]

Como grande parte dos estudantes que não utilizaram a Internet era do ensino público (95,9%), os motivos para o não uso seguem a mesma tendência do total de estudantes, com maior peso para questões financeiras (45,9%) e indisponibilidade do serviço nos locais que costumava frequentar (11,4%) (PNAD, 2018/2019). Já entre os estudantes do ensino privado, o motivo financeiro estava mais ligado ao custo do serviço (23,1%) do que ao valor do equipamento necessário para acessar a Internet (9,2%), além de um peso maior da falta de interesse (27,3%) e menor da indisponibilidade do serviço (6,4%).[21]

É uma realidade que já prejudica a garantia do Direito à Educação em condições normais. Atualmente, escolas privadas, que beneficiam majoritariamente classes com maior poder aquisitivo, mantiveram suas atividades por meio de um sistema de aulas remotas via internet, a fim de que os alunos estudem em suas residências no período de isolamento. Todavia, estudantes mais pobres não possuem o mesmo privilégio.

Neste contexto, destacam-se os impactos negativos da pandemia sobre os estudantes da rede pública, sendo essa responsável pela Educação Básica (obrigatória dos 6 aos 17 anos). Diferentemente das escolas privadas, grande parte dos alunos da rede pública não dispõem de condições adequadas para a realização de atividades educacionais em casa.

---

[20] INSTITUTO BRASILEIRO DE GEOGRAFIA E ESTATÍSTICA-IBGE. **Pesquisa Nacional por Amostragem de Domicílios 2019.** Acesso à Internet e Posse de Telefone Móvel Celular para Uso Pessoal. Disponível em: https://biblioteca.ibge.gov.br/visualizacao/livros/liv101794_informativo.pdf. Acesso em: 01 abr. 2021.
[21] INSTITUTO BRASILEIRO DE GEOGRAFIA E ESTATÍSTICA-IBGE. **Pesquisa Nacional por Amostragem de Domicílios 2019.** Acesso à Internet e Posse de Telefone Móvel Celular para Uso Pessoal. Disponível em: https://biblioteca.ibge.gov.br/visualizacao/livros/liv101794_informativo.pdf. Acesso em: 01 abr. 2021.

Noutro giro, ainda é mister frisar que, sobre um número expressivo de crianças muito pobres há o impacto do ponto de vista nutricional, pois essas também perderam o acesso à alimentação escolar.[22]

Observa-se que a tecnologia tem auxiliado a resolver os problemas causados pelo isolamento social, sendo esse fator o que diferencia este momento das outras pandemias do passado. Contudo, pesquisadores das áreas de educação e tecnologia já vinham advertindo que a inclusão digital ainda era um enorme desafio na área da educação, sobretudo em países marcados por uma histórica desigualdade social.[23]

Assim, percebe-se que o EAD foi aplicado em larga escala apenas pelas escolas particulares, pois a maior parte dos estudantes possui acesso à internet. No que diz respeito às escolas públicas, carecem de estratégias educativas, em destaque ao período pandêmico, pois ensino público (que já é defasado) ficou ainda mais prejudicado.

Em pouco tempo, os reflexos desse quadro serão vistos na própria capacidade de senso crítico e interpretativa dos estudantes, bem como em avaliações como o ENEM, um dos métodos para o ingresso em instituições de educação superior.

Nesse ponto, ainda merece destacar a problemática acerca da manutenção do último ENEM (2020). Isso pode ser mensurado até mesmo pelas propagandas divulgadas em rede nacional, que assim dispunham: "É preciso ir à luta, se reinventar, superar. [...] E, por isso, eu quero fazer o ENEM este ano. [...] Estude! De qualquer lugar, de diferentes formas. Pelos livros, pela internet. [...]".[24] Mesmo sabendo das

---

[22] ALVES, Thiago; FARENZENA, Nalú; SILVEIRA Adriana A. Dragone; PINTO, José Marcelino de Rezende. Implicações da pandemia da COVID-19 para o financiamento da educação básica. **Revista de Administração Pública**. v. 54, n. 4, 2020, p. 979-993. Disponível em: https://www.scielo.br/pdf/rap/v54n4/1982-3134-rap-54-04-979.pdf. Acesso em: 03 abr. 2021.
[23] SALES, Shirley. Tecnologias Digitais e Juventude Ciborgue: Alguns desafios para o Currículo do Ensino Médio. In: DAYRELL, Juarez et. al. **Juventude e Ensino Médio: Sujeitos e Currículos em Debate**. Belo Horizonte: Editora UFMG, 2014. p. 229-248. Disponível em: https://educacaointegral.org.br/wp-content/uploads/2015/01/livro-completo_juventude-e-ensino-medio_2014.pdf. Acesso em: 03 abr. 2021.
[24] MINISTÉRIO DA EDUCAÇÃO - MEC. **Enem 2020/Inscrições**. 2020. Disponível em: https://www.youtube.com/watch?v=apufjiGlIY0. Acesso em: 01 abr. 2021.

inúmeras dificuldades, sobretudo dos estudantes das escolas públicas brasileiras, em relação ao acesso às ferramentas necessárias para a educação à distância, o INEP/MEC propôs que estudantes se "reinventassem".

Portanto, considerando o contraste entre escolas públicas e privadas, é de clareza solar que a pandemia ocasionada pelo Novo Coronavírus, dentre as consequências na gestão pública, trouxe consigo uma grande lupa capaz de ampliar o abismo social que separa brancos e negros, ricos e pobres no Brasil.

4 RESPONSABILIDADE CIVIL DO ESTADO NA GARANTIA DO DIREITO À EDUCAÇÃO DURANTE A PANDEMIA DA COVID-19

Fato público e notório é o estado de calamidade pública mundial decorrente da pandemia do Novo Coronavírus (COVID-19). O reconhecimento dessa emergência pública no Brasil, através da Portaria nº 188[25], de 3 de fevereiro de 2020, passou a exigir a atuação conjunta entre sociedade e Estado na garantia dos direitos fundamentais aos cidadãos, dentre esses, o acesso à educação, objeto do presente trabalho.

Em consequência, as aulas presenciais foram imediatamente suspensas desde março de 2020, de modo que as instituições de ensino passaram a adotar modalidades alternativas de aprendizado, dentre as quais incluem-se vídeo aulas *online* ou gravadas, além da disponibilização de materiais. Cada instituição teve que se adequar rapidamente à nova realidade, dentro de sua estrutura e recursos disponíveis.

Deste modo, a pandemia evidenciou a insuficiência de estrutura e recursos da rede pública de ensino, que não decorre apenas da limitação ao acesso aos meios digitais pelos alunos, conforme será abordado no próximo tópico. O ensino remoto durante a pandemia configurou-se alternativa extremamente excludente e que "agrava a qualidade da

---

[25] BRASIL. Ministério da Saúde. **Portaria nº 188**, de 3 de fevereiro de 2020. Diário Oficial da União, Brasília, 04 fev. 2020. Disponível em: https://www.in.g ov.br/en/web/dou/-/portaria-n-188-de-3-de-fevereiro-de-2020-241408388. Acesso em: 02 mai. 2021.

educação pública e a desigualdade educacional, em razão de não garantir a aprendizagem, a qualidade e o direito e/ou a igualdade de acesso à educação para todos os estudantes".[26]

Como é cediço, a educação constitui direito social fundamental, do qual decorre o dever estatal de garantia ao acesso ao ensino obrigatório e gratuito, com fundamentos na Carta Magna de 1988 e no Estatuto da Criança e do Adolescente. Nesta esteira argumentativa, em sendo o direito à educação dever estatal, a União, os Estados, os Municípios e o Distrito Federal devem ser responsabilizados por suas ações e omissões na busca desta garantia.

A responsabilização do Estado nos âmbitos civil, penal e administrativo encontra expressa autorização no texto constitucional, mais especificamente no artigo 37, §6º, por meio do qual as pessoas jurídicas de direito público e, inclusive, as de direito privado prestadoras de serviços são responsabilizadas pelos danos causados, a título de dolo ou culpa[27]. Considerando que o presente capítulo se propõe a discorrer sobre o direito à educação, o enfoque será na responsabilidade civil do Estado.

Para tanto, destaque-se que a responsabilidade civil do Estado por suas ações é objetiva, exigindo apenas o nexo causal entre o dano e a conduta estatal, pautada na Teoria do Risco Administrativo e nas previsões do artigo 37, § 6º, da Constituição Federal de 1988[28] c/c artigo 43 do Código Civil de 2002[29]. Em contrapartida, a responsabilidade civil da Administração Pública pelos danos causados em decorrência de sua

---

[26] CUNHA, Leonardo Ferreira Farias da; SILVA, Alcineia de Souza; SILVA, Aurênio Pereira da. O ensino remoto no Brasil em tempos de pandemia: diálogos acerca da qualidade e do direito e acesso à educação. **Revista Com Censo: Estudos Educacionais do Distrito Federal**, Brasília, v. 7, n. 3, p. 27-37, ago. 2020. Disponível em: http://www.periodicos.se.df.gov.br/index.php/comcenso/article/view/924. Acesso em: 12 maio 2021.
[27] BRASIL. **Constituição da República Federativa de 1988.** Disponível em: http://www.planalto.gov.br/ccivil_03/constituicao/constituicaocompilado.htm. Acesso em: 14 maio 2021.
[28] BRASIL. **Constituição da República Federativa de 1988.** Disponível em: http://www.planalto.gov.br/ccivil_03/constituicao/constituicaocompilado.htm. Acesso em: 15 maio 2021.
[29] BRASIL. **Código Civil.** São Paulo: Saraiva, 2002.

omissão seria subjetiva, conforme leciona José dos Santos Carvalho Filho:

> Há mais um dado que merece realce na exigência do elemento culpa para a responsabilização do Estado por condutas omissivas. O art. 927, parágrafo único, do Código Civil, estabelece que "Haverá obrigação de reparar o dano, independentemente de culpa, nos casos especificados em lei", o que indica que a responsabilidade objetiva, ou sem culpa, pressupõe menção expressa em norma legal. Não obstante, o art. 43, do Código Civil, que, como vimos, se dirige às pessoas jurídicas de direito público, não incluiu em seu conteúdo a conduta omissiva do Estado, o mesmo, aliás, ocorrendo com o art. 37, § 6o, da CF. Desse modo, é de interpretar-se que citados dispositivos se aplicam apenas a comportamentos comissivos e que os omissivos só podem ser objeto de responsabilidade estatal se houver culpa.[30]

Na hipótese de fatos imprevisíveis, ou seja, aqueles decorrentes de caso fortuito e/ou força maior, a doutrina e jurisprudência majoritárias sustentam a ausência de responsabilidade do Estado, considerando que, presumivelmente, estariam ausentes a conduta praticada pelo Estado e por seus agentes e o nexo causal para com o dano sofrido.

Ainda assim, em se tratando de acidente nuclear, danos decorrentes de atos terroristas, atos de guerra ou eventos correlatos, contra aeronaves de empresas aéreas brasileiras e danos ambientais aplicar-se-ia a Teoria do Risco Integral, implicando a responsabilidade objetiva da Administração Pública, independente da configuração do nexo causal, ainda que a culpa seja da vítima.

A partir da pandemia da COVID-19, vislumbrou-se cenário de extrema instabilidade mundial na área de saúde, cabendo ao Estado promover a adoção de medidas de prevenção à contaminação. Ocorre que, os reflexos da pandemia ultrapassam o plano da saúde, refletindo de maneira direta na economia, desenvolvimento e educação. O papel da Administração Pública, portanto, não deve ser abstencionista, mas de garantir a eficácia dos direitos fundamentais.

---

[30] CARVALHO FILHO, José dos Santos. **Manual de direito administrativo.** São Paulo: Atlas, 2017, p. 381.

Feitas essas considerações, convém discorrer sobre a responsabilidade civil do Estado na garantia do direito à educação em tempos de pandemia. Seria extremamente simplória e inadequada a configuração dessa como subjetiva, pautada na exclusiva omissão estatal, uma vez que estaria em discussão a garantia de um direito social e fundamental por parte da Administração Pública.

Ainda mais absurdo seria admitir que as pessoas jurídicas de direito público, em um Estado Democrático de Direito como o brasileiro, conforme a Constituição Cidadã de 1988, não fossem responsabilizadas pela garantia do direito à educação, se considerada a pandemia do Novo Coronavírus (COVID-19) como hipótese de caso fortuito ou força maior, sem descer a minúcias quanto à diferenciação dessas terminologias.

Portanto, sustenta-se que na garantia do direito à educação a responsabilidade civil do Estado deve ser objetiva, ainda que tenha havido omissão, vez que estar-se-á frente ao mínimo existencial no âmbito de direitos fundamentais. Nessa esteira argumentativa, Durval Carneiro Neto propõe que:

> Ora, na medida em que se impõe ao Estado que atenda a todas as pretensões fundamentais na área social (dever de prestar), por regra de coerência haveria de ser reconhecer a sua responsabilidade civil extracontratual em todos os casos em que tais pretensões não venham a ser atendidas, gerando danos materiais e/ou morais aos que delas necessitem (dever de reparar).[31]

A discussão não se funda, portanto, na ação ou omissão estatal, mas sim no dever estatal de garantia dos direitos fundamentais aos cidadãos, que exigem necessariamente uma atuação positiva da Administração Pública. Para tanto, deverá ser aplicada a Teoria do Risco Integral na garantia dos direitos fundamentais durante a situação de calamidade pública decorrente da pandemia da COVID-19.

A aplicação da Teoria do Risco Integral aos danos ambientais, nos dizeres de Edis Milaré, decorre de "expressa a preocupação da doutrina

---

[31] CARNEIRO NETO, Durval. **Dever e responsabilidade civil do estado por omissão no atendimento de pretensões fundamentais na área social: quando ignorar a reserva do possível significaria admitir o risco integral**. Tese (Doutorado) - Universidade Federal da Bahia, Salvador, 2017, p. 332-333.

em estabelecer um sistema de Responsabilidade o mais rigoroso possível, ante o alarmante quadro de degradação que se assiste não só no Brasil, mas em todo o mundo".[32] Analogicamente, a necessidade de garantir os direitos fundamentais e mínimos durante a pandemia exigiria a responsabilização do Estado de maneira integral e exacerbada.

Além disso, a responsabilização do Estado atualmente tem se mostrado instrumento eficaz para garantia do cumprimento das normas e, em consequência, realização da justiça, conforme discorre Canotilho:

> Conquista lenta, mas decisiva do Estado de Direito, a responsabilidade estatal é, ela mesma, instrumento de legalidade. É instrumento de legalidade, não apenas no sentido de assegurar a coletividade ao direito dos atos estatais: a indenização por sacrifícios autoritariamente impostos cumpre uma função ineliminável do Estado de Direito Material – a realização da justiça material.[33]

Dessa forma, a responsabilidade civil do Estado pelos danos decorrentes da pandemia no sistema educacional deve ser tomada como relevante meio de garantia de direitos sociais. A educação precisa ser privilegiada em um ordenamento jurídico pautado no Estado Democrático de Direito, ainda que e, principalmente, em períodos excepcionais como o da pandemia da COVID-19.

O direito à educação está incluído no arcabouço mínimo protetivo inerente ao que deve ser assegurado para a existência digna da pessoa humana, que constitui fundamento da República Federativa do Brasil, nos termos do artigo 1º, inciso III da Carta Magna[34]. Assim, a garantia plena desse direito constitui dever estatal, passível de responsabilização no âmbito cível.

Portanto, diante da pandemia da COVID-19, exige-se a atuação positiva do Estado que se faz imprescindível na salvaguarda dos direitos

---

[32] MILARÉ, Edis. **Direito do Ambiente**. São Paulo: Revista dos Tribunais, 2001, p. 428.
[33] CANOTILHO, José Joaquim Gomes. **O problema da responsabilidade do estado por actos lícitos**. Lisboa: Almedina ,1974, p. 13.
[34] BRASIL. **Constituição da República Federativa de 1988**. Disponível em: http://www.planalto.gov.br/ccivil_03/constituicao/constituicaocompilado.htm. Acesso em: 18 maio 2021.

fundamentais, dentre os quais, a educação. Nessa linha protetiva, deve ser aplicada a Teoria do Risco Integral para responsabilizar a Administração Pública por suas ações e omissões na garantia desses direitos.

5 DIREITO AO ACESSO ÀS PLATAFORMAS DIGITAIS COMO FUNDAMENTAL NO BRASIL

A Organização das Nações Unidas (ONU), no ano de 2011, considerou o acesso à internet como um direito humano, o que implicaria necessariamente a garantia de que todos tenham acesso aos meios digitais, sem a intervenção arbitrária estatal. Para tanto, a ONU entendeu por expressa violação ao artigo 19, § 3°, do Pacto Internacional sobre os Direitos Civis e Políticos[35] a desconexão do usuário.

Em contrapartida, nesse mesmo ano, no Brasil, apenas 46,5% da população teria acesso à internet, conforme dados extraídos na Pesquisa Nacional por Amostra de Domicílios (Pnad), realizada pelo Instituto Brasileiro de Geografia e Estatística -IBGE, que originou o livro "Acesso à Internet e Posse de Telefone Móvel Celular para Uso Pessoal".[36]

Essa disparidade, enfatiza-se o retardo em avanços e desenvolvimento do Brasil, inerente à sua condição de país subdesenvolvido, mas que produz reflexões a respeito do acesso à tecnologia como ferramenta de desenvolvimento humano. Nesse sentido, Karina Joelma Bacciotti, em sua monografia "Direitos Humanos e Novas Tecnologias da Informação e Comunicação: O Acesso à internet como Direito Humano", discorre:

> As vantagens trazidas pela Rede mundial de computadores aludem à potencialização do pluralismo e à participação da sociedade. Seus efeitos são positivos ao mitigar a influência da indústria da informação formada em torno dos tradicionais

---

[35] BRASIL. **Pacto Internacional sobre Direitos Civis e Políticos**. Decreto n° 592, de 6 de julho de 1992. Disponível em: http://www.planalto.gov.br/ccivil_03 /decreto/1990-1994/d0592.htm. Acesso em: 03 maio 2021.
[36] IBGE - INSTITUTO BRASILEIRO DE GEOGRAFIA E ESTATÍSTICA. **Pesquisa Nacional por Amostragem de Domicílios**, 2011. Acesso à Internet e Posse de Telefone Móvel Celular para Uso Pessoal. Rio de Janeiro: IBGE, 2013.

meios de comunicação que concentravam em poucas mãos o poder de difundir conteúdo.[37]

O Brasil não é o único país a enfrentar essa realidade. Após quase dez anos dessa consideração, 46,4% da população global ainda não possui acesso às plataformas digitais, segundo a União Internacional de Telecomunicações (UIT)[38]. Ainda, a quase totalidade dessas pessoas vivem em países menos desenvolvidos, conforme o relatório "Mensurando o Desenvolvimento Digital: Fatos e Números 2019".[39]

Os números apresentados se tornam ainda mais alarmantes se considerados em face da pandemia da COVID-19, situação de calamidade pública que atingiu o mundo inteiro e exigiu da população a permanência em seus domicílios, a fim de evitar a propagação do vírus. Uma vez que o acesso às tecnologias seria extremamente limitado, surgem diversos questionamentos a respeito da necessidade de garantia desse como um direito fundamental.

Inobstante as inúmeras implicações sociais, políticas e jurídicas desse tema, o presente capítulo enfoca no direito ao acesso às plataformas digitais como mecanismo de implantação da educação para os alunos do ensino público. No mês de março de 2020, as redes de ensino públicas e privadas suspenderam temporariamente as aulas, cumprindo determinações exaradas pelas autoridades governamentais e, com isso, as instituições tiveram que se adequar através de modalidades alternativas de ensino.

Essa obrigatoriedade de adequação decorre do reconhecimento na Constituição Federal de 1988 da educação como um direito social, o que exige a atuação estatal, em seus diversos níveis, na promoção de efetividade a esse direito. Para tanto, as escolas começaram a se valer das

---

[37] BACCIOTTI, Karina. **Direitos Humanos e Novas Tecnologias da Informação e Comunicação:** O Acesso à internet como Direito Humano. 2014. Monografia (Mestrado em Direito) - Pontifícia Universidade Católica de São Paulo, São Paulo, 2014, p. 86.
[38] ONU NEWS. **Pandemia de Covid-19 expôs desigualdade digital em todo o mundo.** Disponível em: https://news.un.org/pt/story/2020/07/1720021. Acesso em: 02 maio 2021.
[39] ONU NEWS. **Estudo da ONU revela que mundo tem abismo digital de gênero.** Disponível em: https://news.un.org/pt/story/2019/11/1693711. Acesso em: 02 maio 2021.

plataformas digitais de informação como "(...) ferramentas utilizadas pelos professores em sala de aula, o que permite maior disponibilidade de informação e recursos para o educando, tornando o processo educativo mais dinâmico, eficiente e inovador".[40]

Enquanto as escolas particulares se adaptaram de maneira mais natural ao ensino remoto, as instituições públicas ainda enfrentam dificuldades para garantir o acesso à educação aos alunos. Para exemplificar, de acordo com a Nota Técnica nº 88 - Acesso Domiciliar à Internet e Ensino Remoto durante a Pandemia, de agosto de 2020, elaborada pelo Instituto de Pesquisa Econômica Aplicada (IPEA), aproximadamente 5,8 milhões de alunos da rede pública não teriam acesso aos meios digitais[41].

Destaque-se que a maior dificuldade para a continuidade das aulas na modalidade remota no ensino público seria, ademais da baixa infraestrutura das instituições, a garantia de acesso a esses meios aos alunos. Sendo assim, propõe-se que o direito de acesso aos meios digitais, já considerado um direito humano, seja interpretado como fundamental, na busca pela promoção do acesso à educação para todos.

Nesse sentido, a Lei do Marco Civil da Internet (Lei nº 12.965/2014) prevê em seu artigo 4º, inciso I, como objetivo da disciplina do uso da internet no Brasil o "direito de acesso à internet a todos"[42], considerando-o como essencial ao exercício da cidadania, à liberdade de expressão e, no entender dessas autoras, à educação, todos esses direitos garantidos constitucionalmente. Com essa consideração, o Estado ficaria obrigado a promover políticas públicas de inclusão digital.

---

[40] CORDEIRO, Karolina. **O Impacto da Pandemia na Educação:** A Utilização da Tecnologia como Ferramenta de Ensino. 2020. Faculdade IDAAM, p. 4. Disponível em: http://repositorio.idaam.edu.br/jspui/handle/prefix/1157. Acesso em: 02 maio 2021.
[41] IPEA - INSTITUTO DE PESQUISA ECONÔMICA APLICADA. **Nota Técnica nº 88**, 2020. Acesso Domiciliar à Internet e Ensino Remoto durante a Pandemia. Disponível em: https://www.ipea.gov.br/portal/images/stories/PDFs/nota_tecnica/200902_nt_disoc_n_88.pdf. Acesso em: 04 maio 2021.
[42] BRASIL. **Marco Civil da Internet**. Lei 12.964/14. Disponível em: http://www.planalto.gov.br/ccivil_03/_ato2011-2014/2014/lei/l12965.htm. Acesso em: 04 maio 2021.

Além disso, no ano de 2010, foi elaborada Proposta de Emenda à Constituição (PEC) n° 479/2010[43], de autoria do Deputado Sebastião Bala Rocha, que pretendia acrescentar o inciso LXXIX ao artigo 5° da Constituição Federal de 1988, para considerar o acesso à internet direito fundamental do cidadão. No dia 31/01/2015, no entanto, a Mesa Diretora da Câmara dos Deputados arquivou a PEC, com fundamento no artigo 105 do Regimento Interno da Câmara[44].

Posteriormente, no final de 2015, a Deputada Renata Abreu formulou nova Proposta de Emenda à Constituição (PEC) n° 185/2015[45] no mesmo sentido da anterior, ainda em tramitação na Câmara dos Deputados. A despeito de não estar ainda incluído no rol de direitos fundamentais expressos, a Constituição não exclui a possibilidade de interpretação como tal, tendo em vista a previsão contida no artigo 5°, §2°, da Carta Magna[46]. Pode-se chegar a essa conclusão por meio da conjugação dos direitos fundamentais à educação, à igualdade e à saúde.

Isto porque, a concessão aos discentes dos instrumentos necessários para a sua integração aos meios digitais é a única forma de se efetivar o acesso à educação em tempos de pandemia. A Teoria dos Poderes Implícitos prevê que a Constituição, ao conceder direitos e poderes a alguém, deve assegurar-lhe os meios necessários para exercê-los. Os direitos à educação e à saúde são unanimemente entendidos como

---

[43] ROCHA, Sebastião. **Proposta de Emenda à Constituição n° 479/2010**. Acrescenta o inciso LXXIX ao art. 5° da Constituição Federal, para incluir o acesso à Internet em alta velocidade entre os direitos fundamentais do cidadão. Brasília: Câmara dos Deputados, 15 abr. 2010. Disponível em: https://www.cam ara.leg.br/proposicoesWeb/fichadetramitacao?idProposicao=473827. Acesso em: 04 maio 2021.
[44] BRASIL. Câmara dos Deputados. **Regimento Interno**, estabelecido pela Resolução n. 17, de 1989. Disponível em: http://www2.camara.gov.br/legislacao /regimentointerno.html. Acesso em: 05 maio 2021.
[45] ABREU, Renata. **Proposta de Emenda à Constituição n° 185/2015**. Acrescenta o inciso LXXIX ao art. 5°da Constituição Federal, para assegurar a todos o acesso universal a Internet entre os direitos fundamentais do cidadão. Brasília: Câmara dos Deputados, 17 dez. 2015. Disponível em: https://www.camara.leg.br/proposicoesWeb/fichadetramitacao?idProposicao=2 075915. Acesso em: 07 maio 2021.
[46] BRASIL. **Constituição da República Federativa de 1988**. Disponível em: http://www.planalto.gov.br/ccivil_03/constituicao/constituicaocompilado.htm. Acesso em: 04 maio 2021.

fundamentais, da mesma forma considerar-se-ia o direito ao acesso aos meios digitais.

A pandemia da COVID-19 trouxe à tona a extrema desigualdade existente entre o ensino público e privado no Brasil, na medida em que comprovou que, atualmente, os detentores de conhecimento necessariamente detêm o acesso aos meios digitais. Obviamente esse déficit tecnológico é uma realidade prévia à pandemia, mas provocou uma série de questionamentos e mudanças de postura, dentre esses, a proposta desse capítulo de considerar o acesso à internet como direito fundamental.

Considerar o acesso aos meios digitais como direito fundamental trata-se de uma exigência social, imprescindível para a promoção da igualdade e a garantia da educação a todos, indo por tanto ao encontro da previsão constitucional destes. Esse reconhecimento implica, ainda, a atuação estatal, em todos os seus níveis (União, Estados e Municípios), e de todos os poderes, Executivo, Legislativo e Judiciário para implementá-lo.

6 CONSIDERAÇÕES FINAIS

Ao longo dos anos, o direito à educação evoluiu no ordenamento jurídico internacional e nacional, sendo elevado ao patamar de direito fundamental com aspecto público, social, subjetivo e, ao mesmo tempo, obrigatório.

Ademais, a educação configura-se aspecto essencial para exercício do direito de liberdade e instrumento de desenvolvimento, quando pautada no diálogo e interação. Desse modo, permite-se o confronto de conhecimentos, o senso crítico e o surgimento de novas ideias,

Com a suspensão das aulas presenciais, decorrente do reconhecimento da pandemia do Novo Coronavírus (COVID-19) como situação de calamidade pública, a sociedade como um todo teve que se adaptar à nova realidade.

Isto porque, as pessoas e famílias passaram a ter que permanecer em suas residências para evitar a disseminação e contágio do vírus. Dentre essas necessárias adaptações, insere-se a educação. As instituições adotaram métodos alternativos de ensino, que incluem aulas online e gravadas, a disponibilização de materiais, dentre outros.

Ocorre que o ensino remoto se configurou instrumento de acentuação da desigualdade, já existente, entre as escolas privadas e públicas, entre o ensino privado e público na promoção da educação.

De fato, as instituições de ensino público não possuem a infraestrutura e os recursos necessários para garantir o acesso à educação por parte de todos os alunos. Como é sabido, inclusive, a maioria destes não possuem acesso aos meios digitais, razão pela qual caberia ao Estado garanti-lo.

Diante do exposto, conclui-se pela necessidade de responsabilização civil objetiva do Estado em tempos de pandemia da COVID-19 na garantia do direito à educação e ao acesso aos meios digitais.

Deve ser aplicada a Teoria do Risco Integral, frente à fundamentalidade do direito à educação e ao dever estatal de garanti-lo, uma vez que a educação pertence ao patamar mínimo protetivo na consubstanciação dos direitos fundamentais.

Nesse sentido, é dever da Administração Pública garantir o acesso à educação durante a pandemia da COVID-19 e, em consequência, aos meios digitais, que se fazem instrumentos imprescindíveis à promoção do processo de conhecimento. Em face da ação e omissão estatal, caberá a responsabilização objetiva do Estado.

REFERÊNCIAS

ABREU, Renata. **Proposta de Emenda à Constituição nº 185/2015**. Acrescenta o inciso LXXIX ao art. 5º da Constituição Federal, para assegurar a todos o acesso universal a Internet entre os direitos fundamentais do cidadão. Brasília: Câmara dos Deputados, 17 dez. 2015. Disponível em: https://www.camara.leg.br/proposicoesWeb/fichadetra mitacao?idProposicao=2075915. Acesso em: 07 maio 2021.

ALVES, Thiago; FARENZENA, Nalú; SILVEIRA Adriana A. Dragone; PINTO, José Marcelino de Rezende. Implicações da pandemia da COVID-19 para o financiamento da educação básica. **Revista de Administração Pública**. v. 54, n. 4, 2020, p. 979-993. Disponível em:

https://www.scielo.br/pdf/rap/v54n4/1982-3134-rap-54-04-979.pdf. Acesso em: 03 abr. 2021.

BACCIOTTI, Karina. **Direitos Humanos e Novas Tecnologias da Informação e Comunicação:** O Acesso à internet como Direito Humano. 2014, p. 1-186. Dissertação (Mestrado em Direito) - Pontifícia Universidade Católica de São Paulo, São Paulo, 2014.

BARROSO, João. **O Estado, a educação e a regulação das políticas públicas**. Disponível em: https://www.scielo.br/scielo.php?pid=S0101-7 3302005000300002&script=sci_arttext. Acesso em: 05 maio 2021.

BARUDI, Luis. **Responsabilidade civil do Estado e danos sociais: atos e omissões que prejudicam a sociedade**. Disponível em: https://www.migalhas.com.br/coluna/migalhas-de-responsabilidade-civi l/341948/responsabilidade-civil-do-estado-e-danos-sociais. Acesso em: 16 maio 2021.

BRASIL. **Código Civil**. São Paulo: Saraiva, 2002.

BRASIL. **Constituição da República Federativa do Brasil**, de 5 de outubro de 1988. Disponível em: http://www.planalto.gov.br/ccivil_03/C onstituicao/ConstituicaoCompilado.htm. Acesso em: 25 abr. 2021.

BRASIL. **Estatuto da Criança e do Adolescente – ECA**. Lei nº 8.069, de 13 de julho de 1990. Disponível em: http://www.planalto.gov.br/ccivil _03/leis/l8069.htm. Acesso em: 01 abr. 2021.

BRASIL. **Lei nº 9.394**, de 20 de dezembro de 1996. Disponível em: http://www.planalto.gov.br/ccivil_03/leis/l9394.htm. Acesso em: 01 abr. 2021.

BRASIL. **Marco Civil da Internet**. Lei 12.964/14. Disponível em: http://www.planalto.gov.br/ccivil_03/_ato2011-2014/2014/lei/l12965.ht m. Acesso em: 04 maio 2021.

BRASIL. Ministério da Saúde. **Portaria nº 188**, de 3 de fevereiro de 2020. Diário Oficial da União, Brasília, 04 fev. 2020. Disponível em: https://www.in.gov.br/en/web/dou/-/portaria-n-188-de-3-de-fevereiro-d e-2020-241408388. Acesso em: 02 maio 2021.

BRASIL. Câmara dos Deputados. **Regimento Interno**, estabelecido pela Resolução n. 17, de 1989. Disponível em: http://www2.camara.gov.br/le gislacao/regimentointerno.html. Acesso em: 05 maio 2021.

BRASIL. **Pacto Internacional sobre Direitos Civis e Políticos**. Decreto nº 592, de 6 de julho de 1992. Disponível em: http://www.planalto.gov.br /ccivil_03/decreto/1990-1994/d0592.htm. Acesso em: 03 maio 2021.

CAHALI, Yussef Said. **Responsabilidade civil do Estado**. São Paulo: Editora Revista dos Tribunais, 2007.

CANOTILHO, José Joaquim Gomes. **O problema da responsabilidade do estado por actos lícitos**. Lisboa: Almedina, 1974.

CARNEIRO NETO, Durval. **Dever e responsabilidade civil do estado por omissão no atendimento de pretensões fundamentais na área social**: quando ignorar a reserva do possível significaria admitir o risco integral. p. 1-391. Tese (Doutorado) - Universidade Federal da Bahia, Salvador, 2017.

CARVALHO FILHO, José dos Santos. **Manual de direito administrativo**, 31. ed. 2017. São Paulo: Atlas, 2017.

CAVALIERI FILHO, Sergio. **Programa de responsabilidade civil**. São Paulo: Atlas, 2014.

CORDEIRO, Karolina. **O Impacto da Pandemia na Educação**: A Utilização da Tecnologia como Ferramenta de Ensino. 2020. Faculdade IDAAM. Disponível em: http://repositorio.idaam.edu.br/jspui/handle/pr efix/1157. Acesso em: 02 maio 2021.

CUNHA, Leonardo Ferreira Farias da; SILVA, Alcineia de Souza; SILVA, Aurênio Pereira da. O ensino remoto no Brasil em tempos de pandemia: diálogos acerca da qualidade e do direito e acesso à educação. **Revista Com Censo**: Estudos Educacionais do Distrito Federal, Brasília, v. 7, n. 3, p. 27-37, 2020. Disponível em: http://www.periodicos.se.df.go v.br/index.php/comcenso/article/view/924. Acesso em: 12 maio 2021.

DANTAS BISNETO, Cícero; SANTOS, Romualdo; CAVET, Caroline. **Responsabilidade civil do estado por omissão e por incitação na pandemia da COVID-19**. Disponível em: www.responsabilidadecivil.o rg/revista-iberc. Acesso em: 12 maio 2021.

DINIZ, Hirmínia. **Responsabilidade civil do Estado decorrente da não oferta de vaga no ensino obrigatório.** Disponível em: http://crianca.mp pr.mp.br/pagina-2144.html. Acesso em: 14 maio 2021.

DUARTE, Clarice Seixas. Direito Público Subjetivo e Políticas Educacionais. **Revista São Paulo em perspectiva.** v. 18, n. 2, 2004, p. 113-118. Disponível em: https://www.scielo.br/pdf/spp/v18n2/a12v18n2.pdf. Acesso em: 03 abr. 2021.

FREIRE, Paulo. **Pedagogia do oprimido.** 17. Ed. Rio de Janeiro: Paz e Terra, 1987 [E-book].

GOERGEN, Pedro. **A educação como direito de cidadania e responsabilidade do Estado.** Disponível em: https://www.scielo.br/scielo.php?pid=S0101-73302013000300005&script=sci_arttext&tlng=pt. Acesso em: 07 maio 2021.

GUSTIN. Miracy Barbosa de Sousa; DIAS, Maria Tereza Fonseca. **(Re)pensando a pesquisa jurídica:** teoria e prática. 3. ed. Belo Horizonte: Del Rey, 2010.

HACHEM, Daniel. **A responsabilidade civil do Estado frente às omissões estatais que ensejam violação à dignidade da pessoa humana.** Disponível em: http://www.revistaaec.com/index.php/revistaaec/article/view/518. Acesso em: 15 maio 2021.

HARTMANN, Ivar. **O acesso à internet como direito fundamental.** Disponível em: https://egov.ufsc.br/portal/sites/default/files/ivar_hartmann.pdf. Acesso em: 04 maio 2021.

IAMARINO, Atila. **O Mundo Pós-Pandemia com Atila Iamarino - Saúde e Prevenção.** 2020. Disponível em: https://www.youtube.com/watch?v=1PuLVjFj5xg. Acesso em: 01 abr. 2021.

INSTITUTO BRASILEIRO DE GEOGRAFIA E ESTATÍSTICA IBGE -. **Pesquisa Nacional por Amostragem de Domicílios**, 2011. Acesso à Internet e Posse de Telefone Móvel Celular para Uso Pessoal. Rio de Janeiro: IBGE, 2013.

INSTITUTO BRASILEIRO DE GEOGRAFIA E ESTATÍSTICA-IBGE. **Pesquisa Nacional por Amostragem de Domicílios 2019.** Acesso à

Internet e Posse de Telefone Móvel Celular para Uso Pessoal. Disponível em: https://biblioteca.ibge.gov.br/visualizacao/livros/liv101794_informativo.pdf. Acesso em: 01 abr. 2021.

IDOETA, Paula. **'Sem wi-fi': pandemia cria novo símbolo de desigualdade na educação.** BBC, São Paulo, 03 out. 2020. Disponível em: https://www.bbc.com/portuguese/brasil-54380828. Acesso em: 03 maio 2021.

IPEA - INSTITUTO DE PESQUISA ECONÔMICA APLICADA. **Nota Técnica nº 88**, 2020. Acesso Domiciliar à Internet e Ensino Remoto durante a Pandemia. Disponível em: https://www.ipea.gov.br/portal/images/stories/PDFs/nota_tecnica/200902_nt_disoc_n_88.pdf. Acesso em: 04 maio 2021.

LOPES, Hálisson. **A responsabilidade civil do estado e a teoria do risco integral.** Disponível em: https://ambitojuridico.com.br/cadernos/direito-civil/a-responsabilidade-civil-do-estado-e-a-teoria-do-risco-integral/. Acesso em: 10 maio 2021.

MILARÉ, Edis. **Direito do Ambiente.** São Paulo: Revista dos Tribunais, 2001.

MINISTÉRIO DA EDUCAÇÃO - MEC. **Proposta de parecer sobre reorganização dos calendários escolares e realização de atividades pedagógicas não presenciais durante o período de pandemia da Covid-19.** Disponível em: http://portal.mec.gov.br/docman/marco-2020-pdf/144511-texto-referencia-reorganizacao-dos-calendarios-escolares-pandemia-da-covid-19/file#:~:text=A%20OMS%20declarou%2C%20em%2011,testes%20massivos%3B%20e%20distanciamento%20social. Acesso em: 01 abr. 2021.

MINISTÉRIO DA EDUCAÇÃO - MEC. **Enem 2020/Inscrições.** 2020. Disponível em: https://www.youtube.com/watch?v=apufjiGlIY0. Acesso em: 01 abr. 2021.

NONATO, Alessandro. **O acesso à internet é um direito fundamental?** Disponível em: https://www.direitonet.com.br/artigos/exibir/11461/O-acesso-a-internet-e-um-direito-fundamental#:~:text=No%20Brasil%2C%20a%20Constitui%C3%A7%C3%A3o%20Federal,necess%C3%A1rio%20ao%20exerc%C3%ADcio%20profissional%3B%22. Acesso em: 03 maio 2021.

OLIVEIRA, Elida. **Mais de 6 milhões de estudantes não tiveram acesso a atividades escolares em outubro, aponta IBGE.** G1, 01 dez. 2020. Disponível em: https://g1.globo.com/educacao/noticia/2020/12/01/mais-de-6-milhoes-de-estudantes-nao-tiveram-acesso-a-atividades-escolares-em-outubro-aponta-ibge.ghtml. Acesso em: 04 maio 2021.

ONU NEWS. **Estudo da ONU revela que mundo tem abismo digital de gênero.** Disponível em: https://news.un.org/pt/story/2019/11/1693711. Acesso em: 02 maio 2021.

ONU NEWS. **Pandemia de Covid-19 expôs desigualdade digital em todo o mundo.** Disponível em: https://news.un.org/pt/story/2020/07/1720021. Acesso em: 02 maio 2021.

ORGANIZAÇÃO DAS NAÇÕES UNIDAS – ONU. **Declaração Universal dos Direitos Humanos**, de 10 de dezembro de 1948. Disponível em: https://www.unicef.org/brazil/declaracao-universal-dos-direitos-humanos. Acesso em: 01 abr. 2021.

PITON BARRETO, Wendel. Responsabilidade civil do Estado em face da inefetividade do direito à educação. **Revista Jus Navigandi**, Teresina, a. 21, n. 4572, 7 jan. 2016. Disponível em: https://jus.com.br/artigos/45644. Acesso em: 15 maio 2021.

ROCHA, Sebastião. **Proposta de Emenda à Constituição nº 479/2010.** Acrescenta o inciso LXXIX ao art. 5º da Constituição Federal, para incluir o acesso à Internet em alta velocidade entre os direitos fundamentais do cidadão. Brasília: Câmara dos Deputados, 15 abr. 2010. Disponível em: https://www.camara.leg.br/proposicoesWeb/fichadetramitacao?idProposicao=473827. Acesso em: 04 maio 2021.

SANTANA FILHO, Manoel. **Educação geográfica, docência e o contexto da pandemia COVID-19.** Disponível em: https://www.e-publicacoes.uerj.br/index.php/tamoios/article/view/50449. Acesso em: 10 maio 2021.

SALES, Shirley. Tecnologias Digitais e Juventude Ciborgue: Alguns desafios para o Currículo do Ensino Médio. In: DAYRELL, Juarez et. al. **Juventude e Ensino Médio:** Sujeitos e Currículos em Debate. Belo Horizonte: Editora UFMG, 2014. p. 229-248. Disponível em: https://educacaointegral.org.br/wp-content/uploads/2015/01/livro-compl

eto_juventude-e-ensino-medio_2014.pdf. Acesso em: 03 abr. 2021.

STOLZE, Pablo; PAMPLONA FILHO, Rodolfo. **Manual de direito civil**. São Paulo: Saraiva Educação, 2020.

TEIXEIRA, Alan. **Direito à informação e educação digital no Brasil (ODS 4)**. Disponível em: https://jus.com.br/artigos/56761/direito-a-infor macao-e-educacao-digital-no-brasil-ods-4. Acesso em: 01 maio 2021.

WITKER. Jorge. **Como elaborar una tesis en derecho:** pautas metodológicas y técnicas para el estudiante o investigador del derecho. Madrid: Civilistas, 1985.

A VIOLAÇÃO ÀS GARANTIAS CONSTITUCIONAIS: UM ESTUDO REFERENTE ÀS ENCHENTES RECORRENTES EM BELO HORIZONTE

7

Túlio Coelho Alves

1 CONSIDERAÇÕES INICIAIS

O tema abordado visa analisar criticamente o impacto gerado pelas enchentes, a vários anos na capital mineira, que exemplificam o total desrespeito a direitos, tidos como fundamentais, na Constituição vigente, tais como o direito de propriedade do art.5º, numa clara alusão ao aparente descaso estatal referente à adoção de obras de infraestrutura. Verificada a precariedade, bem como a falta de métodos preventivos, e medidas inibitórias, necessários à prevenção das referidas tragédias, às quais acabam por ilustrar a lacuna estrutural capaz de sustentar o mínimo bem-estar social, dever constitucional inerente ao Estado.

Ademais, é preciso aferir, que o Estado, provedor do estado de bem-estar social, acaba por descumprir com sua função de garantir o cumprimento da legislação, levantando a discussão referente à responsabilização estatal. De modo que haja a reparação dos cidadãos afetados pelo desastre recorrente de incidência das enchentes. Tendo em vista que o Estado, recentemente, ainda respondia somente subjetivamente.

Ao passo que nos dias atuais, já se faz imprescindível responsabilizá-lo objetivamente por falhas omissivas adstritas ao ideal de perfeita convivência entre cidadãos dentro da sociedade, a julgar pela apreciação dos danos. Pois, como se verá, o caos resultante destes fenômenos acaba por gerar incontáveis danos aos moradores dos bairros afetados, da cidade de Belo Horizonte e região metropolitana. Além de que a enchente coloca em xeque, não apenas a ordem, como o tráfego, o comércio e a segurança de todos os afetados. Além do mais serão avaliadas as medidas já adotadas pelo órgão público visando dirimir os prejuízos resultantes, para que se possa compreender o real comprometimento do Estado para com seus cidadãos, casos do Programa de Recuperação Ambiental de Belo Horizonte -- DRENURBS, Núcleo de alertas de enchentes – NAC, entre outros. Até porque, em tempos recentes, ainda se tinha a visão de que a enchente é um desastre natural. Ao passo que, atualmente, depreende-se, como sendo desastre em razão de lacuna estrutural.

Portanto, tem-se como objetivos no presente estudo, averiguar, também, as consequências materiais das enchentes, de forma que melhor se constate a relevância da discussão proposta, a qual, a julgar pela recorrência de tragédias, se preza por ser realizada, em vista da inobservância às garantias mais fundamentais.

A pesquisa proposta pertence à vertente metodológica jurídico-sociológica. No tocante ao tipo de investigação, foi escolhido, na classificação de Witker[1] e Gustin,[2] o tipo jurídico-projetivo. O raciocínio desenvolvido na pesquisa será predominantemente dedutivo dialético.

Trata-se de uma pesquisa teórica, o que será possível comprovar a partir da análise de conteúdo dos textos doutrinários, normas e demais dados colhidos na pesquisa. Assim, a pesquisa se propõe a esclarecer e analisar as razões pelas quais a responsabilidade do Estado deve ser aplicada objetivamente em casos de omissão do exercício de dever inerente, no tocante a garantir o exercício pleno de direitos constitucionais fundamentais na sociedade brasileira.

2 INOVAÇÕES NO CAMPO PRECAUCIONAL CONTRA ENCHENTES

No contexto das inovações tecnológicas referentes a notificações por desastres, constata-se com mais efetividade, no cenário municipal, o Programa de Recuperação Ambiental dos Fundos de Vale e dos Córregos

---

[1] WITKER, Jorge. **Como elaborar una tese em derecho:** pautas metodológicas y técnicas para el estudiante o investigador del derecho. Madrid: Civitas, 1985.
[2] GUSTIN, Miracy Barbosa de Sousa; DIAS, Maria Tereza Fonseca. **(Re)pensando a pesquisa jurídica:** teoria e prática. 3a. ed. Belo Horizonte: Del Rey, 2010.

em Leito Natural de Belo Horizonte (DRENURBS), Núcleos de alerta de chuvas (NAC), bem como o sistema de envio de SMS para alerta de desastre.

> Art. 1º Fica oficializado o Programa de Recuperação Ambiental e Saneamento dos Fundos de Vale e dos Córregos em Leito Natural de Belo Horizonte - DRENURBS como parte integrante do Projeto Sustentador Recuperação Ambiental do Programa BH Metas e Resultados, que estabelece as diretrizes para o Programa de Governo do Município.
> Art. 2º O DRENURBS tem por objetivo promover a melhoria da qualidade de vida da população por meio da valorização do meio ambiente urbano atuando na despoluição dos cursos d'água, redução dos riscos de inundações, controle da produção de sedimentos e demais ações necessárias para o cumprimento de seu objetivo.
> Parágrafo Único - A Secretaria Municipal de Políticas Urbanas e a Superintendência de Desenvolvimento da Capital - SUDECAP são responsáveis pela execução do DRENURBS.
> Art. 3º O Programa DRENURBS, cuja execução se iniciou no mês de novembro de 2005, contempla as seguintes bacias e córregos [...].[3]

O DRENURBS, oficializado no Decreto Nº 13.916/10, possui como proposta a melhora da qualidade de vida da população ao preservar o meio ambiente, despoluindo as águas, reduzindo a possibilidade de enchentes, bem como controlando a sedimentação. Trata-se de um projeto iniciado em 2005 baseado na recuperação de Córregos por toda a grande BH. Que foi base da completa recuperação do Córrego 1º de Maio, apenas.

Para minimizar os problemas com mortes e acidentes devido às inundações, a Prefeitura de Belo Horizonte está investindo em ações de planejamento e monitoramento das regiões com

---

[3] BELO HORIZONTE, **Decreto Nº 13.916**, DE 8 DE ABRIL DE 2010. Disponível em: https://leismunicipais.com.br/a/mg/b/belo-horizonte/decreto/20 10/1392/13916/decreton-13916-2010-dispoe-sobre-a-oficializacao-do-program a-de-recuperacao-ambiental esaneamento-dos-fundos-de-vale-e-dos-corregos-em-leito-natural-de-belo-horizonte-drenurbscomo-parte-integrante-do-projeto-sustentador-recuperacao-ambiental-do-programa-bh-metase-resultados-que-est abelece-as-diretrizes-para-o-programa-de-governo-e-da-outrasprovidencias. Acesso em: 22 jul. 2018.

maiores riscos através da criação dos Núcleos de Alerta de Chuvas (NAC). Estes núcleos foram formados em 2009 e são constituídos por grupos comunitários situados nas regiões de risco e têm como função consolidar um sistema de alerta às inundações, através do planejamento de ações preventivas e de socorro, como a criação de uma dinâmica de comunicação para disseminação dos alertas de chuvas, a criação de rotas de fuga e a localização de pontos de apoio. Todas as ações dos NAC são subsidiadas por uma equipe técnica da Superintendência de Desenvolvimento da Capital (SUDECAP). Também são promovidos eventos de capacitação dos agentes comunitários e vistorias conjuntas às áreas inundáveis envolvendo os agentes e técnicos de diversas instituições públicas, como engenheiros da prefeitura, bombeiros, Coordenadoria Municipal de Defesa Civil (COMDEC), Companhia de Saneamento de Minas Gerais (COPASA), dentre outros. Ao todo, existem 40 Núcleos de Alerta de Chuvas, totalizando cerca de 400 participantes.[4]

Nesse giro, outro projeto delineado foi o Núcleo de Alerta de Chuvas, implementado já em Belo Horizonte com a finalidade de monitorar os riscos relativos a enchentes, de modo a prevenir maiores estragos pela ação consciente de acompanhamento das tendências climáticas, informando aos cidadãos a respeito de incidências de chuva fora do comum, diretamente responsáveis por inundar regiões. Portanto, instrumento que, por óbvio, corrobora para a diminuição dos danos, entretanto, não enfrenta o cerne da questão, o fim das enchentes. É, também, fundamental apontar as faltas do Governo Municipal em termos de prevenção frente a desastres. Nesse sentido, aponta-se, que somente, no ano de 2017, teve implementado sistema de envio de SMS para alerta de desastres que, em comparação, funciona no Japão desde 2007:

> O sistema de envio de SMS para alerta de desastres começou a ser utilizado no Japão a partir de 2007 e, atualmente, também funciona em mais de 20 países. No Brasil, o projeto-piloto foi ativado inicialmente em 20 municípios de Santa Catarina, onde moram cerca de 500 mil habitantes. Em junho, outras cinco cidades do Paraná, com cerca de 100 mil moradores,

---

[4] SOLUÇÕES PARA CIDADES. **Programa DRENURBS**: uma concepção Inovadora dos recursos hídricos no meio urbano. Disponível em: http://www.sol ucoesparacidades.com.br/wpcontent/uploads/2013/09/AF_DRENNURBS_WE B.pdf. Acesso em 06 jul. 2018.

passaram também a contar com o serviço. Essas cidades foram escolhidas por conta de eventos meteorológicos com potencial de acidentes, entre eles, ressacas, vendavais, alagamentos, enxurradas e granizo.[5]

Observando-se, portanto, o claro atraso tecnológico, se presume a inexatidão do Órgão público respectivo no tocante à atividade de prevenção. Pois, enquanto, países, como o Japão, se encontram amplamente preparados para desastres, inclusive, cuja ocorrência não há como evitar (caso de terremotos), seja por se valerem, acredite, de aplicativos até. No Brasil, particularmente, a capital mineira, a incidência de enchentes é desastre recorrente de várias décadas, e previsto, meteorologicamente, na mesma época do ano.

> Desde que começou a operar, em fevereiro do ano passado, o programa já cadastrou 2,6 milhões de cidadãos e encaminhou 48 milhões de mensagens. Para receber os avisos gratuitamente, basta enviar o CEP do seu endereço — ou de outros interessados, podem ser registrados vários CEPs em um mesmo número de celular — para o 40199.[6]

Assim, não se aclara por que a notificação de possíveis enchentes não havia, ainda, sido empregada. Em vista, também, da adesão da população brasileira, em geral, frente à iniciativa do programa inovador, conforme os dados inferidos anteriormente apontam. Fator que ilustra, o comportamento acolhedor da população a possíveis meios preventivos, em contraposição à demora do Estado em implementá-los.

> Nos últimos anos a PBH vem executando em todo o município intervenções de combate a inundações, totalizando hoje um montante da ordem de R$ 1,14 bilhões e já possui cerca de R$

---

[5] NASCIMENTO, Luciano. **Sistema de alerta de risco de desastre natural por mensagem será ampliado.** Agência Brasil. Brasília, 14 set. 2017. Disponível em: http://agenciabrasil.ebc.com.br/geral/noticia/2017-09/sistema-de-alerta-de-riscos-dedesastresnaturais-por-mensagens-sera-ampliado. Acesso em: 10 abr. 2018.

[6] NASCIMENTO, Luciano. **Sistema de alerta de risco de desastre natural por mensagem será ampliado.** Agência Brasil. Brasília, 14 set. 2017. Disponível em: http://agenciabrasil.ebc.com.br/geral/noticia/2017-09/sistema-de-alerta-de-riscos-dedesastresnaturais-por-mensagens-sera-ampliado. Acesso em: 10 abr. 2018.

290 milhões assegurados no âmbito do PAC 2 para elaboração de projetos executivos e obras. Em uma estimativa realizada pela PBH, acredita-se que ainda serão necessários cerca de R$ 5 bilhões para solucionar todos os problemas sanitários da cidade, incluindo aqueles relativos à drenagem urbana.[7]

Noutro giro, enormes valores são divulgados pela Prefeitura, de modo a aparentar empenho. Ainda assim, os mesmos dados ressaltam a distância de uma solução definitiva, a julgar pelo valor que ainda será necessário investir. Somado à morosidade visual que se percebe a julgar pela demora na aplicação dos projetos, a sensação que resta é de relativa ineficiência da máquina estatal.

1912 –Feita a primeiras coletas para previsão meteorológica em Belo Horizonte, pelo Instituto Nacional de Meteorologia
1923 –Registro de grande inundação na Bacia do Ribeirão Arrudas
1977 –Em 12 dezembro, no aniversário de 80 anos da cidade, chuva provoca 9 mortes e deixa BH isolada do resto do país
1979 –Em 7 de janeiro, abertas as comportas da Lagoa da Pampulha, com inundação de áreas e grande número de desabrigados
1983 – Cidade vive uma das suas maiores tragédias, quando águas invadem favela Sovaco de Cobra, em BH, e deixa 55 mortos
1997 – Em janeiro, são registrados 66 mortos no estado, sendo 29 na Região Metropolitana de Belo Horizonte
2003 – Chuva na madrugada de 16 de janeiro mata 20 pessoas em BH e causa destruição nos aglomerados do Morro das Pedras, Cafezal e Taquaril
2011 – Dezembro registra índice pluviométrico de 720mm e é considerado o mês mais chuvoso da história da capital.[8]

Além de que, feita a retrospectiva proposta no Jornal Estado de Minas, a conclusão natural que se perpassa é de relativo descaso

---

[7] PREFEITURA DE BELO HORIZONTE. **DRENURBS**. Disponível em: https://prefeitura.pbh.gov.br/obras-e-infraestrutura/informacoes/diretoria-de-ge stao-de-aguas-urbanas/drenurbs. Acesso em: 10 jul. 2018.
[8] WERNECK, Gustavo. **A BH das 200 enchentes**. Estado de Minas. Belo Horizonte, 07 jan. 2012. Disponível em: https://www.em.com.br/app/noticia/ger ais/2012/01/07/interna_gerais,271132/a-bh-das-200-enchentes.shtml. Acesso em: 10 abr. 2018.

contínuo, bem como de insuficiência relativa à atividade desempenhada. E para tanto, a Teoria do Risco Administrativo[9] se apresenta, perpetrando sua imprescindível verificação frente aos prejuízos, a julgar pela vinculação do nexo causal ao Estado em razão da omissão. Isso porque a necessária intervenção estatal, em defesa do cidadão, tanto não se observava, que, constatando-se, atualmente, inovações no campo da prevenção contra danos resultantes de desastres, no Brasil, percebe-se o atraso e descaso dos governantes. Visto que, nações como Japão e EUA, apesar de mais avançados, tecnologicamente, já apresentam sistemas capazes de prevenir prejuízos já a vários anos, caso dos sistemas de alerta.[10]

Neste ano, há que se mencionar, por suposto, a criação de comitê para prevenir enchentes, por parte dos governos municipais de Belo Horizonte e Contagem e do Governo do Estado de Minas Gerais.[11] Tal iniciativa se iniciou com a finalidade de desenvolver soluções para enchentes e alagamentos em pontos críticos das duas cidades, com enfoque dm soluções conjuntas focadas nas obras de macrodrenagem.

Isto, a partir da união de esforços na busca de recursos para intervenções de controle das cheias de córregos como o Ferrugem e Riacho das Pedras – Em períodos de chuva, esses córregos são os responsáveis por provocar o transbordamento do Ribeirão Arrudas e enchentes em avenidas como a Tereza Cristina, ponto crítico nesta época do ano.

Ainda se noticiou que a PBH concluiu obras de prevenção de enchentes no Barreiro, outra região que também sofre em períodos chuvosos. E que, com a intervenção, as margens do córrego Bonsucesso

---

[9] CAVALIERI FILHO, Sérgio. **Programa de responsabilidade civil.** São Paulo: Atlas, 2010, p. 242.
[10] NASCIMENTO, Luciano. **Sistema de alerta de risco de desastre natural por mensagem será ampliado.** Agência Brasil. Brasília, 14 set. 2017. Disponível em: http://agenciabrasil.ebc.com.br/geral/noticia/2017-09/sistema-de-alerta-de-riscos-dedesastresnaturais-por-mensagens-sera-ampliado. Acesso em: 10 abr. 2018.
[11] FAVERO, Giovanna. **BH, Contagem e Governo de Minas criam comitê para prevenir enchentes.** BHAZ, 27 fev. 2021. Disponível em: https://bhaz.co m.br/bh-contagem-e-governo-de-minas-criam-comite-para-prevenir-enchentes/ #gref. Acesso em: 20 mar. 2021.

foram estabilizadas e as águas tiveram sua velocidade reduzida, o que reduzirá os processos erosivos, assim como otimizar os serviços de coleta de resíduos sólidos e, consequentemente, contribuir para a despoluição das águas.

Segundo a PBH,[12] com a obra, as margens do córrego foram estabilizadas e as águas tiveram sua velocidade reduzida, o que vai reduzir os processos erosivos, facilitar os serviços de coleta de resíduos e, conscquentemente, contribuir para a despoluição das águas.

Por fim, mencionou-se a realização de outras intervenções que ainda estão em andamento no Córrego Bonsucesso. A implantação e complementação do sistema de esgoto da bacia com a construção de galeria da rua 7 para a canalização do córrego paralelo a essa via e a concordância da rua Cristiano Resende com a rua Bechelany, além de adequações na área do entorno.

Outra obra, chamada de Trecho 5, visa a estabilização das margens, controle de aporte de sedimentos ao curso d'água, preservação de Área de Proteção Ambiental (APP), proteção de calha e taludes do córrego contra processos erosivos e viabilização do sistema de esgotamento sanitário no trecho. O que reduzirá o risco de inundações, complemento das intervenções já existentes resultando ainda na viabilização da implantação do sistema de esgotamento sanitário visando à despoluição do curso d'água. A previsão de conclusão desse trecho é no primeiro semestre de 2021.

Deste modo, se faz possível observar que há medidas em funcionamento buscando subverter a questão das enchentes, de modo a promover a resolução da problemática das enchentes. Todavia, se verifica que dentre os instrumentos citados, somente o DRENURBS oferece alguma solução efetiva, ao passo que o mesmo, iniciado 13 anos atrás, reformulou por completo apenas um córrego. O que leva a crer que falta efetividade no combate à incidência de enchentes.

---

[12] REDAÇÃO HOJE EM DIA. **PBH conclui primeira etapa de obras para prevenção de enchentes no Barreiro.** HOJE EM DIA. 26 fev. 2021. Disponível em: https://www.hojeemdia.com.br/horizontes/pbh-conclui-primeira-etapa-de-obras-para-prevencao-de-enchentes-no-barreiro-1.822107. Acesso em: 23 mar. 2021.

3 VIOLAÇÃO AOS DIREITOS CONSTITUCIONAIS PERANTE À HIPÓTESE DE ENCHENTES EM BELO HORIZONTE

Por mais que os direitos humanos estejam em ênfase nos últimos tempos, vide regra, entra em pauta a recorrente discussão se, em verdade, há respeito pelos mesmos, em razão, por exemplo, da ocorrência de enchentes no ano de 2018, em que observou-se a forte corrente de águas que tomou conta da Avenida Bernardo Vasconcelos em "BH"[13] — visto que, nestas situações, incontáveis direitos são inviabilizados, a julgar pelos vários danos causados e pela precariedade que se observa em função da tragédia, o que leva a discutir se há o devido respaldo, por exemplo, ao Princípio da Dignidade da Pessoa Humana.

Afinal, este princípio desempenha uma função de prominência entre os fundamentos do Estado brasileiro.[14] Fator que exemplifica a relevância da dignidade, por explicitar a imprescindibilidade do cumprimento dos direitos inerentes mais básicos, os quais, a incidência de enchentes inibe.

Assim, faz-se imprescindível a presente crítica a que se propõe este artigo, que seria apontar o desrespeito às garantias constitucionais por parte do próprio Governo. Já que, constitucionalmente, a julgar pelo art.1º, promover a defesa da dignidade humana é função do Estado.[15]

Visto que a dignidade nada mais é que um valor inerente a própria existência, não um luxo. Sendo assim, não representa absurdo algum que ele tenha plena observância na sociedade. Ao passo que a sua falta expõe as condições desumanas às quais a comunidade está inserida.

Tendo em vista que o valor intrínseco da dignidade da pessoa humana, no plano jurídico, inclui o direito à vida; à igualdade; à

---

[13] G1-MG. **Durante tempestade, muro desaba sobre casa, e homem morre em BH.** 2018. Disponível em: https://g1.globo.com/mg/minas-gerais/noticia/durante-tempestade-muro-desaba-sobre-casa-e-atinge-familia-em-bh.ghtml. Acesso em: 19 jul. 2018.
[14] NOVELINO, Marcelo. **Manual de Direito Constitucional.** 11. ed. São Paulo: Método, 2016, p. 251.
[15] BRASIL. **Constituição da República Federativa do Brasil.** Disponível em: http:/www.planalto.gov.br/ccivil_03/constituicao/constituicaocompilado.htm. Acesso em: 17 jul. 2018.

integridade física; assim como à integridade moral e psicológica.[16] Ambos direitos violados perante o dano que as enchentes geram.

Por conseguinte, fundamental averiguar os mais variados direitos constitucionais infringidos em seus respectivos contextos, afinal, como bem entende José Afonso da Silva,[17] não há, certamente uma só inspiração, vez que o reconhecimento de tais direitos resulta de reivindicações, em determinados momentos em que a própria sociedade proporcionou as condições necessárias para sua consolidação, ainda que em função de muita luta. O que expressa a ideia de que para entender a relevância do direito é preciso contextualizá-lo.

A começar pelo direito à liberdade, previsto no art.5°, caput, da Constituição[18] o qual entende-se ser inviabilizado, em termos de deslocamento, pelo fato de a corrente de águas impedir o deslocamento daqueles situados nas áreas de cheia, seja onde reside ou de onde mais estiver abrigado.

Imprescindível, também, se faz citar o direito de propriedade, presente também no já referido caput, o qual a égide colide com os prejuízos e impedimentos frutos das enchentes, visto que a corrente anormal de águas acaba por danificar imóveis, levar móveis consigo e, inclusive, impedir acesso aos bens, pela dificuldade de atravessar a água. Assim como, o direito à vedação de tratamento degradante, inciso III, art.5°, explicitada a sua inobservância no simbolizado tratamento desumano, decorrente de situações em que o cidadão é exposto ao desagradável por causa da enchente, a exemplo do desabrigado que tem sua residência devastada pela corrente de água. Fator que pode ensejar a exposição a doenças bacterianas, inclusive.

Por fim, apontar o direito de receber informações relevantes, seja de interesse público ou privado, pelos órgãos públicos, previsto no inciso XXXIII, que talvez melhore com o sistema de notificações via SMS.

---

[16] BARROSO, Luís Roberto. **O novo direito constitucional brasileiro:** contribuições para a construção teórica e prática da jurisdição constitucional no Brasil. Belo Horizonte: Fórum, 2013, p. 44-45.
[17] SILVA, José Afonso da. **Curso de Direito Constitucional Positivo.** 20. ed. São Paulo: Malheiros, 2002.
[18] BRASIL. **Constituição da República Federativa do Brasil.** Disponível em: http:/www.planalto.gov.br/ccivil_03/constituicao/constituicaocompilado.htm. Acesso em: 17 jul. 2018.

As prestadoras de telefonia móvel expandiram para os Estados de Goiás, Mato Grosso do Sul e Minas Gerais o sistema que dará suporte ao envio de alertas para informar a população, via SMS, sobre o risco de ocorrência de desastres naturais, como chuvas fortes alagamentos, enchentes e deslizamentos. O sistema, que passa a operar nesses três Estados na segunda-feira,15, começou a funcionar em fevereiro de 2017 e está disponível, também, nos estados do Espírito Santo, Paraná, Rio de Janeiro, Rio Grande do Sul, Santa Catarina e São Paulo. A operação nos nove estados vai compreender mais de 125 milhões de telefones móveis. Desde fevereiro do ano passado, cerca de 2 milhões de cidadãos já se cadastraram e foram encaminhadas 25 milhões de mensagens de alerta. A previsão é que ainda no primeiro trimestre o sistema esteja disponível em todo o país.[19]

Recentemente colocado em prática em Belo Horizonte, o sistema aparenta uma alternativa para que se evitem prejuízos relativos à falta de aviso prévio de enchentes, ainda assim, reitera-se, que representa uma solução de curto alcance, em razão das notificações não enfrentarem o cerne da questão.[20]

Além do mais, é válido atribuir que o desrespeito aos direitos fundamentais para a sobrevivência também abrem discussão quanto ao cumprimento de tratados internacionais, tais como o Pacto de San José Da Costa Rica (COSTA RICA, 1969) e a Declaração Universal dos Direitos Humanos (FRANÇA, 1948) visto haver destaque nos mesmos do porquê há de se prover um ambiente propício ao exercício dos direitos e garantias fundamentais, tais como o art.25 da Declaração, no qual frisa-se a imprescinbilidade da saúde e bem-estar ao indivíduo, e dos art.12, 13, 15, 16 e 22, do Pacto, que prezam pela manutenção da ordem e contenção do caos.

Portanto, compreendendo os direitos constitucionais citados, também na condição de direitos humanos — pela sua amplitude universal

---

[19] TELE-SINTESE. **Sistema de alerta desastre naturais via SMS chega a GO, MS e MG.** 2018. Disponível em: https://www.telesintese.com.br/sistema-de-alerta-de-desastre-naturais-via-sms-chega-go-ms-e-mg/. Acesso em: 31 abr. 2021.
[20] TELE-SINTESE. **Sistema de alerta desastre naturais via SMS chega a GO, MS e MG.** 2018. Disponível em: https://www.telesintese.com.br/sistema-de-alerta-de-desastre-naturais-via-sms-chega-go-ms-e-mg/. Acesso em: 31 abr. 2021.

de observância — se tem que os mesmos são irrenunciáveis, isto é, independente da concordância do indivíduo, se faz, veementemente, vedado retirar dele quaisquer destes direitos.[21]

4 RESPONSABILIDADE OBJETIVA DO ESTADO

Avaliando o retrospecto no Brasil, de desastres, casos do desastre nuclear em Goiás no ano de 1987, e do desastre de Bento Rodrigues, recentemente, observa-se que falta estrutura ao Brasil. Por exemplo, a falta de fiscalização do próprio órgão estatal frente a irregularidades na atividade e na estrutura da empresa responsável pela atividade mineral.

> [...] Abandonando a desacreditada noção de culpa, para admitir que somos responsáveis não somente pelos atos culposos, mas pelos nossos atos, pura e simples, desde que tenham causado um dano injusto. Por esta nova concepção, abstrai-se da ideia de culpa: aquele que cria o risco responde, se ele se vem a verificar, pelas consequências a terceiros.[22]

Percebe-se, portanto, que o devido respaldo estatal frente à coordenação da sociedade enseja, de fato, à responsabilização do mesmo órgão. Se, para efeitos de embasamento, alude-se tal obrigação à Teoria do Risco Criado, embasada por Louis Josserand que defende intermitentemente, que aquele que exercita determinada atividade por ela responde.[23] Assim, é de se concluir que pelos riscos resultantes da atividade deve responder, independente do fator culpa, o responsável pela atividade, em clara influência da responsabilidade civil objetiva.[24]

---

[21] SAMPAIO, José Adércio Leite. **Teoria da Constituição e dos direitos fundamentais.** Belo Horizonte: Del Rey, 2013, p. 553-554.
[22] DIAS, José de Aguiar. **Da Responsabilidade Civil.** 11. ed. Rio de Janeiro: Forense, 2011.
DIAS, José de Aguiar. **Da Responsabilidade Civil.** 11. ed. Rio de Janeiro: Forense, 2011.
[23] FARIAS, Cristiano Chaves De; BRAGA NETTO, Felipe Peixoto; ROSENVALD, Nelson. **Novo Tratado de Responsabilidade Civil.** 3. ed. São Paulo: Atlas, 2015.
[24] TARTUCE, Flávio. **Direito Civil.** v. 2: direito das obrigações e responsabilidade civil. 12. ed. Rio de Janeiro: Forense, 2017, p. 500-501.

Se deve ao caráter cada vez mais perigoso da vida contemporânea: o século do automóvel, do avião, da mecanização universal não pode, logicamente, ser uma era de segurança material. A falta desta acarreta uma geral aspiração de segurança jurídica. Se não estamos a coberto dos riscos, tenhamos pelo menos a certeza de que não sofreremos impunemente as consequências da atividade alheia.[25]

Por conseguinte, adentrando ao instituto do risco há de se aferir que a questão das enchentes não se adequa ao termo acidente, que decorre de fatores imprevisíveis. Mas sim ao instituto do desastre, no sentido de ser algo trágico, porém que possivelmente seria previsível, isto é, passível de prevenção. Afinal, nas enchentes de Belo Horizonte, o que se tem é o desenvolvimento do alastramento de água, anualmente, de determinadas épocas do ano e em determinadas regiões do município e região. Sendo assim, perfaz-se a aceitação do risco pelos obrigados pela atividade desempenhada. Bem como ilustrado por estudos registrarem ocorrência de enchentes desde 1923, quando ocorreu a primeira cheia no ribeirão Arrudas.[26]

> Não é o que sucede em nossos tempos: "temos sede de justiça, isto é, de equilíbrio jurídico, e, quando acontece um desastre, procuramos logo o responsável: queremos que haja um responsável; já não aceitamos docilmente os golpes do destino e, sim, pretendemos determinar a incidência definitiva. Ou, se quiserem, o acidente já não nos aparece como coisa do destino, mas como ato, direto ou indireto, do homem.[27]

Afinal, em pleno século XXI, onde há difusão de tecnologias e informações de forma infinita, não mais se justifica apenas conviver com desastres previstos anualmente, a população, por cumprir com a sua

---

[25] DIAS, José de Aguiar. **Da Responsabilidade Civil.** 11. ed. Rio de Janeiro: Forense, 2011, p. 62-63.
[26] WERNECK, Gustavo. **A BH das 200 enchentes.** Estado de Minas. Belo Horizonte, 07 jan. 2012. Disponível em: https://www.em.com.br/app/noticia/ger ais/2012/01/07/interna_gerais,271132/a-bh-das-200-enchentes.shtml. Acesso em: 10 abr. 2018.
[27] DIAS, José de Aguiar. **Da Responsabilidade Civil.** 11. ed. Rio de Janeiro: Forense, 2011, p. 63.

contribuição taxativa, já não mais se dá por satisfeita com a ocorrência de tragédias, ano após ano. O que explica a tensão com o exercício de direitos fundamentais, como por exemplo os elencados no art. 6º da Constituição da República. Entre eles os direitos à saúde, ao trabalho e a moradia, de forma geral. Os quais ficam prejudicados pela impossibilidade de transitar livremente pelas ruas, como se constatou na movimentada Avenida Bernardo Vasconcelos neste ano. E, até mesmo, a saúde coletiva é posta em perigo pela incidência de água infectada que invade as residências de muitos, corroborando para o desenvolvimento de enfermidades.

> Não é qualquer omissão que faz surgir o dever de indenizar do Estado. Diríamos que se trata de uma omissão qualificada. Ou, mais exatamente, de uma omissão juridicamente relevante. Uma omissão que se revista de cores que revelem que foi inadequada, injusta, a inação do Estado no caso concreto.[28]

Portanto, não se trata de extorquir a máquina estatal com a exigência de reparação, mas de compensar e prevenir, bem como defendem os ideais da Responsabilidade Civil, nas hipóteses de omissão qualificada. Afinal, a aplicação da Teoria do Risco administrativo, abordada, também por Farias, Braga Netto e Rosenvald, busca reparar os ofendidos, em atenção à solidariedade para com o ofendido, não punir o Estado pelas falhas administrativas.[29] Reparação imprescindível em razão de casos como o da inundação registrada em 2015 na região de Venda Nova - na qual, mais de 60 carros foram carregados pela água, dentre outros danos materiais.[30]

Afinal, a falta de atividade estatal adequada para suprir a incidência de águas, que formam as enchentes, levam a justificar

---

[28] BRAGA NETTO, Felipe Peixoto. **Manual de responsabilidade civil do Estado**. 4. ed. Salvador: Juspodivm, 2017, p. 184.
[29] FARIAS, Cristiano Chaves De; BRAGA NETTO, Felipe Peixoto; ROSENVALD, Nelson. **Novo Tratado de Responsabilidade Civil**. 3. ed. São Paulo: Atlas, 2015.
[30] ALVES, Letícia; RODRIGUES, Ricardo. **Obras de contenção na promessa e lixo jogado nas ruas deixam BH à mercê das enchentes**. Hoje em dia. 29 out. 2015. Disponível em: http://hojeemdia.com.br/horizontes/obras-de-conten %C3%A7%C3%A3o-na-promessae-lixo-jogado-nas-ruas-deixam-bh-%C3%A 0-merc%C3%AA-das-enchentes1.328231. Acesso em: 08 abr. 2018.

responsabilizar a o órgão, seja pelo exercício ou pela falta deste. Do contrário, não haverá previsão para o ressarcimento daqueles que tiveram lesões relevantes, sejam elas patrimoniais ou morais.

Enfatizando a relevância da atividade estatal para o bem-estar social, infere-se jurisprudência do Supremo,[31] na qual se decidiu pela responsabilidade objetiva do Estado referente à omissão, em função de danos relativos a crimes cometidos por quadrilha, na qual era membro foragido.

Em suma, por mais que a atribuição da responsabilidade pelos danos ao Estado, por omissão de atividade de sua competência, possa soar algo muito inovador, talvez fictício, de imediato, visto que a atitude inovadora de responsabilizar objetivamente, pela omissão, o órgão público possa ser de difícil aplicação, inicialmente. Na ocorrência de casos em que a omissão seja relevante para a causa do dano, como a falta de obras de infraestrutura, é inerente ao Estado o nexo causal, pois como analisado, direitos constitucionais básicos estão sendo claramente ignorados, o que legitima a aplicação da responsabilidade objetiva, de modo que haja respaldo ao lesados, de modo, que as garantias, a eles inerentes, sejam observadas.

5 CONSIDERAÇÕES FINAIS

Sendo assim, não há como deixar de constar que, em pleno século XXI, em que a informação e tecnologia alcançam gamas populacionais, antes inimagináveis, corroborando para um elevadíssimo desenvolvimento, não se ter uma harmonia em termos de observância de direitos humanos leva a questionamentos pontuais relativos ao desempenho do Estado na observância do bem-estar social.

É de se aparentar desanimador ainda haver casos de tragédias, como as de enchentes, em que direitos fundamentais de primeira, segunda, e terceira geração são inviabilizados, ao passo que chama a atenção a causa ocorrer anualmente, sem que medidas, de fato, concretas,

---

[31] BRASIL, Supremo Tribunal Federal. **Recurso Especial 130764/PR.** PRIMEIRA TURMA. Min. Rel. Moreira Alves, Julgamento: 12/05/92. Disponível em: https://stf.jusbrasil.com.br/jurisprudencia/751060/recurso-extra ordinario-re-130764-pr?ref=juris-tabs. Acesso em: 09 set. 2018.

no tocante a solucionar o problema, sejam efetivadas. Visto que obras estruturais com relação a redimensionamento de esgotos, para melhor vazão, bem como o planejamento de uma melhor estrutura para condução das águas são mínimas.

Os direitos humanos são tema recorrente de discussão, não por haver dúvida se a sua aplicação é devida, mas sim pela inobservância de seu cumprimento a todo momento num Estado Democrático de Direito. Afinal, direitos básicos como a moradia e a saúde não representam nada à mercê de um momento caótico como o da ocorrência de enchentes.

Enquanto, o que se transmite, pela parte do Estado, no tocante ao combate a este fenômeno, nada mais são que reles promessas e projetos sem eficácia.

Caso, recentemente, do sistema de alertas de SMS, como bem se ilustra, um meio irrisório na caminhada para sanar o cerne da questão. Afinal, não se posta uma situação de bem-estar social ter de, ao menos anualmente, lidar com evacuações ou mesmo dias confinados na própria residência ou pior, fora dela. Ao passo que pouco ou nada pode fazer para evitar que a água carregue móveis ou promova o contato com enfermidades.

Em suma, é fundamental destacar que a Constituição, O Pacto de San José e a Declaração Universal de Direitos Humanos, bem como outros documentos, não representam meros pedaços de papel, mas sim informativos que transcrevem as obrigações do Estado para com seus governa- dos, em clara alusão a um documento pontual capaz de orientar o governo na condução de uma gestão responsável, para que assim se possa alcançar a ordem.

De modo que a sociedade, como um tudo, tenha harmonia, e para isso, nada mais adequado que conter problemas recorrentes, tais como enchentes, contaminações, guerras e todo tipo de evento capaz de potencializar a discórdia. Tendo a sociedade sempre como base a concepção contemporânea de direitos humanos, a qual é marcada pela universalidade e indivisibilidade destes direitos.

REFERÊNCIAS

ALVES, Letícia; RODRIGUES, Ricardo. **Obras de contenção na promessa e lixo jogado nas ruas deixam BH à mercê das enchentes.** Hoje em dia. 29 out. 2015. Disponível em: http://hojeemdia.com.br/horiz ontes/obras-de-conten%C3%A7%C3%A3o-na-promessae- lixo-jogado-nas-ruas-deixam-bh-%C3%A0-merc%C3%AA-das-enchentes1.328231. Acesso em: 08 abr. 2018.

BARROSO, Luís Roberto. **O novo direito constitucional brasileiro:** contribuições para a construção teórica e prática da jurisdição constitucional no Brasil. Belo Horizonte: Fórum, 2013.

BELO HORIZONTE, **Decreto Nº 13.916, DE 8 DE ABRIL DE 2010.** Disponível em: https://leismunicipais.com.br/a/mg/b/belo-horizonte/dec reto/2010/1392/13916/decreton-13916-2010-dispoe-sobre-a-oficializaca o-do-programa-de-recuperacao-ambiental esaneamento-dos-fundos-de-v ale-e-dos-corregos-em-leito-natural-de-belo-horizonte-drenurbscomo-p arte-integrante-do-projeto-sustentador-recuperacao-ambiental-do-progra ma-bh-metase-resultados-que-estabelece-as-diretrizes-para-o-programa-de-governo-e-da-outrasprovidencias. Acesso em: 22 jul. 2018.

BRAGA NETTO, Felipe Peixoto. **Manual de responsabilidade civil do Estado.** 4. ed. Salvador: Juspodivm, 2017.

BRANCO, Paulo Gustavo; MENDES, Gilmar Ferreira. **Curso de Direito Constitucional.** 7. ed. São Paulo: Saraiva, 2012.

BRASIL. **Constituição da República Federativa do Brasil.** Disponível em: http:/www.planalto.gov.br/ccivil_03/constituicao/constituicaocomp ilado.htm. Acesso em: 17 jul. 2018.

BRASIL, Supremo Tribunal Federal. **Recurso Especial 130764/PR.** PRIMEIRA TURMA. Min. Rel. Moreira Alves, Julgamento: 12/05/92. Disponível em: https://stf.jusbrasil.com.br/jurisprudencia/751060/recurs o-extraordinario-re-130764-pr?ref=juris-tabs. Acesso em: 09 set. 2018.

CAVALIERI FILHO, Sérgio. **Programa de responsabilidade civil.** São Paulo: Atlas, 2010.

CONVENÇÃO AMERICANA DE DIREITOS HUMANOS (1969). Disponível em: http://www.pge.sp.gov.br/centrodeestudos/bibliotecavirt

ual/instrumentos/sanjose.htm. Acesso em: 25 ago. 2018.

DALLARI, Dalmo de Abreu. **Elementos de Teoria Geral do Estado.** 31. ed. São Paulo: Saraiva, 2012.

DIAS, José de Aguiar. **Da Responsabilidade Civil.** 11. ed. Rio de Janeiro: Forense, 2011.

FARIAS, Cristiano Chaves De; BRAGA NETTO, Felipe Peixoto; ROSENVALD, Nelson. **Novo Tratado de Responsabilidade Civil.** 3. ed. São Paulo: Atlas, 2015.

FAVERO, Giovanna. **BH, Contagem e Governo de Minas criam comitê para prevenir enchentes.** BHAZ, 27 fev. 2021. Disponível em: https://bhaz.com.br/bh-contagem-e-governo-de-minas-criam-comite-para-prevenir-enchentes/#gref. Acesso em: 20 mar. 2021.

G1-MG. **Durante tempestade, muro desaba sobre casa, e homem morre em BH.** 2018. Disponível em: https://g1.globo.com/mg/minas-gerais/noticia/durante-tempestade-muro-desaba-sobre-casa-e-atinge-familia-em-bh.ghtml. Acesso em: 19 jul. 2018.

GUSTIN, Miracy Barbosa de Sousa; DIAS, Maria Tereza Fonseca. **(Re)pensando a pesquisa jurídica:** teoria e prática. 3a. ed. Belo Horizonte: Del Rey, 2010.

NASCIMENTO, Luciano. **Sistema de alerta de risco de desastre natural por mensagem será ampliado.** Agência Brasil. Brasília, 14 set. 2017. Disponível em: http://agenciabrasil.ebc.com.br/geral/noticia/2017-09/sistema-de-alerta-de-riscos-dedesastresnaturais-por-mensagens-sera-ampliado. Acesso em: 10 abr. 2018.

NOVELINO, Marcelo. **Manual de Direito Constitucional.** 11. ed. São Paulo: Método, 2016.

ORGANIZAÇÃO DAS NAÇÕES UNIDAS. **Declaração universal dos direitos humanos.** Disponível em: https://www.unicef.org/brazil/pt/resources_10133.htm. Acesso em: 25 ago. 2018.

PEREIRA, Caio Mário da Silva; TEPEDINO, Gustavo. **Responsabilidade Civil.** 11ª ed. Rio de Janeiro: Forense, 2016.

PREFEITURA DE BELO HORIZONTE. **DRENURBS**. Disponível em: https://prefeitura.pbh.gov.br/obras-e-infraestrutura/informacoes/diretoria-de-gestao-de-aguas-urbanas/drenurbs. Acesso em: 10 jul. 2018.

REDAÇÃO HOJE EM DIA. **PBH conclui primeira etapa de obras para prevenção de enchentes no Barreiro.** HOJE EM DIA. 26 fev. 2021. Disponível em: https://www.hojeemdia.com.br/horizontes/pbh-conclui-primeira-etapa-de-obras-para-prevenção-de-enchentes-no-barreiro-1.822107. Acesso em: 23 mar. 2021.

REDAÇÃO PORTAL T5, **Serviço de alerta nos celulares sobre desastres naturais é antecipado no Nordeste**. Portal T5. Paraíba, 16 fev. 2018. Disponível em: https://www.portalt5.com.br/noticias/paraiba/2018/2/58017-servico-de-alerta-nos-celulares-sobre-desastres-naturais-e-antecipado-no-nordeste. Acesso em: 08 abr. 2018.

SAMPAIO, José Adércio Leite. **Teoria da Constituição e dos direitos fundamentais**. Belo Horizonte: Del Rey, 2013.

SCHREIBER, Anderson. **Novos paradigmas da responsabilidade civil**. 6. ed. São Paulo: editoria Atlas ,2015.

SILVA, José Afonso da. **Curso de Direito Constitucional Positivo**. 20. ed. São Paulo: Malheiros, 2002.

SOLUÇÕES PARA CIDADES. **Programa DRENURBS**: uma concepção Inovadora dos recursos hídricos no meio urbano. Disponível em: http://www.solucoesparacidades.com.br/wp-content/uploads/2013/09/AF_DRENNURBS_WEB.pdf. Acesso em 06 jul. 2018.

STOCO, Rui. **Tratado de responsabilidade civil**: doutrina e jurisprudência. 8. Ed. São Paulo: editora Revista dos Tribunais,2011.

TARTUCE, Flávio. **Direito Civil**. v. 2: direito das obrigações e responsabilidade civil. 12. ed. Rio de Janeiro: Forense, 2017.

TEIXEIRA, Pedro Luiz. **Enchentes, tragédias e falta de planejamento**. Disponível em: https://maisminas.org/enchentes-tragedias-e-falta-de-planejamento/. Acesso em: 08 abr. 2018.

TELE-SINTESE. **Sistema de alerta desastre naturais via SMS chega a GO, MS e MG**. 2018. Disponível em: https://www.telesin tese.com.br/sistema-de-alerta-de-desastre-naturais-via-sms-chega-go-ms-e-mg/. Acesso em: 31 abr. 2021.

WERNECK, Gustavo. **A BH das 200 enchentes**. Estado de Minas. Belo Horizonte, 07 jan. 2012. Disponível em: https://www.em.com.br/app/not icia/gerais/2012/01/07/interna_gerais,271132/a-bh-das-200-enchentes.s html. Acesso em: 10 abr. 2018.

WITKER, Jorge. **Como elaborar una tese em derecho:** pautas metodológicas y técnicas para el estudiante o investigador del derecho. Madrid: Civitas, 1985.

YUGE, Cláudio. **Sistema de alerta sobre desastres naturais via SMS opera em todo o Brasil**. Tecmundo. Disponível em: https://www.tecmu ndo.com.br/seguranca/127603-sistema-alerta-desastres-naturais-via-sms -opera-brasil.htm. Acesso em: 08 abr. 2018.

A RESPONSABILIDADE CIVIL DO ESTADO POR DANOS DECORRENTES DA OMISSÃO DE POLÍTICAS PÚBLICAS PARA IMPLEMENTAÇÃO DE LEITOS DE UTI NA PANDEMIA DO COVID-19

8

Maria Clara Dias de Araújo
Maria Luiza Ferreira Rodrigues Xavier

1 CONSIDERAÇÕES INICIAIS

A pesquisa propõe analisar a possibilidade de responsabilização civil do Estado por omissão em realizar políticas públicas e outras medidas destinadas ao incremento do serviço público de saúde, a fim de evitar óbitos de pacientes que não conseguem leitos de unidade de terapia intensiva (UTI), no contexto da pandemia do Covid-19, no Brasil.

A saúde está prevista expressamente na Constituição Federal de 1988 como um direito fundamental, além de ser direito tutelado pela Seguridade Social, na forma do art.194. Por conseguinte, o Sistema Único de Saúde é acessível a toda e qualquer pessoa, seja brasileira ou estrangeira, e a prestação do serviço é gratuita, inexigível qualquer contribuição por parte do usuário.

A princípio, explicitaremos, em linhas gerais, a previsão constitucional do direito à saúde. Depois, será feita uma abordagem da responsabilidade civil do Estado, com enfoque para os casos de danos decorrentes de omissão estatal. Por conseguinte, contextualizaremos o cenário da pandemia provocada pelo Covid-19 no Brasil e a consequente judicialização da saúde. Por fim, discutiremos acerca da responsabilidade civil do Estado relacionada às omissões da gestão da pandemia e os danos relacionados à ausência de leitos de UTI para tratamento dos casos mais graves.

Considerando a relevância do bem jurídico saúde e a tendência atual, pela doutrina e jurisprudência, de objetivação da responsabilidade civil em casos de condutas estatais omissivas, com a finalidade de resguardar os administrados, em notável condição hipossuficiente se comparada ao poder público, indaga-se a possibilidade dos familiares das vítimas que faleceram na espera da disponibilidade de leitos de terapia intensiva, para tratamento do agravamento da doença provocada pelo SARS-CoV-2, sejam indenizados.

A metodologia utilizada para realização desse estudo, conforme classificação de Gustin e Dias,[1] trata-se de uma pesquisa teórica que utiliza o tipo jurídico-projetivo, baseada em uma revisão bibliográfica da doutrina, jurisprudência e legislação relativas à temática, a fim de questionar a aplicabilidade do instituto jurídico da responsabilidade civil do Estado no contexto da pandemia do Covid-19.

Pretende-se, através da pesquisa, provocar reflexões acerca da posição do Estado enquanto responsável jurídico pelas omissões diante de um cenário crítico, sobretudo com a violação de direitos fundamentais.

2 DO DIREITO À SAÚDE

A Constituição da República Federativa do Brasil (CRFB/1988), em seu artigo 5º, estabeleceu os direitos e garantias fundamentais. Dentre os direitos individuais da pessoa humana, está o direito à vida. Esse direito fundamental compreende não só o direito de continuar vivo, mas de ter uma vida digna.

Por esta razão, o direito à saúde deve ser entendido em consonância com o princípio da dignidade da pessoa humana, conforme assevera o artigo 1º, inciso. III da CF,[2] e bem retratado pelo doutrinador Marcelo Novelino Camargo, ao dispor:

> A dignidade da pessoa humana, em si, não é um direito fundamental, mas sim um atributo a todo ser humano. Todavia, existe uma relação de mútua dependência entre ela e os direitos fundamentais. Ao mesmo tempo em que os direitos

---

[1] GUSTIN, Miracy Barbosa de Sousa; DIAS, Maria Tereza Fonseca. **(Re)pensando a pesquisa jurídica: teoria e prática**. 2. ed. Belo Horizonte: Del Rey, 2006.

[2] BRASIL. **Constituição da República Federativa do Brasil**, de 5 de outubro de 1988. Disponível em: http://www.planalto.gov.br/ccivil_03/Constituicao/Co nstituicaoCompilado.htm Acesso em: 28 maio 2021.

fundamentais surgiram como uma exigência da dignidade de proporcionar um pleno desenvolvimento da pessoa humana, somente através da existência desses direitos a dignidade poderá ser respeitada e protegida.[3]

O direito à saúde foi, pela primeira vez, consagrado na Declaração Universal dos Direitos Humanos, de 1948, em seu artigo XXV, que dispõe:

> Toda a pessoa tem direito a um nível de vida suficiente para lhe assegurar e à sua família a saúde e o bem-estar, principalmente quanto à alimentação, ao vestuário, ao alojamento, à assistência médica e ainda quanto aos serviços sociais necessários, e tem direito à segurança no desemprego, na doença, na invalidez, na viuvez, na velhice ou noutros casos de perda de meios de subsistência por circunstâncias independentes da sua vontade. 2. A maternidade e a infância têm direito a ajuda e a assistência especiais. Todas as crianças, nascidas dentro ou fora do matrimônio, gozam da mesma proteção social.[4]

É reconhecido como um direito fundamental a todo ser humano, o qual deveria ter acesso à alimentação, cuidados médicos, bem-estar, educação, dentre outros direitos. Isso é, o direito à saúde é indissociável do direito à vida, que tem por inspiração o valor de igualdade entre as pessoas.

No ordenamento jurídico pátrio, está previsto na Constituição Federal, no rol dos direitos sociais, em seu artigo 6º, segundo o qual "São direitos sociais a educação, a saúde, a alimentação, o trabalho, a moradia, o transporte, o lazer, a segurança, a previdência social, a proteção à maternidade e à infância, a assistência aos desamparados, na forma desta Constituição".[5]

---

[3] NOVELINO, Marcelo. **Curso de Direito Constitucional.** 15 ed. Salvador. Juspodvm. 2020, p. 160.
[4] ORGANIZAÇÃO DAS NAÇÕES UNIDAS, **Declaração Universal dos Direitos Humanos,** 1948. Disponível em:https://www.unicef.org/brazil/declaracao-universal-dos-direitos-humanos. Acesso em: 27 maio 2021.
[5] BRASIL. **Constituição da República Federativa do Brasil,** de 5 de outubro de 1988. Disponível em: http://www.planalto.gov.br/ccivil_03/Constituicao/Co nstituicaoCompilado.htm Acesso em: 28 maio 2021.

Em verdade, até a promulgação da Constituição Cidadã de 1988 "nenhum texto constitucional se referiu explicitamente à saúde como integrante do interesse público fundante do pacto social",[6] somente vindo a ser positivada no Brasil após 40 anos da Declaração Universal dos Direitos do Homem.

Nesse diapasão, a Constituição elenca de forma expressa no artigo 196 o direito à saúde e a responsabilidade do Estado, vejamos:

> A saúde é direito de todos e dever do Estado, garantido mediante políticas sociais e econômicas que visem à redução do risco de doença e de outros agravos e ao acesso universal e igualitário às ações e serviços para a promoção, proteção e recuperação.[7]

Em sequência, segundo Achoche,[8] está previsto no art. 197 a saúde como um serviço de relevância pública, vez que indispensável para a manutenção da vida, e no art. 198, inciso II, estipulou-se que as ações e serviços públicos referentes à saúde deveriam ter atendimento integral, priorizando-se as atividades preventivas, sem prejuízo dos serviços assistenciais.

A tutela do direito à Saúde é uma conquista do movimento da Reforma Sanitária, refletindo na criação do Sistema Único de Saúde (SUS). Sua prestação é uma obrigação de fazer de direito público, assim, de inestimável valor econômico, e está relacionada à proteção, promoção e sua recuperação, dentro do contexto de acesso universal e igualitário.

Trata-se, portanto, de garantia que só pode ser suprida com o amplo atendimento à saúde, devendo ser resguardada pelo Estado. Em razão disso, foi outorgado aos entes federados através dos artigos 196 e 197 da Constituição Federal de 1988, a assistência pública à saúde e, para tanto, foi editada a Lei n° 8.080, de 19 de setembro de 1990,

---

[6] DALLARI, Sueli Gandolfi. **Os Estados Brasileiros e o Direito à Saúde**. São Paulo: HUCITEC, 1995.
[7] BRASIL. **Constituição da República Federativa do Brasil**, de 5 de outubro de 1988. Disponível em: http://www.planalto.gov.br/ccivil_03/Constituicao/Co nstituicaoCompilado.htm Acesso em: 28 maio 2021.
[8] MALLAMNN, Eduarda. **Direito à saúde e a responsabilidade do Estado**, 31 de outubro de 2021. Disponível em: https://www.direitonet.com.br/artigos/exibi r/7652/Direito-a-saude-e-a-responsabilidade-do-Estado. Acesso em 02 jun. 2021.

complementada pela Lei nº 8.142, de 28 de dezembro de 1990, regulamentando o Sistema Único de Saúde (SUS):

> A criação do SUS está diretamente relacionada a tomada de responsabilidade por parte do Estado. A ideia do SUS é maior do que simplesmente disponibilizar postos de saúde e hospitais para que as pessoas possam acessar quando precisem, a proposta é que seja possível atuar antes disso, através dos agentes de saúde que visitam frequentemente as famílias para se antecipar os problemas e conhecer a realidade de cada família, encaminhando as pessoas para os equipamentos públicos de saúde quando necessário.[9]

A partir dessa premissa, Campos leciona que o Sistema Único de Saúde é "o arranjo organizacional do Estado brasileiro que dá suporte à efetivação da política de saúde no Brasil, e traduz em ações os princípios e diretrizes dessa política",[10] evidenciando-se que a criação do SUS foi a fórmula adotada pelo Poder Público para a efetivação da saúde no país.

Impõe-se salientar que o direito público subjetivo à saúde representa prerrogativa jurídica indisponível assegurada à generalidade das pessoas pela própria Constituição da República.

Por oportuno, abordaremos as delimitações da responsabilidade civil do Estado, a fim de demonstrar em linhas gerais que cabe ao Poder público formular – e implementar – políticas sociais e econômicas que visem garantir, aos cidadãos, o acesso universal e igualitário à assistência médico-hospitalar.

3 CONSIDERAÇÕES ACERCA DA RESPONSABILIDADE CIVIL DO ESTADO

A ideia de responsabilização, em caráter amplo, consiste em sujeitar alguém às consequências previstas pelo descumprimento de uma

---

[9] PENSE SUS. **Direito à saúde.** Rio de Janeiro. Disponível em: https://pensesus.fiocruz.br/direito-a-saude. Acesso em: 02 jun. 2021.
[10] MALLAMNN, Eduarda. **Direito à saúde e a responsabilidade do Estado,** 31 de outubro de 2021. Disponível em: https://www.direitonet.com.br/artigos/exibir/7652/Direito-a-saude-e-a-responsabilidade-do-Estado. Acesso em 02 jun. 2021.

norma. Da natureza jurídica da norma violada, extrai-se os limites e contornos da responsabilidade.

Conforme Tartuce, o conceito de responsabilidade tem origem no Direito Romano, através da *Lex Aquilia de Damno*, do final do século III A.C, momento em que a responsabilidade mediante culpa se tornou regra e passou a influenciar as normas de direito privado elaboradas na Modernidade, sobretudo o Código Civil Brasileiro de 1916, também conhecido como Código de Beviláqua, e o Código Civil Brasileiro de 2002, vigente atualmente em nosso ordenamento jurídico.[11]

Nos dizeres de Carvalho Filho, responsabilizar, para o Direito, é pretender que alguém responda perante a ordem jurídica pela ocorrência de fato anterior, seja ele de caráter comissivo – um fazer – ou omissivo – um não fazer. E para que alguém responda perante a ordem jurídica, é imprescindível que tal pessoa esteja apta juridicamente a responder pelo fato ocorrido.[12]

Nesse contexto, se a norma violada pela ocorrência do fato é de natureza penal, nasce a responsabilização penal da pessoa juridicamente apta a responder pela prática da conduta comissiva ou omissiva. Do mesmo modo, se a norma tem natureza cível, daí surge a responsabilização civil do responsável jurídico por determinada conduta, consoante a violação de uma norma privada.

Dispõe o art.186 do Código Civil Brasileiro que:

> Aquele que, por ação ou omissão voluntária, negligência ou imprudência, violar direito e causar dano a outrem, ainda que exclusivamente moral, comete ato ilícito.[13]

Ainda, o art.187 do mesmo diploma legal prevê que:

> Também comete ato ilícito o titular de um direito que, ao exercê-lo, excede manifestamente os limites impostos pelo seu fim econômico ou social, pela boa-fé ou pelos bons costumes.

---

[11] TARTUCE, Flávio. **Manual de Direito Civil: Volume Único**. 7. Rio de Janeiro: Forense. São Paulo: Método, 2017.
[12] CARVALHO FILHO, José dos Santos. **Manual de Direito Administrativo**. 27. ed. São Paulo: Atlas, 2014.
[13] BRASIL. **Lei n°10.406**, de 10 de janeiro de 2002. Disponível em: http://www.planalto.gov.br/ccivil_03/leis/2002/l10406compilada.htm. Acesso em: 27 maio 2021.

Por sua vez, a norma do art.927 estabelece as consequências jurídicas da ocorrência de um fato em desacordo com o Direito, de modo que "Aquele que, por ato ilícito (arts. 186 e 187), causar dano a outrem, fica obrigado a repará-lo". Em seu parágrafo único, a norma prevê ainda a possibilidade de responsabilização objetiva, para casos específicos previstos em lei, ou em decorrência da natureza da atividade prestada pelo responsável.

A responsabilização do Estado pelos danos causados a particulares advém de uma construção histórica. De acordo com Carvalho Filho, durante o século XIX, predominava no mundo ocidental a concepção de que o Estado Liberal não tinha qualquer responsabilidade pelos atos praticados por seus agentes que causaram danos aos particulares. No entanto, esse ideal "caiu por terra" no Estado de Direito, em que ganhou força a concepção de o Estado é uma pessoa jurídica detentora não só de direitos, mas de deveres para com os administrados.[14]

A Constituição da República Federativa do Brasil de 1988 prevê a responsabilização civil do Estado em seu art.37, parágrafo 6°, segundo o qual:

> As pessoas jurídicas de direito público e as de direito privado prestadoras de serviços públicos responderão pelos danos que seus agentes, nessa qualidade, causarem a terceiros, assegurado o direito de regresso contra o responsável nos casos de dolo ou culpa.[15]

No mesmo sentido, o art. 43 do Código Civil prevê a responsabilização do Estado, estabelecendo que:

> As pessoas jurídicas de direito público interno são civilmente responsáveis por atos dos seus agentes que nessa qualidade causem danos a terceiros, ressalvado direito regressivo contra

---

[14] CARVALHO FILHO, José dos Santos. **Manual de Direito Administrativo**. 27. ed. São Paulo: Atlas, 2014.
[15] BRASIL. **Constituição da República Federativa do Brasil**, de 5 de outubro de 1988. Disponível em: http://www.planalto.gov.br/ccivil_03/Constituicao/Co nstituicaoCompilado.htm Acesso em: 28 maio 2021.

os causadores do dano, se houver, por parte destes, culpa ou dolo.[16]

Da análise das normas, verifica-se que, atualmente, o ordenamento jurídico pátrio consagra, como regra, a responsabilização objetiva, com fundamento na Teoria do Risco Administrativo, que dispensa a prova da culpa *latu sensu* para responsabilizar o Estado pelos danos causados aos administrados, entendendo que a culpa deriva do risco da atividade prestada pelo poder público.

> Esses fundamentos vieram à tona na medida em que se tornou plenamente perceptível que o Estado tem maior poder e mais sensíveis prerrogativas do que o administrado. É realmente o sujeito jurídica, política e economicamente mais poderoso. O indivíduo, ao contrário, tem posição de subordinação, mesmo que protegido por inúmeras normas do ordenamento jurídico. Sendo assim, não seria justo que, diante de prejuízos oriundos da atividade estatal, tivesse ele que se empenhar demasiadamente para conquistar o direito à reparação dos danos.[17]

Assim, reconhece-se que o Estado está em posição distinta do administrado, possuindo prerrogativas e poderes que lhe são inerentes, para que não se dificulte o acesso do particular a eventual indenização que lhe seja de direito, concretizando valores do Estado Democrático de Direito, sobretudo a justiça social e submissão de todos à Constituição e às leis.

> A evolução que a teoria objetiva provocou se deu pelo fato da facilitação da vítima em concreto na reparação do dano, gerando aos infratores a obrigação de indenizar por acidentes provenientes de suas atividades, em detrimento da teoria subjetiva, para a qual o agente precisa salientar a culpa dentro da ideia de desvio de conduta. (GANDINI, SALOMÃO, 2003, p.205).

---

[16] BRASIL. **Lei n°10.406**, de 10 de janeiro de 2002. Disponível em: http://www.planalto.gov.br/ccivil_03/leis/2002/l10406compilada.htm. Acesso em: 27 maio 2021.
[17] CARVALHO FILHO, José dos Santos. **Manual de Direito Administrativo**. 27. ed. São Paulo: Atlas, 2014, p. 556.

Para que haja a responsabilização objetiva do Estado, é necessária a presença dos seguintes requisitos: a) conduta; b) dano e c) nexo de causalidade entre o fato administrativo e o dano.

O Estado, portanto, assume o risco da atividade que presta ao administrado e apenas não responderá pelo dano no caso de prova de excludentes de responsabilidade. Em outras palavras, se provar a ausência de conduta, dano ou do nexo de causalidade.

Divergem, todavia, a doutrina e a jurisprudência, acerca da natureza da responsabilidade do Estado em casos de conduta estatal omissiva. Gandini e Salomão dissertam que há uma posição, defendida principalmente pelo renomado doutrinador Celso Antônio Bandeira de Mello, segundo a qual deve ser aplicada, em casos de dano ao administrado causado por uma abstenção ou não fazer do Estado, quando sabia e deveria agir, a responsabilidade subjetiva.[18]

Por outro lado, Gandini e Salomão apontam posição diversa, defendida por outros doutrinadores, dentre os quais, Hely Lopes Meirelles, segundo a qual deve ser aplicada a responsabilidade objetiva consubstanciada no art.37, parágrafo 6° da CRFB/1988.[19]

O Supremo Tribunal Federal vem aplicado a responsabilização objetiva mesmo em condutas omissivas.

> A responsabilidade civil das pessoas jurídicas de direito público e das pessoas jurídicas de direito privado prestadoras de serviço público baseia-se no risco administrativo, sendo objetiva, exige os seguintes requisitos: ocorrência do dano; ação ou omissão administrativa; existência de nexo causal entre o dano e a ação ou omissão administrativa e ausência de causa excludente da responsabilidade estatal. 2. A jurisprudência desta CORTE, inclusive, entende ser objetiva a responsabilidade civil decorrente de omissão, seja das pessoas jurídicas de direito público ou das pessoas jurídicas de direito

---

[18] GANDINI, J. A. D., & SALOMÃO, D. P. da S. A responsabilidade civil do Estado por conduta omissiva. **Revista De Direito Administrativo,** *232*, 199-230, 2003. Disponível em: https://doi.org/10.12660/rda.v232.2003.45692. Acesso em: 29 maio 2021.
[19] GANDINI, J. A. D., & SALOMÃO, D. P. da S. A responsabilidade civil do Estado por conduta omissiva. **Revista De Direito Administrativo,** *232*, 199-230, 2003. Disponível em: https://doi.org/10.12660/rda.v232.2003.45692. Acesso em: 29 maio 2021.

privado prestadoras de serviço público. 3. Entretanto, o princípio da responsabilidade objetiva não se reveste de caráter absoluto, eis que admite o abrandamento e, até mesmo, a exclusão da própria responsabilidade civil do Estado, nas hipóteses excepcionais configuradoras de situações liberatórias como o caso fortuito e a força maior ou evidências de ocorrência de culpa atribuível à própria vítima.[20]

Leciona Cavalcante que o Superior Tribunal de Justiça, por sua vez, profere decisões há algum tempo no sentido de aplicar a responsabilidade subjetiva em casos de omissão estatal, como regra, o que não impossibilitou a aplicação da responsabilidade objetiva em casos específicos.[21]

Recentemente, a colenda Corte se manifestou, no informativo n°674, quanto a possibilidade de responsabilização objetiva do Estado mesmo em caso de conduta omissiva, verificada a relevância e o grau de perigo da atividade estatal prestada que está relacionada ao dano.

> Aplica-se igualmente ao estado o que previsto no art. 927, parágrafo único, do Código Civil, relativo à responsabilidade civil objetiva por atividade naturalmente perigosa, irrelevante o fato de a conduta ser comissiva ou omissiva. STJ. 2ª Turma. REsp 1.869.046-SP, Rel. Min. Herman Benjamin, julgado em 09/06/2020.[22]

O fato é que, mesmo aplicando o entendimento acerca da responsabilização subjetiva do Estado, para os casos de omissão, esse não

---

[20] BRASIL. Supremo Tribunal Federal. Tribunal Pleno. **Recurso Extraordinário 608880/MT**. RESPONSABILIDADE CIVIL DO ESTADO – DANO DECORRENTE DE CRIME PRATICADO POR PRESO FORAGIDO. Recorrente: Estado do Mato Grosso. Recorrido: Maria Regina Straliotto Lebtag e outros. Relator: Min. Marco Aurélio. Julgamento: 03 de fevereiro de 2011. Publicação; 18 de setembro de 2013. Disponível em: https://jurisprudencia.stf.ju s.br/pages/search/repercussao-geral5241/false. Acesso em: 29 maio 2021.
[21] CAVALCANTE, Márcio André Lopes. O art. 927, parágrafo único, do Código Civil pode ser aplicado para a responsabilidade civil do Estado. **Buscador Dizer o Direito**, Manaus. Disponível em: https://www.buscadordizerodireito.com.br/j urisprudencia/detalhes/c5ad7d5c8e1cd311a06a038f2510bfdc. Acesso em: 01 jun. 2021.
[22] CAVALCANTE, Márcio André Lopes. Informativo 674 STJ. **Dizer o Direito**. 2020. Disponível em: https://www.dizerodireito.com.br/2020/10/informativo-c omentado-674-stj.html. Acesso em: 01 jun. 2021.

é semelhante à responsabilidade subjetiva do Código Civil. Carvalho explica que não é caso de prova do dolo ou culpa do agente público, mas da chamada Culpa Anônima. Nesses casos, a indenização demanda a prova de que o serviço não funcionou ou funcionou mal.[23]

Salienta Di Pietro que nos casos de danos causados por omissão do Poder Público, a causa principal, em regra, decorre de um fato natural ou de terceiros. No entanto, uma ação do agente poderia evitar ou mitigar o dano, quando é dever do Estado em agir, de forma que deve ser responsabilizado pela omissão do agente público.[24]

Portanto, se havia a possibilidade de o agente público agir, diante de uma situação que causou danos ao administrado, e há uma inércia, deverá o poder público responder. A prova da culpa, para fins de indenização do particular, consiste em provar o dano e o nexo de causalidade entre a ausência ou má prestação do serviço público e o evento danoso.

> Dentre dessa evolução surgiu a teoria da *faute du service*, trazendo a ideia de que a culpa seria do serviço público e não mais do agente estatal, ou seja, haveria a responsabilidade do Estado ainda que o servidor faltoso não fosse identificado, pois a responsabilidade daquele viria da falha no serviço em si, porque este não funcionara ou funcionara mal ou tardiamente. Assim, a culpa não era presumida, pois o lesado deveria provar o inadequado funcionamento do serviço público.[25]

Nota-se que a responsabilidade do Estado por danos decorrentes de omissão deve ser analisada conforme o caso concreto, de modo a averiguar se era possível que o poder público agisse de forma a evitar ou mitigar a ausência ou falha na prestação do serviço público.

Por fim, Carvalho menciona ainda que, excepcionalmente, há previsão da Teoria do Risco Integral no ordenamento jurídico pátrio, em

---

[23] CARVALHO, Matheus. **Manual de Direito Administrativo**. 4.ed. Salvador: JusPodivm, 2017.
[24] DI PIETRO, Maria Sylvia Zanella. **Direito Administrativo**. 27. ed. São Paulo: Atlas, 2014.
[25] GANDINI, J. A. D., & SALOMÃO, D. P. da S. A responsabilidade civil do Estado por conduta omissiva. **Revista De Direito Administrativo,** *232*, 199-230, 2003. Disponível em: https://doi.org/10.12660/rda.v232.2003.45692. Acesso em: 29 maio 2021.

que não é possível alegar uma excludente de responsabilidade, por expressa vedação constitucional.[26]

Essa teoria atribui ao Estado a responsabilidade por danos ocorridos em decorrência de um caso fortuito ou força maior, mas que, considerando a natureza da atividade, com alto potencial nocivo, será obrigado a indenizar o administrado pelo dano causado em decorrência de situações de risco por ele criadas. Essa teoria é aplicada nos casos de atividades nucleares.

Pois bem. A partir dessas considerações, indagamos acerca das possibilidades de responsabilização estatal por omissões que provocam violações de direitos fundamentais em grande escala, sobretudo o direito à saúde, no cenário atual da pandemia do Covid-19.

4 DO CENÁRIO PROVOCADO PELA PANDEMIA DE COVI-19, OS IMPACTOS DA DISPONIBILIDADE DE LEITOS E RESPONSABILIDADE CIVIL DO ESTADO

Em dezembro de 2019, surgem os primeiros casos de infecção pelo vírus SARS-CoV-2, denominada Covid-19, na China. A rapidez crescente de notificações de contaminados causou estado de alerta mundial, declarado pela Organização Mundial de Saúde (OMS), uma vez que foi constatado que o novo Coronavírus é facilmente contagioso e de rápida transmissão.

> A transmissão do vírus ocorre por contato próximo e sem proteção com secreções e gotículas de um indivíduo infectado. Os sintomas podem variar, a maioria dos casos ocorre com sintomatologia leve, como a de um resfriado. Os sintomas mais comuns são tosse, febre, coriza, dor de garganta e dispneia. Porém casos mais graves evoluem para síndroma de desconforto respiratório e possuem necessidade de cuidados em unidades de terapia intensiva.[27]

---

[26] CARVALHO, Matheus. **Manual de Direito Administrativo**. 4.ed. Salvador: JusPodivm, 2017.

[27] RODRIGUES, Nicole Hertzog; SILVA, Luana Gabriela Alves da. Gestão da pandemia Coronavírus em um hospital: relato de experiência profissional. **Journal of nursing and health**. 2020, p. 10. Disponível em: https://periodicos.u fpel.edu.br/ojs2/index.php/enfermagem/article/view/18530/11238 . Acesso em: 31 maio 2021.

Conforme dados extraídos do sítio eletrônico da OMS, até o final do mês de maio de 2021, foram confirmados mais de 170 milhões de casos de contaminação pelo SARS-CoV-2 em todo o mundo, com mais de 3,5 milhões de mortes.[28]

Ressalta-se que esses valores são diariamente atualizados, mas não conseguem retratar uma realidade fiel, já que existem casos subnotificados, sobretudo pela ausência de realização de testes clínicos para detecção do vírus. O maior número de casos confirmados corresponde aos países das Américas.

O Brasil decretou estado de emergência em saúde pública – Lei Nacional nº 13.979/2020, Decreto Legislativo nº 6/2020 e Medida Provisória nº 940/2020 – vigentes no Brasil até 31 de dezembro de 2020.

O aumento do número de casos em 24 dias do mês de abril de 2021 já superou março em número de mortes por Covid e passou a ser o mês mais letal de toda a pandemia no país, sendo que de 1º de abril até este sábado (24), 67.723 pessoas morreram vítimas doença. Em março inteiro, o total foi de 66.868 mortes. Segundo dados da Fiocruz, o país passa pela sua maior crise sanitária e hospitalar da história.[29]

A forma de contágio do vírus é fator que transforma a pandemia do Covid-19 em um grande e perigoso problema de saúde pública em escala global. Barreto *et al.* dissertam que, no Brasil, o limitado conhecimento da comunidade científica acerca do vírus, somado à crescente e acentuada desigualdade social no país são fatores agravantes. Isso porque, uma vez que o contágio se dá por contato humano, condições básicas de higiene são decisivas para evitar que a doença se espalhe.[30]

---

[28] WORLD HEALT ORGANIZATION. **Who Coronavirus (COVID-19) Dashboard**. Disponível em: https://covid19.who.int/. Acesso em 31 maio 2021.
[29] G1. **Abril é o pior mês desde o início da pandemia no Brasil**. 2021. Disponível em: https://g1.globo.com/jornal-nacional/noticia/2021/04/24/abril-e-o-pior-mes-desde-o-inicio-da-pandemia-no-brasil.ghtml. Acesso em: 24 maio de 2021.
[30] BARRETO, Maurício Lima, *et al*. O que é urgente e necessário para subsidiar as políticas públicas de enfrentamento da pandemia de COVID-19 no Brasil? **Revista Brasileira de Epidemiologia**. v. 23: E200032. 2020. Disponível em: https://doi.org/10.1590/1980-549720200032. Acesso em: 31 maio 2021.

Por conseguinte, a elevação das taxas de transmissão e maiores incidências de casos graves da doença impactam de forma direta o sistema de saúde, que não consegue suportar a demanda de pacientes necessitando internação.

A pandemia pelo novo coronavírus surge tornando explícitas falhas estruturais e organizacionais importantes do sistema de saúde no Brasil. Levantamentos demonstram que, antes da instalação da pandemia, ao fim de 2019, o Brasil apresentava uma proporção de 13,6 leitos de UTI pelo SUS para cada 100 mil habitantes considerando-se leitos adulto e pediátrico. O preconizado é que haja 2,5 a 3,0 leitos de UTI para cada mil habitantes, demonstrando que a realidade observada é muito inferior à ideal.[31]

Se por um lado o Sistema Único da Saúde não consegue atender os casos graves, nos quais é imprescindível a internação em unidades de terapia intensiva, é notável que há uma diferença entre a disponibilização de leitos no sistema privado com relação ao sistema público.

A predominância do setor privado no quesito de expansão dos leitos de UTI é visível, o que é muito grava em um país no qual apenas 22,41% da população dispõem de plano privado, representando um total de 47.084.565 pessoas, e os outros 77,59% (ou 163.062.560 pessoas) dependem exclusivamente do SUS.[32]

E, reitera-se, num cenário de um país como o Brasil, em que a disparidade de classes é acentuada e a maior parcela da população não tem acesso ao sistema privado, dependendo exclusivamente da rede

---

[31] SILVA, P. H. dos S., CIRILO, S. S. V., SOARES, L. S., & SILVA, F. B. F. Déficit e ocupação de leitos de unidade de terapia intensiva adulto do Sistema Único de Saúde no estado do Piauí sob a ótica da COVID-19. **Vigilância Sanitária Em Debate: Sociedade, Ciência & Tecnologia (Health Surveillance under Debate: Society, Science & Technology) – Visa Em Debate**, v. 8, n. 3, 2020, p. 67. Disponível em: https://doi.org/10.22239/2317-2 69x.01606>. Acesso em: 01 jun. 2021.
[32] COTRIM JUNIOR, Dorival Fagundes; CABRAL, Lucas Manoel da Silva. Crescimento dos leitos de UTI no país durante a pandemia de Covid-19: desigualdades entre o público X privado e iniquidades regionais. Physis: **Revista de Saúde Coletiva**. v. 30, n. 03, 18 set. 2020, p. 6. Disponível em: https://doi.org /10.1590/S0103-73312020300317. Acesso em: 31 maio 2021.

pública, a consequência é que muitas pessoas ficarão sem tratamento médico.

Mas se a Constituição Federal assegura a saúde como um direito fundamental, gratuito e acessível a todos e não-contributivo, é possível responsabilizar o Estado pela omissão na promoção de políticas públicas que garantam o acesso da população ao atendimento médico e, sobretudo, aos leitos de terapia intensiva?

Tal como já explicitado, a responsabilização do Estado em casos de omissão deve ser analisada no caso concreto, para que seja possível verificar se o dano causado ao particular poderia ter sido evitado ou mitigado através da atuação do poder público. É certo que não é possível responsabilizar o Estado por todos os danos advindos da pandemia, que atingiu o mundo inteiro, mas é factível a responsabilização pela omissão flagrante de um dever, sobretudo quando relacionado à garantia de direitos fundamentais e o mínimo existencial.

> Contextualiza-se que a Organização Mundial da Saúde recebeu o primeiro reporte de caso da COVID-19, com origem em Wuhan, na China, em 31 de dezembro de 2019, e o coronavírus propagou-se, de forma veloz e exponencial, por todos os continentes, e, após cerca de 60 dias, teve o primeiro registro de ocorrência no Brasil. Notadamente, a COVID-19, catástrofe biológica, pode se enquadrar, em regra, entre as hipóteses de exclusão de reparação civil (fato fortuito ou força maior), por estes corresponderem, como prediz o citado art. 393, parágrafo único, do Código Civil brasileiro, a um "fato necessário, cujos efeitos não eram possíveis de se evitar ou impedir". Todavia, esta hipótese não pode, de forma indiscriminada, servir como fundamento para a aplicação da excludente, visto que, havendo a possibilidade de o Estado prever ou impedir as consequências do evento natural, a sua omissão enseja o dever de reparar.[33]

O Estado Brasileiro tem o dever de promover políticas públicas para evitar a falta de leitos de terapia intensiva para os administrados como medida de enfrentamento. Se estamos diante da propagação de um

---

[33] DANTAS BISNETO, C.; SANTOS, R. B.; CAVET, C. A. Responsabilidade civil do Estado e pandemia da COVID-19. **Revista IBERC**, v. 3, n. 2, p. 80, 10 jul. 2020. Disponível em: https://revistaiberc.responsabilidadecivil.org/iberc/article/view/111. Acesso em: 01 jun 2021.

vírus cuja infecção, em seus casos mais graves, provoca insuficiência respiratória e, muitas vezes, levando a óbito, a priorização de verbas destinadas à criação de leitos é medida que se impõe, de certo que o princípio da reserva do possível não é oponível em face de direitos fundamentais.

Mesmo que, como todos os direitos fundamentais, o direito à saúde não seja absoluto, encontrando limites na própria Constituição, ele integra a tríplice de direitos assegurados pela Seguridade Social, que demanda que políticas devem ser desenvolvidas com fundamento em seus princípios consagrados no art.194, parágrafo único, dentre eles, a universalidade da cobertura e do atendimento.[34]

Sendo assim, se o óbito ocorreu porquanto inexistiu leito de UTI para tratar o quadro grave do paciente com Covid-19, havendo nexo de causalidade entre a morte e a omissão do Estado em não promover meios para assegurar o tratamento, no caso concreto, a consequência é a indenização.

Apontam Dantas Bisneto *et al.* que tramita no Senado Federal projeto de lei n°2.033/2020, que expressamente atribui a responsabilidade objetiva do Estado em caso de óbito por escassez de leito de terapia intensiva, devendo o Estado indenizar os familiares em valor pré-fixado, além de estipular pensão por lucros cessantes em favor de beneficiários específicos.[35]

Conforme informações extraídas do site oficial do Senado Federal, o projeto foi proposto com iniciativa do senador Randolfe Rodrigues, no partido REDE, e "Dispõe sobre a indenização e a pensão por lucros cessantes cabíveis em decorrência de óbitos por ausência de leitos de UTI no período de emergência de saúde pública de importância nacional e internacional, decorrente do coronavírus (COVID-19)".[36]

---

[34] BRASIL. **Constituição da República Federativa do Brasil**, de 5 de outubro de 1988. Disponível em: http://www.planalto.gov.br/ccivil_03/Constituicao/Co nstituicaoCompilado.htm Acesso em: 28 maio 2021.
[35] DANTAS BISNETO, C.; SANTOS, R. B.; CAVET, C. A. Responsabilidade civil do Estado e pandemia da COVID-19. **Revista IBERC**, v. 3, n. 2, p. 71-92, 10 jul. 2020. Disponível em: https://revistaiberc.responsabilidadecivil.org/iberc/article/view/111. Acesso em: 01 jun 2021.
[36] BRASIL. **Projeto de Lei n° 2.033/20**. Disponível em: https://legis.senado.leg.

Na justificação do projeto, o senador Randolfe Rodrigues fundamenta na responsabilização objetiva do Estado, senão vejamos:

> O fundamento constitucional para o projeto está no artigo 37, § 6º, que estabelece que "as pessoas jurídicas de direito público responderão pelos danos que seus agentes, nessa qualidade, causarem a terceiros, assegurado o direito de regresso contra o responsável nos casos de dolo ou culpa"; e no artigo 196, que dispõe que "a saúde é direito de todos e dever do Estado, garantido mediante políticas sociais e econômicas que visem à redução do risco de doença e de outros agravos e ao acesso universal e igualitário às ações e serviços para sua promoção, proteção e recuperação".[37]

Ainda, o parlamentar reitera que o Estado é apto juridicamente a responder em caso de deficiência na prestação do serviço público de saúde:

> Em que pese a literalidade do texto constitucional, que deixa clara a responsabilidade do Estado em caso de deficiência na prestação de serviços de saúde, são comuns as alegações de que o princípio da indisponibilidade do interesse público impede as pessoas jurídicas de direito público de transacionar judicial ou extrajudicialmente em casos similares, levando muitas vezes à necessidade de ações judiciais e a infindável espera pelo trânsito em julgado e pelo pagamento dos precatórios, para, ao fim de muitos anos, ser finalmente ressarcido pelos danos sofridos.[38]

Nesse sentido, em eventual aprovação do projeto, verifica-se que haverá expressa previsão legal de responsabilidade objetiva em caso de omissão estatal específica, relacionada à má prestação do serviço público de saúde, obedecendo a regra contida no art.927 do Código Civil,

---

br/sdleg-getter/documento?dm=8097768&ts=1594025978581&disposition=inl ine. Acesso em: 01 jun. 2021.
[37] BRASIL. **Projeto de Lei nº 2.033/20.** Disponível em: https://legis.senado.leg. br/sdleg-getter/documento?dm=8097768&ts=1594025978581&disposition=inl ine. Acesso em: 01 jun. 2021.
[38] BRASIL. **Projeto de Lei nº 2.033/20.** Disponível em: https://legis.senado.leg. br/sdleg-getter/documento?dm=8097768&ts=1594025978581&disposition=inl ine. Acesso em: 01 jun. 2021

segundo a qual a lei estabelecerá acerca dos casos de responsabilização objetiva.

5 DA JUDICIALIZAÇÃO DO DIREITO À SAÚDE: PLEITOS DE INDENIZAÇÃO POR DANOS MORAIS NOS TRIBUNAIS DE JUSTIÇA DO BRASIL

Em rápidas pinceladas, o dano moral caracteriza-se como a ofensa ou violação dos bens de ordem moral de uma pessoa, tais sejam o que se referem à sua liberdade, à sua honra, à sua saúde (mental ou física), à sua imagem.

Nos moldes dos dispositivos legais, o dano moral foi assentado no ordenamento jurídico brasileiro com a promulgação da Constituição Federal de 1988, que no artigo 5°, inciso X, assegura à parte lesada o direito de indenização pelo dano moral ou material em caso de violação a qualquer dos direitos da personalidade.

De igual maneira a legislação infraconstitucional, como, por exemplo o Código de Defesa do Consumidor, no artigo 6°, inciso VI prevê que "São direitos básicos do consumidor: I - a proteção da vida, saúde e segurança contra os riscos provocados por práticas no fornecimento de produtos e serviços considerados perigosos ou nocivos".[39]

O dano moral foi bem retratado pelos doutrinadores Cristiano Chaves de Farias, Felipe Braga Netto e Nelson Rosenvald, ao disporem que "O dano moral pode ser conceituado como uma lesão a interesse existencial concretamente merecedor de tutela".[40]

Oportuno se torna assinalar que a simples recusa ou demora na autorização de uma intervenção ou procedimento médico, bem como a ausência de leito em uma unidade de terapia intensiva (UTI), caracteriza dano moral no direito à saúde, porquanto qualquer limitação injustificada ao direito à saúde afronta a dignidade da pessoa humana.

---

[39] BRASIL. **Lei n°8.078**, de 11 de setembro de 1990. Disponível em: http://www.planalto.gov.br/ccivil_03/leis/l8078compilado.htm. Acesso em: 01 de jun. 2021.
[40] FARIAS, Cristiano; NETTO, Felipe; ROSENVALD, Nelson. **Manual de Direito Civil**. 5. ed. Salvador: Juspodivm. 2020.

No mês de março de 2021 ocorreu o marco da maior crise sanitária e hospitalar do Brasil. Segundo o boletim extraordinário do Observatório Covid-19 – Fiocruz, a taxa de ocupação dos leitos de UTI no Brasil ficou acima de 90% em 16 estados da federação. Em três deles, a taxa de ocupação foi acima de 100% – há mais pacientes do que leitos disponíveis. Entre os 26 estados e o Distrito Federal, apenas Roraima e o Rio de Janeiro têm uma ocupação abaixo de 80%. Este, porém, tem verificado um crescente de casos e deve ultrapassar a barreira de 80% de ocupação em pouco tempo.[41]

Nesse contexto de indicação de que em determinados Estados há escassez de leitos de UTI e de equipamentos em Saúde tanto no setor público quanto no setor privado, desaguou-se em milhares de mortes por todo o país.

Segundo o Jornal El País, ao menos 4.132 pessoas morreram antes de conseguir chegar a um leito de terapia intensiva para o tratamento de covid-19 durante a pandemia do novo coronavírus em seis Estados brasileiros: Rio de Janeiro, Rio Grande do Norte, Minas Gerais, Espírito Santo, Bahia e Maranhão. O número foi levantado pelo El País com dados das secretarias estaduais da saúde.[42]

Nesse diapasão, enquanto muitos ainda aguardam na fila a espera de um leito de UTI, os familiares desses pacientes com Covid-19 recorrem ao judiciário na tentativa de conseguir vaga para internação.

De acordo com Gilson Lemes, desembargador e presidente do Tribunal de Justiça de Minas, em entrevista para um rádio local, os procedimentos intentados na Justiça de Minas Gerais em face da covid-19, só do mês de março de 2020 até fevereiro de 2021 foram interpostas mais de 3 mil ações, precisamente 3.038, buscando medicamentos,

---

[41] PORTAL FIOCRUZ. **Boletim Epidemiológico**, Rio de Janeiro, 16/03/2021. Disponível em: https://portal.fiocruz.br/observatorio-covid-19. Acesso em: 31 maio 2021.
[42] EL PAIS. **Mais de 4000 pessoas com covid-19 morreram a espera por um leito de UTI em seis estados brasileiros**. São Paulo, 26/08/2020. Disponível em: https://brasil.elpais.com/brasil/2020-08-26/mais-de-4000-pessoas-com-covid-19-morreram-a-espera-por-um-leito-de-uti-em-seis-estados-brasileiros.html. Acesso em: 24 maio 2021.

intervenções ou mesmo leitos de hospital. Na capital mineira, foram mais de 500 pedidos julgados.[43]

De maneira semelhante, com a sobrecarga do sistema de saúde, a procura pela Justiça para assegurar o acesso a um leito de unidade de tratamento intensivo (UTI) teve um salto no Distrito Federal. Segundo o jornal Correio Braziliense, nos primeiros 19 dias de março, foram ajuizadas quase seis vezes mais ações por UTI do que em todo mês anterior: 338 contra 60 em fevereiro deste ano.[44]

Em entrevista para o supracitado jornal, o infectologista Hermeson Luz comenta que "este cenário de pressão judicial ocorre devido ao momento crítico da pandemia". Algumas vezes, as famílias optavam por judicializar uma ação, mas, em uma crise sanitária, há uma carência muito grande de leitos de UTI.

Como resultado disso, só no Estado do Amazonas, 219 pessoas conseguiram leitos de UTI por meio de liminares. De acordo com o Tribunal de Justiça do Amazonas, é obrigação do Estado providenciar leito de UTI, no entanto, deve ser respeitado o critério clínico de prioridade para que não ocorra injustiças com aqueles pacientes mais graves.[45]

Em contrapartida, em outras ações, como a ajuizada no Estado do Pará, o magistrado, juiz Federal substituto, Henrique Jorge Dantas da Cruz, da 1ª vara Federal Cível da Seção Judiciária do Pará, negou pedido

---

[43] TJMG, Tribunal de Justiça do Estado de Minas Gerais. **TJMG já recebeu mais de 3 mil ações relacionadas à Covid-19.** Minas Gerais, 25/03/2021. Disponível em: https://www.tjmg.jus.br/portal-tjmg/noticias/tjmg-ja-recebeu-mais-de-3-mil-acoes-relacionadas-a-covid-19-8A80BCE5783C7C0201786A9A86E65129.htm#.YLk1Q6hKjIV. Acesso em: 20 maio 2021.
[44] CORREIO BRAZILIENSE. **Ações na Justiça por leito de UTI aumentam quase seis vezes em março no DF,** Brasília, 24/03/2021. Disponível em: https://www.correiobraziliense.com.br/cidades-df/2021/03/4913658-acoes-na-justica-por-leito-de-uti-aumentam-quase-seis-vezes-em-marco-no-df.html. Acesso em: 31 maio 2021.
[45] FOLHA DE S. PAULO. **Com sobrecarga de hospitais, pacientes de covid recorrem a justiça por vagas de uti,** São Paulo, 03/03/2021. Disponível em: https://www1.folha.uol.com.br/equilibrioesaude/2021/03/com-sobrecarga-da-hospitais-pacientes-de-covid-recorrem-a-justica-por-vagas-de-uti.shtml. Acesso em: 31 maio 2021.

de urgência para que paciente com sintomas graves de Covid-19 fosse transferido para UTI.[46]

Ao encontro dessa decisão, o Superior Tribunal de Justiça – STJ, derrubou decisões que garantiram UTI a pacientes com Covid-19 no Mato Grosso.[47]

Em suma, há de se perceber que o aumento de internações por Covid-19 e o esgotamento de leitos de UTI estão aumentando a sobrecarga no Judiciário, tanto por ações individuais, quanto por ações coletivas que vem sendo ajuizadas por promotores e defensores públicos.

Conforme anotações articuladas até esta passagem, podemos inferir que a situação atualmente vivida por causa da pandemia do Covid-19 deixou ainda mais clara a necessidade de uma melhor gestão no nosso combalido sistema público de saúde.

6 CONSIDARAÇÕES FINAIS

A pesquisa se propôs a analisar a possibilidade de responsabilização civil do Estado por omissão, em realizar políticas públicas destinadas ao incremento do serviço público de saúde, a fim de evitar óbitos de pacientes que não conseguem leitos de unidade de terapia intensiva (UTI), no contexto da pandemia do Covid-19 no país.

Ademais, objetivou-se a análise da judicialização da saúde concomitante à ausência de leitos de UTI.

Inicialmente, foi necessário analisar a ideia de responsabilização, em caráter amplo, para que a partir desse entendimento pudéssemos partir para os tipos de responsabilização estatal.

Diante do quadro exposto, inferiu-se que a responsabilização consiste em sujeitar alguém às consequências previstas pelo descumprimento de uma norma. A partir disso, que ao Estado foi

---

[46] MIGALHAS. **Paciente com covid-19 não consegue ordem judicial para ser encaminhado para UTI,** 16/04/2021. Disponível em: https://www.migalhas.com.br/quentes/325971/paciente-com-covid-19-nao-consegue-ordem-judicial-para-ser-encaminhado-para-uti.Acesso em: 31 maio 2021.

[47] MIGALHAS. **STJ derruba decisões que garantiram UTI a pacientes com covid no MT,** 16/04/2021. Disponível em: https://www.migalhas.com.br/quentes/325971/paciente-com-covid-19-nao-consegue-ordem-judicial-para-ser-encaminhado-para-uti. Acesso em: 31 maio 2021.

condicionada a responsabilização objetiva, sendo para tanto, necessária a presença dos seguintes requisitos: a) conduta; b) dano e c) nexo de causalidade entre o fato administrativo e o dano.

O Estado, portanto, assume o risco da atividade que presta ao administrado e apenas não responderá pelo dano no caso de prova de excludentes de responsabilidade.

No tocante a responsabilidade por omissão do Estado, deve ser analisada caso a caso, para que seja possível verificar se o dano causado ao particular poderia ter sido evitado ou mitigado através da atuação do poder público. Embora não seja possível responsabilizar o Estado por todos os danos advindos da pandemia, o Estado não pode se omitir de deveres na gestão da crise, relacionados à garantia de direitos fundamentais e o mínimo existencial.

Tecidas essas considerações, conclui-se que o Estado possui o dever posto na Constituição de promover e assegurar o direito à vida e à saúde. Assim sendo, no contexto de pandemia, objeto do nosso estudo, tem o dever de promover políticas públicas e outras medidas para evitar a falta de leitos de terapia intensiva para os administrados como medida de enfrentamento.

Ocorre que a escassez de leitos de UTI, tanto no setor público quanto no setor privado, resultou na sobrecarga de procura pela Justiça para assegurar o acesso a um leito de unidade de tratamento intensivo (UTI), sendo que esse pleito poderá ser ou não favorável e ainda assim não ser efetivamente suficiente para a mantença da vida do indivíduo.

Dito isso, resta incontroversa a necessidade do Estado em priorizar a destinação de verbas destinadas à criação de leitos, de certo que o princípio da reserva do possível não é oponível em face de direitos fundamentais.

Ademais, eventual aprovação do projeto de lei n°2.033/2020, de autoria do senador Randolfe Rodrigues, asseguraria indenização a familiares dos pacientes que perdem a vida aguardando a disponibilidade de um leito, respeitando a previsão do art.927, parágrafo único, do Código Civil de 2002, segundo a qual a lei poderá prever hipóteses de responsabilização civil objetiva do Estado.

A indenização pré-fixada e a pensão em lucros cessantes de modo algum minimiza a perda de um ente querido em razão de um vírus que assola o mundo inteiro, mas concretiza o dever do Estado de zelar pela vida dos administrados através de políticas públicas e medidas legislativas.

REFERÊNCIAS

BARRETO, Maurício Lima, *et al*. O que é urgente e necessário para subsidiar as políticas públicas de enfrentamento da pandemia de COVID-19 no Brasil? **Revista Brasileira de Epidemiologia.** v. 23: E200032. 2020. Disponível em: https://doi.org/10.1590/1980-549720200032. Acesso em: 31 maio 2021.

BRASIL. **Constituição da República Federativa do Brasil**, de 5 de outubro de 1988. Disponível em: http://www.planalto.gov.br/ccivil_03/Constituicao/ConstituicaoCompilado.htm Acesso em: 28 maio 2021.

BRASIL. **Lei n°8.078**, de 11 de setembro de 1990. Disponível em: http://www.planalto.gov.br/ccivil_03/leis/l8078compilado.htm. Acesso em: 01 de jun. 2021.

BRASIL. **Lei n°10.406**, de 10 de janeiro de 2002. Disponível em: http://www.planalto.gov.br/ccivil_03/leis/2002/l10406compilada.htm. Acesso em: 27 maio 2021.

BRASIL. **Projeto de Lei n° 2.033/20**. Disponível em https://legis.senado.leg.br/sdleg-getter/documento?dm=8097768&ts=1594025978581&disposition=inline. Acesso em: 01 jun. 2021.

BRASIL. Supremo Tribunal Federal. Tribunal Pleno. **Recurso Extraordinário 608880/MT.** RESPONSABILIDADE CIVIL DO ESTADO – DANO DECORRENTE DE CRIME PRATICADO POR PRESO FORAGIDO. Recorrente: Estado do Mato Grosso. Recorrido: Maria Regina Straliotto Lebtag e outros. Relator: Min. Marco Aurélio. Julgamento: 03 de fevereiro de 2011. Publicação; 18 de setembro de 2013. Disponível em: https://jurisprudencia.stf.jus.br/pages/search/repercussao-geral5241/false. Acesso em: 29 maio 2021.

CARVALHO, Matheus. **Manual de Direito Administrativo**. 4.ed. Salvador: JusPodivm, 2017.

CARVALHO FILHO, José dos Santos. **Manual de Direito Administrativo**. 27. ed. São Paulo: Atlas, 2014.

CAVALCANTE, Márcio André Lopes. O art. 927, parágrafo único, do Código Civil pode ser aplicado para a responsabilidade civil do Estado. **Buscador Dizer o Direito,** Manaus. Disponível em: https://www.buscad ordizerodireito.com.br/jurisprudencia/detalhes/c5ad7d5c8e1cd311a06a0 38f2510bfdc. Acesso em: 01 jun. 2021.

CAVALCANTE, Márcio André Lopes. Informativo 674 STJ. **Dizer o Direito.** 2020. Disponível em: https://www.dizerodireito.com.br/2020/1 0/informativo-comentado-674-stj.html. Acesso em: 01 jun. 2021.

CORREIO BRAZILIENSE. **Ações na Justiça por leito de UTI aumentam quase seis vezes em março no DF,** Brasília, 24/03/2021. Disponível em: https://www.correiobraziliense.com.br/cidades-df/2021/ 03/4913658-acoes-na-justica-por-leito-de-uti-aumentam-quase-seis-vez es-em-marco-no-df.html. Acesso em: 31 maio 2021.

COTRIM JUNIOR, Dorival Fagundes; CABRAL, Lucas Manoel da Silva. Crescimento dos leitos de UTI no país durante a pandemia de Covid-19: desigualdades entre o público X privado e iniquidades regionais. Physis: **Revista de Saúde Coletiva.** v. 30, n. 03, 18 set. 2020. Disponível em: https://doi.org/10.1590/S0103-73312020300317. Acesso em: 31 maio 2021.

DALLARI, Sueli Gandolfi. **Os Estados Brasileiros e o Direito à Saúde**. São Paulo: HUCITEC, 1995.

DANTAS BISNETO, C.; SANTOS, R. B.; CAVET, C. A. Responsabilidade civil do Estado e pandemia da COVID-19. **Revista IBERC,** v. 3, n. 2, p. 71-92, 10 jul. 2020. Disponível em: https://revistaib erc.responsabilidadecivil.org/iberc/article/view/111. Acesso em: 01 jun 2021.

DI PIETRO, Maria Sylvia Zanella. **Direito Administrativo**. 27. ed. São Paulo: Atlas, 2014.

EL PAIS. **Mais de 4000 pessoas com covid-19 morreram a espera por um leito de UTI em seis estados brasileiros**. São Paulo, 26/08/2020. Disponível em: https://brasil.elpais.com/brasil/2020-08-26/mais-de-400 0-pessoas-com-covid-19-morreram-a-espera-por-um-leito-de-uti-em-sei s-estados-brasileiros.html. Acesso em: 24 maio 2021.

FARIAS, Cristiano; NETTO, Felipe; ROSENVALD, Nelson. **Manual de Direito Civil**. 5. ed. Salvador: Juspodivm. 2020.

FOLHA DE S. PAULO. **Com sobrecarga de hospitais, pacientes de covid recorrem a justiça por vagas de uti,** São Paulo, 03/03/2021.Disponível em: https://www1.folha.uol.com.br/equilibrioesaude/2021/03/com-sobrecarga-da-hospitais-pacientes-de-covid-recorrem-a-justica-por-vagas-de-uti.shtml.Acesso em: 31 maio 2021.

GANDINI, J. A. D., & SALOMÃO, D. P. da S. A responsabilidade civil do Estado por conduta omissiva. **Revista De Direito Administrativo,** *232*, 199-230, 2003. Disponível em: https://doi.org/10.12660/rda.v232.2 003.45692. Acesso em: 29 maio 2021.

G1. **Abril é o pior mês desde o início da pandemia no Brasil.** 2021. Disponível em: https://g1.globo.com/jornalnacional/noticia/2021/04/24/abril-e-o-pior-mes-desde-o-inicio-da-pandemia-no-brasil.ghtml. Acesso em: 24 maio de 2021.

G1. **TJMG já recebeu mais de 3 mil ações relacionadas a covid-19**. Tribunal de Justiça de Minas Gerais, Belo Horizonte, 25/03/2021. Disponível em: https://www.tjmg.jus.br/portal-tjmg/noticias/tjmg-ja-recebeu-mais-de-3-mil-acoes-relacionadas-a-covid-19-8A80BCE5783C7C 0201786A9A86E65129.htm#.YLepVflKiMp. Acesso em: 31 maio 2021.

GUSTIN, Miracy Barbosa de Sousa; DIAS, Maria Tereza Fonseca. **(Re)pensando a pesquisa jurídica: teoria e prática.** 2. ed. Belo Horizonte: Del Rey, 2006.

JUCÁ, Beatriz. **Mais de 4.000 pessoas com covid-19 morreram à espera por um leito de UTI em seis Estados brasileiros,** São Paulo, 26/08/2020 Disponível em: https://brasil.elpais.com/brasil/2020-08-26/mais-de-4000-pessoas-com-covid-19-morreram-a-espera-por-um-leito-de-uti-em-seis-estados-brasileiros.html. Acesso em: 31 maio 2021.

MALLAMNN, Eduarda. **Direito à saúde e a responsabilidade do Estado,** 31 de outubro de 2021. Disponível em: https://www.direitonet.com.br/artigos/exibir/7652/Direito-a-saude-e-a-responsabilidade-do-Estado. Acesso em 02 jun. 2021.

MIGALHAS. **STJ derruba decisões que garantiram UTI a pacientes com covid no MT**, 16/04/2021. Disponível em: https://www.migalhas.com.br/quentes/325971/paciente-com-covid-19-nao-consegue-ordem-judicial-para-ser-encaminhado-para-uti. Acesso em: 31 maio 2021.

MIGALHAS. **Paciente com covid-19 não consegue ordem judicial para ser encaminhado para UTI**, 16/04/2021. Disponível em: https://www.migalhas.com.br/quentes/325971/paciente-com-covid-19-nao-consegue-ordem-judicial-para-ser-encaminhado-para-uti.Acesso em: 31 maio 2021.

NOVELINO, Marcelo. **Curso de Direito Constitucional**. 15 ed. Salvador. Juspodvm. 2020.

ORGANIZAÇÃO DAS NAÇÕES UNIDAS, **Declaração Universal dos Direitos Humanos,** 1948. Disponível em:https://www.unicef.org/brazil/declaracao-universal-dos-direitos-humanos. Acesso em: 27 maio 2021.

PORTAL FIOCRUZ. **Boletim Epidemiológico**, Rio de Janeiro, 16/03/2021. Disponível em: https://portal.fiocruz.br/observatorio-covid-19. Acesso em: 31 maio 2021.

PENSE SUS. **Direito à saúde.** Rio de Janeiro. Disponível em: https://pensesus.fiocruz.br/direito-a-saude. Acesso em: 02 jun. 2021.

RODRIGUES, Nicole Hertzog; SILVA, Luana Gabriela Alves da. Gestão da pandemia Coronavírus em um hospital: relato de experiência profissional. **Journal of nursing and health.** 2020, p. 10. Disponível em: https://periodicos.ufpel.edu.br/ojs2/index.php/enfermagem/article/view/18530/11238 . Acesso em: 31 maio 2021.

SILVA, P. H. dos S., CIRILO, S. S. V., SOARES, L. S., & SILVA, F. B. F. Déficit e ocupação de leitos de unidade de terapia intensiva adulto do Sistema Único de Saúde no estado do Piauí sob a ótica da COVID-19. **Vigilância Sanitária Em Debate: Sociedade, Ciência & Tecnologia (Health Surveillance under Debate: Society, Science & Technology) – Visa Em Debate,** v. 8, n. 3, 2020. Disponível em: https://doi.org/10.22239/2317-269x.01606>. Acesso em: 01 jun. 2021.

TARTUCE, Flávio. **Manual de Direito Civil: Volume Único**. 7. Rio de Janeiro: Forense. São Paulo: Método, 2017.

TJMG, Tribunal de Justiça do Estado de Minas Gerais. **TJMG já recebeu mais de 3 mil ações relacionadas à Covid-19**. Minas Gerais, 25/03/2021. Disponível em: https://www.tjmg.jus.br/portal-tjmg/noticias/tjmg-ja-recebeu-mais-de-3-mil-acoes-relacionadas-a-covid-19-8A80BCE5783C7C0201786A9A86E65129.htm#.YLk1Q6hKjIV. Acesso em: 20 maio 2021.

WORLD HEALT ORGANIZATION. **Who Coronavirus (COVID-19) Dashboard**. Disponível em: https://covid19.who.int/. Acesso em 31 maio 2021.

DANO AO ERÁRIO NO TCU: CARACTERIZAÇÃO DO DANO AO ERÁRIO SOB O OLHAR DA JURISPRUDÊNCIA DO TRIBUNAL DE CONTAS DA UNIÃO

9

Valdo Mattos Júnior

1 CONSIDERAÇÕES INICIAIS

As Cortes de Conta exercem papel importante no controle e fiscalização da Administração Pública. Órgãos integrantes da Administração Pública em diversos países, atuam sobre a contabilidade e uso dos valores públicos enquanto do controle externo e auxiliando o Poder Legislativo em seu papel de fiscalizador, limitando-se não somente a emissão de parecer sobre a contabilidade pública, como também a apreciação da atividade administrativa exercida em conformidade com a legislação pátria e observância dos princípios administrativos.

Com efeito, os tribunais de conta atuam na apuração e responsabilização do agente causador de dano ao patrimônio da Administração Pública. Torna-se o centro de sua atuação as contas da Administração Pública Direta e Indireta, bem como de toda instituição privada que receba, utilize ou gerencie recursos oriundos do erário.

Assim, para compreender o retrato das análises de danos ao erário na esfera administrativa, o presente trabalho toma como órgão referência o Tribunal de Contas da União, como órgão de competência federal, destacando-se que, malgrado não haver constitucionalmente estrutura hierárquica em relação aos tribunais de conta estaduais e dos municípios, exerce um papel centralizador na formação da jurisprudência na ordem política-administrativa.

O objetivo do presente trabalho é realizar uma revisão do corpo jurisprudência do Tribunal de Contas da União quanto a matéria de danos ao erário na tentativa de conhecer a formação da sua *opinius iuris* na matéria e desdobramentos correlatos. O campo de pesquisa da presente obra consiste no acervo jurisprudencial da Corte de Contas, criando como perímetro de pesquisa as jurisprudências que fazem menção ao dano ao erário.

Os capítulos seguintes destinam-se, primeiramente, a um esboço da estruturação da instituição para melhor compreensão da posição do TCU na estrutura administrativa brasileira e seu papel no controle dos atos públicos. Em seguida uma conceituação dos termos-chave da pesquisa. Por fim, nos capítulos finais propõe-se compartilhar as etapas de seleção da pesquisa no acervo jurisprudencial do TCU, explicitando os caminhos da pesquisa e a apresentação de temas importantes em julgados de destaque na perquirição do dano ao erário.

2 A CONSTITUIÇÃO DOS TRIBUNAIS DE CONTAS

O primeiro passo a ser apresentando é a escolha do tribunal de contas da união como o local de implementação da pesquisa. Este recorte passa pela inegável importância da instituição no regime republicano e democrático.

Exponenciação de sua atuação na ceara administrativa e consolidação como órgão de controle e fiscalizador que tem exercido, contemporaneamente, destacando-se para além de auxiliar e orientador do poder legislativo, suscitando sua autonomia e independência enquanto poder do Estado de controle externo e fiscalizador das administrações públicas.

Na forma constitucional, o artigo 73 da Constituição Federal consagra a independência administrativa do Tribunal. O artigo 71 preceitua o caráter auxiliador da Corte de Contas ao Poder Legislativo na execução do controle externo, ainda mais, estabelece um rol de competências próprias da Corte no exercício do controle externo. Mister para tanto destacar que, assim, a Constituição federal garante ao Tribunal de Contas da União sua independência político-administrativa, com subordinação direta constitucional, não limitando sua atuação à hierarquias superiores de algum outro poder da República. Na lição de Lima[1]

---

[1] LIMA, Luiz Henrique. **Controle externo [recurso eletrônico]:** teoria, jurisprudência e mais de 500 questões. Rio de Janeiro: Elsevier, 2011, p. 28-29.

Na Carta de 1988, as principais disposições relativas ao controle externo situam-se no Título IV – Da Organização dos Poderes, no Capítulo I – Do Poder Legislativo, na Seção IX – Da Fiscalização Contábil, Financeira e Orçamentária. Tal posicionamento é deveras esclarecedor do propósito do constituinte com respeito ao controle externo. O controle externo não foi situado no Título referente à Organização do Estado, por exemplo, no capítulo da Administração Pública (Título III, Capítulo IV) nem entre as normas referentes às finanças públicas (Capítulo II do Título VI). Com efeito, a relevância do controle externo não se restringe aos aspectos concernentes à eficiente gestão das finanças ou à adequada gerência administrativa do setor público. Bem mais que isso, é matéria que envolve o equilíbrio entre os Poderes na organização do Estado de Direito democrático.
(...)
Sublinhe-se, contudo, o fato de nosso tema de estudo constar de uma Seção própria dentro do Capítulo dedicado ao Poder Legislativo; não constituindo uma subseção dos tópicos dedicados ao Congresso Nacional, à Câmara dos Deputados e ao Senado Federal. Assim, a própria organização do texto constitucional indica que o Tribunal de Contas da União, órgão técnico que auxilia o Congresso Nacional na função do controle externo, não lhe é subordinado, constituindo, conforme a doutrina de Diogo de Figueiredo Moreira Neto e do Ministro Ayres Brito um "órgão constitucional autônomo", conceito mais adiante esmiuçado.

Estes órgãos de controle externo necessitam do fortalecimento e consolidação da independência e autonomia para a execução de suas atividades, podendo exercer seu papel de maneira imparcial com fundamentos que remontam ao surgimento da teoria dos freios e contrapesos.

A nova visão do papel dos Tribunais de Conta extrapola a configuração antiga, acrescentando novos atores na teoria do controle dos poderes do Estado. Assim é o entendimento do ex-ministro Ayres Britto[2]

---

[2] BRITTO, Ayres. **O Regime Constitucional dos Tribunais de Contas**. São Paulo: Fórum. Disponível em: https://www.editoraforum.com.br/noticias/o-regime-constitucional-dos-tribunais-de-contas-ayres-britto/. Acesso em: 28 mai. 2021.

Diga-se mais: além de não ser órgão do Poder Legislativo, o Tribunal de Contas da União não é órgão auxiliar do Parlamento Nacional, naquele sentido de inferioridade hierárquica ou subalternidade funcional. Como salta à evidência, é preciso medir com a trena da Constituição a estatura de certos órgãos públicos para se saber até que ponto eles se põem como instituições autônomas e o fato é que o TCU desfruta desse altaneiro status normativo da autonomia. Donde o acréscimo de ideia que estou a fazer: quando a Constituição diz que o Congresso Nacional exercerá o controle externo "com o auxílio do Tribunal de Contas da União" (art. 71), tenho como certo que está a falar de "auxílio" do mesmo modo como a Constituição fala do Ministério Público perante o Poder Judiciário. Quero dizer: não se pode exercer a jurisdição senão com a participação do Ministério Público. Senão com a obrigatória participação ou o compulsório auxílio do Ministério Público. Uma só função (a jurisdicional), com dois diferenciados órgãos a servi-la. Sem que se possa falar de superioridade de um perante o outro.

As proposições se encaixam. Não sendo órgão do Poder Legislativo, nenhum Tribunal de Contas opera no campo da subalterna auxiliaridade. Tanto assim que parte das competências que a Magna Lei confere ao Tribunal de Contas da União nem passa pelo crivo do Congresso Nacional ou de qualquer das Casas Legislativas Federais (bastando citar os incisos III, VI e IX do art. 71). O TCU se posta é como órgão da pessoa jurídica União, diretamente, sem pertencer a nenhum dos três Poderes Federais.

Cabe destacar que as cortes de conta, cada vez mais ávidas na execução de suas funções controladoras e de fiscalização não se constituem de um quarto poder do Estado, mas são merecedoras de destaque na função de controle e, portanto, necessitadas do fortalecimento de sua autonomia possibilitando fundamentos de sustentação. Neste caminho justifica Lage[3]:

> A doutrina administrativista destaca que a autonomia ou independência dos órgãos de controle externo se assenta na

---

[3] LAGE, Fernanda de Carvalho. **A Natureza Jurídica Do Tribunal De Contas Da União: Uma análise sob a ótica da Teoria Geral do Estado, do Direito Administrativo e do Direito Constitucional**. Conpedi. p. 14. Disponível em: http://www.publicadireito.com.br/artigos/?cod=57e5cb96e2254600. Acesso em: 03 jun. 2021.

> noção de liberdade em relação ao órgão ou ao ente controlado. Essa liberdade administrativa se fundamenta, por sua vez, em dois ângulos: a) um de caráter endógeno (fonte ética); b) de caráter exógeno (fonte jurídica). Assim, a independência do órgão de controle não se baseia somente em normas jurídicas, mas também em normas morais, atinentes aos membros supremos dos órgãos de controle externo, que devem ser íntegros, imparciais e dotados de atributos éticos subjetivos. (...)
> Além da independência ética do agente público, tem-se um segundo ângulo da garantia da independência do órgão de controle externo por meio das normas jurídicas, que é a equidistância no tocante aos três Poderes, inclusive ao Legislativo, para que sua atividade de controle não se subordine, juridicamente, a Poder algum do Estado.

Em sua competência encontra-se numa condição única pois suas funções não possuem natureza judicial e não integra a estrutura do poder judiciário, doutro lado, não possui atividade legislativa formal, exercendo apenas auxilio às casas legislativas no julgamento de contas. Ainda mais, a eles são dadas algumas funções específicas dando ao órgão uma singularidade na dinâmica dos poderes e funções do Estado.

Nesta perspectiva observa-se que os órgãos de controle externo têm exercido papel importante na organização do Estado Moderno como forte instrumento de guarnecedor de um Estado republicano e democrático.

É preciso destacar que o Tribunal de Contas deixa de caracterizar-se como mero auxiliar contábil-financeiro do controle externo exercido pelo Poder Legislativo e passa a ocupar lugar de destaque numa nova visão progressiva da teoria dos freios e contrapesos. Daí que se justifica sua importância na formação de jurisprudência dos temas de sua competência, especialmente quanto o dano ao erário, fim ultimo que se busca combater.

Mais uma vez, a clara lição de Ayres Britto[4],

---

[4] BRITTO, Ayres. **O Regime Constitucional dos Tribunais de Contas**. São Paulo: Fórum. Disponível em: https://www.editoraforum.com.br/noticias/o-regime-constitucional-dos-tribunais-de-contas-ayres-britto/. Acesso em: 28 mai. 2021.

Tão elevado prestígio conferido ao controle externo e a quem dele mais se ocupa, funcionalmente, é reflexo direto do princípio republicano. Pois, numa República, impõe-se responsabilidade jurídica pessoal a todo aquele que tenha por competência (e consequente dever) cuidar de tudo que é de todos, assim do prisma da decisão como do prisma da gestão. E tal responsabilidade implica o compromisso da melhor decisão e da melhor administração possíveis. Donde a exposição de todos eles (os que decidem sobre a "res publica" e os que a gerenciam) à comprovação do estrito cumprimento dos princípios constitucionais e preceitos legais que lhes sejam especificamente exigidos. A começar, naturalmente, pela prestação de contas das sobreditas gestões orçamentária, financeira, patrimonial, contábil e operacional.

É essa responsabilidade jurídica pessoal (verdadeiro elemento conceitual da República enquanto forma de governo) que demanda ou que exige, assim, todo um aparato orgânico-funcional de controle externo. E participando desse aparato como peça-chave, os Tribunais de Contas se assumem como órgãos impeditivos do desgoverno e da desadministração.

3   O DANO E O ERÁRIO

Cada vez mais necessitamos da compreensão de que a *res publicae* merece a primordial proteção e resguardo pelas instituições públicas. A concepção de estado republicano nos dias atuais atrela-se muito mais ao aspecto de comunidade, e assim, a inteligência de que tudo que é público é comum e prescinde do respeito para como o que é meu e do outro.

O bem público deve ser compreendido não somente como patrimônio à disposição da sociedade ou da atividade estatal. É importante compreender que a caracterização do bem público deve estar intimamente relacionada a sua função social e a do Estado, qual seja, a garantia de direitos fundamentais.

O Estado, assim, encontra à sua disposição todo o aparato patrimonial para que se preste de maneira eficiente a implementar e concretizar os valores e direitos fundamentais assegurados constitucionalmente.

A valorização do patrimônio público com reconhecimento de sua função social e aplicação para a sociedade vem fortificando os canais de controle e fiscalização do seu uso pelos administradores públicos na tentativa de reduzir as danificações ao erário.

Neste sentido, a Constituição torna de competência do TCU a apuração dos danos causados ao patrimônio público, e consequentemente a imputação de débito aos responsáveis pela lesão. Nos termos do inciso II do artigo 71 do diploma constitucional é competência da Corte de Contas "julgar as contas dos administradores e demais responsáveis por dinheiros, bens e valores públicos da administração direta e indireta"[5] e de qualquer outro que "der causa a perda, extravio ou outra irregularidade de que resulte prejuízo ao erário público"[6].

Aqui se frisa que imputação de débito feita pelo tribunal na forma do artigo supracitado não se confunde com a aplicação de sanção ou penalização dos atos, mas sim, concretização da responsabilização civil de reparação pelos danos causados na forma do artigo 927 do Código Civil.

Lado outro, a competência de aplicar penalizações é atribuía ao órgão por força do disposto no inciso VIII, do mesmo artigo, que autoriza a aplicação de penalidades aos responsáveis em caso de ilegalidade de despesa ou irregularidade de contas. Na forma do inciso se compreende que o esforço do órgão de contas estaria além da mera avaliação contábil dos gastos públicos, cabendo apreciar também sua aplicação em conformidade com os princípios e valores administrativos.

Em síntese, a formação do débito[7]

> Ao consagrar a possibilidade de a Corte constituir em débito aquele cuja conduta resulte em prejuízo ao erário, a Carta de 1988 instituiu, na "jurisdição de contas", um meio para efetivação da responsabilidade civil.
> Inaugurando o Título IX – "Da Responsabilidade Civil" e seu Capítulo I – "Da Obrigação de Indenizar", o art. 927 do Código Civil (CC) estabelece que aquele que, por ato ilícito,

---

[5] BRASIL. **Constituição da República Federativa do Brasil**. Brasília, DF: Senado Federal, 1988. Disponível em: http://www.planalto.gov.br/ccivil_03/con stituicao/constituicaocompilado.htm. Acessado em: 03 jun. 2021.
[6] BRASIL. **Constituição da República Federativa do Brasil**. Brasília, DF: Senado Federal, 1988. Disponível em: http://www.planalto.gov.br/ccivil_03/con stituicao/constituicaocompilado.htm. Acessado em: 03 jun. 2021.
[7] HELLER, Gabriel. CARMONA, Paulo Afonso Cavichioli. Reparação e sanção no controle de atos e contratos administrativos: as diferentes formas de responsabilização pelo Tribunal de Contas. **Revista de Direito Administrativo**, Rio de Janeiro, v. 279, n. 1, p. 5, jan./abr. 2020.

causar dano a outrem, fica obrigado a repará-lo; o texto remete expressamente ao art. 186 do mesmo diploma legal, o qual conceitua o ato ilícito como a violação de direito causadora de dano a um terceiro, advinda de "ação ou omissão voluntária, negligência ou imprudência".

Vê-se, assim, que o dever de ressarcir os cofres públicos, oriundo de um prejuízo causado à administração, nada mais é que uma obrigação de indenizar.

O entendimento que se tem é que nesta ceara da responsabilização o credor dos débitos apurado nas violações é o próprio poder público prejudicado.

Importante se apresenta a junção desses dois temas crescentes no cenário administrativo brasileiro. Destaca-se que o fortalecimento, nos últimos tempos, da participação dos órgãos de controle externo no combate as irregularidades e dano ao patrimônio público veio a reforçar a existência desses órgãos como figura necessária de um Estado republicano e democrático.

Nesta perspectiva, o conhecendo do entendimento do Tribunal de Contas da União na apuração de irregularidades raízes possíveis danos ao erário e a consequente responsabilização dos gestores e partícipes é de grande valia para compreendermos as novas atuações do órgão face as mudanças de toda estrutura de poder estatal.

4 DETALHAMENTO DO MÉTODO DE PESQUISA E OS DADOS DO SISTEMA DE PESQUISA DE JURISPRUDÊNCIA DO TRIBUNAL DE CONTAS DA UNIÃO

A fim de melhor compreender a construção jurisprudencial formada pela Tribunal de Contas da União sobre a ocorrência de danos ao erário e possíveis responsabilizações dos infratores, propôs-se uma revisão bibliográfica dos julgados do órgão compreendidas em três etapas.

Na primeira etapa utilizou-se do sistema digital do Tribunal de Contas da União, e, a partir do acesso ao banco de dados, por meio da pesquisa integrada, adotou-se filtros de limitação da busca para o recorte de estudo a partir da expressão "dano ao erário". A formação do primeiro destacamento da matéria de apreciação resultou na apresentação, no mês de junho do presente ano, de 35.090 julgados relacionados ao tema, entre acórdãos, acórdãos de relação e decisões. Sendo destes, 14.408 do plenário do órgão, 11.457 da Primeira Câmara e 12.929 da Segunda Câmara.

Como a realização da limitação temática, passou-se a delimitação instrumental, espacial e temporal, formando assim a configuração base da pesquisa limitada nos instrumentos dos acórdãos no âmbito dos julgados do plenário da Corte de Constas do ano de 1992 até o ano de 2021, período a disposição da consulta. Desta maneira, para encerrar a primeira etapa da pesquisa e formar o campo de atuação, foram incluídos no recorte apenas os dados do campo dos acórdãos do plenário compondo-se de 12.610 acórdãos.

A segunda etapa da seleção consistiu da concentração do tema ora estudado nas ementas dos acórdãos selecionados na etapa anterior. A limitação se deu por critério quantitativo e qualitativo, de maneira que, sendo a ementa parte importante e centralizada da matéria debatida no julgado, após a análise dos acórdãos foram selecionados todos aqueles que dispunham em sua ementa a expressão danos ao erário. Nesta etapa da pesquisa foram selecionados acórdãos.

Por fim, na terceira etapa usou-se o critério qualitativo para a seleção dos julgados, buscando entre os grupos formados na etapa anterior principais julgados que se destacaram quanto a análise da matéria de dano no entendimento do Tribunal de Contas da União nas ações de controle e fiscalização contra atos lesivos à Administração Pública. Para tal, nesta etapa foram selecionados quatro julgados que se destacaram pela relevância da matéria discutida, abordando pontos singulares na perquirição do dano pelo Tribunal.

5 ANÁLISE DOS ACÓRDÃOS SELECIONADOS

Compreendida a notoriedade da atuação dos órgãos constitucionais de contras no exercício do controle externo e superada as etapas de seleção dos julgados do Tribunal de Contas da União sobre danos ao erário e a responsabilização do infrator, passa-se a exposição de destacadas decisões da Corte que merecem atenção pela relevância da matéria.

5.1 A desconsideração da personalidade jurídica pelo TCU

A proposta de desconsideração da personalidade jurídica de empresas investigadas foi apresentada no relatório técnico do TCU quando da apreciação do Processo n.º TC 017.064/2020-1, que trata de Tomada de Contas Especial autuada em cumprimento ao Acórdão 2.563/2020 prolatado pela 2ª Câmara do TCU em 17 de abril de 2020, que objetivava à quantificação do débito e à identificação dos responsáveis por indícios de danos ao erário na aplicação irregular de recursos federais no projeto "Relix – Recuse, Repense, Reduza, Reutilize, Recicle", no âmbito do Departamento Regional do Serviço Social da Indústria (Sesi) no Estado de Pernambuco, no exercício de 2014.

Na oportunidade o órgão técnico do TCU ponderou[8] que

> Em princípio, o vínculo meramente contratual entre a entidade privada (empresa de responsabilidade limitada) e o Sesi, na qualidade de gestora de recursos públicos, não permitiria a responsabilização solidária da empresa contratada e de seus administradores por prejuízos causados aos cofres da entidade. Entretanto, nos moldes do art. 50 do Código Civil, em caso de abuso da personalidade jurídica, caracterizado pelo desvio de finalidade ou pela confusão patrimonial, pode ser autorizada a desconsideração da personalidade jurídica para que os efeitos de certas e determinadas relações de obrigações sejam estendidos aos bens particulares de administradores ou de sócios da pessoa jurídica beneficiados direta ou indiretamente pelo abuso. O instituto encontra guarida na jurisprudência desta Corte de Contas.
> Tendo em vista o abuso da personalidade jurídica da empresa, a qual se utilizou de entidade sem fins lucrativos para viabilizar contratação direta (sem licitação) com o Sesi de

---

[8] BRASIL. Tribunal de Contas da União. **Acórdão nº 609/2021**. Plenário. Relator: Ministro André de Carvalho. Sessão de 24/03/2021. p. 30-31. Disponível em: https://pesquisa.apps.tcu.gov.br/#/documento/acordao-complet o/609%252F2021/%2520/DTRELEVANCIA%2520desc%252C%2520NMAC ORDAOINT%2520desc/0/%2520. Acesso em: 28 mai. 2021.

Pernambuco, com sobrepreço, conduta materializada por seus sócios administradores (...), resta caracterizado o desvio de finalidade na situação apurada. Assim, será solicitada, preliminarmente, autorização ao Ministro Relator para que se proceda à desconsideração a personalidade jurídica da empresa Aliança Comunicação e Cultura Ltda., com vistas à responsabilização e consequente citação de seus sócios para que respondam pelos débitos quantificados.

Após a análise atenta de todos os elementos da irregularidade, detalhando em seu relatório todas as participações das empresas contratadas e de seus dirigentes nos atos ilícitos, o órgão técnico concluiu pelo abuso na direção do dinheiro público e confusão patrimonial das empresas e seus agentes, concluindo pela necessidade de desconsideração da personalidade jurídica. Assim veja-se[9]:

> Conforme bem explicitado no enunciado do Acórdão 5611/2012 – 2ª Câmara, de relatoria do Ministro Marcos Bemquerer, a aplicação da teoria da desconsideração da personalidade jurídica para responsabilizar os sócios de empresa privada é medida excepcional, restrita às hipóteses de abuso da personalidade jurídica, caracterizado pelo desvio de finalidade, ou pela confusão patrimonial. No entanto, diante da situação fática e das evidências trazidas aos autos, entende-se que efetivamente ocorreu o desvio de finalidade no uso da empresa Aliança Comunicação e Cultura Ltda. para proveito próprio de seus sócios administradores, os irmãos Luiz Otávio Gomes Vieira da Silva e Lina Rosa Gomes Vieira da Silva, utilizando-se do projeto Relix para obtenção de vantagens financeiras.
>
> Assim, tendo em vista que o instituto da desconsideração da personalidade jurídica, conforme jurisprudência do Tribunal, exige autorização prévia para sua efetivação, serão submetidos os presentes autos ao Min. Relator com proposta de que seja desconsiderada a personalidade jurídica da empresa Aliança Comunicação e Cultura Ltda., para que seus sócios administradores Lina Rosa Gomes Vieira da Silva e Luiz

---

[9] BRASIL. Tribunal de Contas da União. **Acórdão nº 609/2021**. Plenário. Relator: Ministro André de Carvalho. Sessão de 24/03/2021. p. 42. Disponível em: https://pesquisa.apps.tcu.gov.br/#/documento/acordao-completo/609%252 F2021/%2520/DTRELEVANCIA%2520desc%252C%2520NMACORDAOIN T%2520desc/0/%2520. Acesso em: 28 mai. 2021.

Otavio Gomes Vieira da Silva sejam citados e respondam solidariamente com a empresa Aliança pelo débito apurado.

Vale destacar importante passagem do relatório na qual os técnicos do TCU examinam a condição da instituição privada enquanto gestora de recursos públicos, e sua necessidade de se submeter também as normas administrativas e ao controle pelo Tribunal de Contas[10],

> Por se tratar de pessoa jurídica de direito privado recebedora direta dos recursos do patrocínio, o Instituto Origami atuou como gestor público de fato e tinha como responsabilidade a administração de recursos públicos, obrigando-se pessoalmente a prestar contas dos recursos geridos. Portanto, responde solidariamente com seus dirigentes pelos danos aos cofres do Sesi. Há evidências de que o Instituto agiu de forma comissiva, por intermédio de seus administradores, para o cometimento dos ilícitos que resultaram em dano ao Sesi na execução do Projeto Relix.
> Dessa forma, na qualidade de proponente, signatário do contrato de patrocínio e recebedor primário dos recursos, o Instituto Origami, assim como os gestores que operacionalizaram a contração - seu presidente, Sr. Hebron Costa Cruz de Oliveira, e seu diretor sociocultural, Sr. Romero Neves Silveira Souza Filho –, devem responder pela integralidade do débito (abatidos os custos de produção, conforme jurisprudência do TCU sobre a matéria).

Neste sentido, os ministros do TCU acordaram[11] para

> 9.1. promover a desconsideração da personalidade jurídica de Aliança Comunicação e Cultura Ltda. com vistas a permitir que os seus representantes legais (Lina Rosa Gomes Vieira da Silva e Luiz Otávio Gomes Vieira da Silva) passem a figurar como

---

[10] BRASIL. Tribunal de Contas da União. **Acórdão nº 609/2021**. Plenário. Relator: Ministro André de Carvalho. Sessão de 24/03/2021. p. 43. Disponível em: https://pesquisa.apps.tcu.gov.br/#/documento/acordao-completo/609%252F2021/%2520/DTRELEVANCIA%2520desc%252C%2520NMACORDAOINT%2520desc/0/%2520. Acesso em: 28 mai. 2021.

[11] BRASIL. Tribunal de Contas da União. **Acórdão nº 609/2021**. Plenário. Relator: Ministro André de Carvalho. Sessão de 24/03/2021. p. 67. Disponível em: https://pesquisa.apps.tcu.gov.br/#/documento/acordao-completo/609%252F2021/%2520/DTRELEVANCIA%2520desc%252C%2520NMACORDAOINT%2520desc/0/%2520. Acesso em: 28 mai. 2021.

responsáveis neste processo em solidariedade com a aludida empresa, em face do eventual abuso da correspondente personalidade jurídica a partir do desvio de finalidade ou da confusão patrimonial, com o subsequente dano causado ao erário;
9.2. promover a desconsideração da personalidade jurídica de SX Brasil Comunicação Digital Ltda. com vistas a permitir que o seu representante legal (Sérgio Luís de Carvalho Xavier) passe a figurar como responsável neste processo em solidariedade com a aludida empresa, em face do eventual abuso da correspondente personalidade jurídica a partir do desvio de finalidade ou da confusão patrimonial, com o subsequente dano causado ao erário;

5.2 A apuração de dano posterior ao erário por desqualificação da obra e a responsabilização objetiva das empresas executoras e supervisoras dos serviços

O Acórdão n.º 826/2015 – TCU – Plenário, de relatoria da Ministra Ana Arraes, julgado em 15 de abril de 2015, deriva de procedimento de auditoria realizado pela 2ª Secretaria de Fiscalização de Obras – Secob-2 para apuração de irregularidades na realização das obras de construção da BR-429/RO – no trajeto compreendido entre as cidades de Presidente Médici e Costa Marques, no estado de Rondônia – por empresas contratadas pelo Departamento de Nacional de Infraestrutura Rodoviária - DNIT.

Na apuração das irregularidades e potencialidades de dano aos cofres públicos o Relatório de Auditoria apontou a falência precoce de trechos rodoviários, falhas de projeto e de orçamentação, medições de serviços em quantidades e de qualidade incompatíveis com aquelas efetivamente executadas

Da leitura do Voto da eminente Relatora e do relatório apresentado pelo órgão técnico se depreende dois importantes aspectos na apuração do dano ao erário pelo órgão de Controle. Em Primeiro, a circunstância de apuração do dano é projetada para fase posterior à concretização da prestação do serviço e, especialmente, como base na qualidade da obra entregue. Assim, percebe-se que não obstante o trecho em análise tenha sido entregue regularmente, o seu déficit na qualidade e consequente deterioração ensejou a necessidade de reparação do erário.

In litteris, o relatório[12]:

> 77. O dano ao erário, especialmente em face das evidências de falência precoce do pavimento, não tem a dimensão avaliada nos casos ordinariamente julgados nesta Corte. Ultrapassa a diferença entre a quantidade executada e aquela projetada, pois advém de deficiência executiva que diminui a qualidade, a vida útil e a segurança do empreendimento. Provoca também um aumento de gastos futuros na manutenção e conservação da rodovia.
> 78. Assim, a materialização do prejuízo causado, em relação a diversas falhas consignadas nestes autos, depende da mensuração dos serviços corretivos a serem executados em cada segmento rodoviário. Nesse aspecto, compete ao Dnit determinar a especificação e a dimensão dos serviços necessários ao estabelecimento de condições funcionais e estruturais compatíveis com os contratos e pagamentos. A autarquia deve, portanto, proceder à avaliação geral do trecho rodoviário e exigir das construtoras a realização das medidas corretivas ou o ressarcimento pelos prejuízos causados. (...)
> 80. Lembro ainda que, mesmo quando decorrentes de falhas na concepção inicial do empreendimento, as irregularidades relacionadas a erros construtivos ou graves alterações de especificações do Dnit alcançam as construtoras responsáveis pela implementação. São as executoras, em última instância, que respondem objetivamente pela solidez e segurança das obras.

Para tanto, o órgão colegiado acordou em "quantificar, como dano ao Erário, o custo das correções pontuais, de reforços da estrutura ou do seu refazimento, conforme o caso, e que ainda não tenham sido efetuados, a partir do diagnóstico dos levantamentos deflectométricos já efetuados".

O segundo aspecto de grande importância abarcado no Acórdão n.º 826/2015 – Plenário repercute sobre a responsabilização das empresas executoras e supervisoras das obras, de maneira a determinar

---

[12] BRASIL. **Tribunal de Contas da União. Acórdão nº 826/2015**. Plenário. Relatora: Ministra Ana Arraes. Sessão de 15/04/2015. p. 103. Disponível em: https://pesquisa.apps.tcu.gov.br/#/documento/acordao-completo/826%252F201 5/%2520/DTRELEVANCIA%2520desc%252C%2520NUMACORDAOINT% 2520desc/0/%2520. Acesso em: 28 mai. 2021.

que respondam objetivamente pelos prejuízos causados a Administração Pública. Assim[13]

> 190. De outro lado, mesmo que o relatório do IPR/DNIT houvesse concluído de forma diversa e se evidenciasse que a causa do dano deveu-se a erro de projeto, sem culpa da empresa executora, como pretende o Consórcio (o que não é o caso), ainda assim o Consórcio seria responsável pelos danos causados à administração pública a teor do disposto no art. 73, § 2º, da Lei 8.666/93, c/c art. 618, do CC.
> 191. É que, no caso de culpa de terceiro (no caso de culpa da empresa projetista, alegada pelo Consórcio), a responsabilidade do causador do dano (a empreiteira executora da obra) não é afastada, mas tem, contra o terceiro, ação regressiva para haver a importância que tiver ressarcido ao lesado, conforme art. 934 do CC. Isto é, a empreiteira executora da obra responde objetivamente pela solidez e segurança da obra, nos termos do art. 618, do CC, podendo, posteriormente buscar o ressarcimento que entender devido junto à projetista.
> 192. Observe-se que, neste caso, a responsabilidade objetiva refere-se à necessidade de reforço ou refazimento da estrutura identificada nos levantamentos deflectométricos efetuados.

5.3 A atuação harmônica do TCU e órgãos de controle

Por fim, no terceiro tema em comento destaca-se um acórdão que retrata a atuação harmônica do Tribunal de Contas da União com outros órgãos de controle e fiscalização. Nesta elucidação o Relator Ministro-Substituto André Luís de Carvalho pondera sobre as implicações das responsabilizações no âmbito do tribunal e eventual acordo de colaboração premiada sobre o presente feito em matéria de competência do Ministério Público.

O Acórdão n.º 1829/2017 – TCU – Plenário, sessão ordinária 23 de agosto de 2017, foi derivado do processo de Tomada de Contas

---

[13] BRASIL. **Tribunal de Contas da União. Acórdão nº 826/2015.** Plenário. Relatora: Ministra Ana Arraes. Sessão de 15/04/2015. p. 35-36. Disponível em: https://pesquisa.apps.tcu.gov.br/#/documento/acordao-completo/826%252F201 5/%2520/DTRELEVANCIA%2520desc%252C%2520NUMACORDAOINT% 2520desc/0/%2520. Acesso em: 28 mai. 2021.

Especial com vistas a apurar a possibilidade de dano ao erário decorrente de irregularidades indicando um superfaturamento dos 19 contratos inerentes às obras para a implementação da unidade de propeno (U-2912) da Refinaria Presidente Getúlio Vargas, localizada no Estado do Paraná, celebrados pela Petróleo Brasileiro S.A. (Petrobras) com a Confab Montagens Ltda.

Em seu voto, o relator dedicou o Capítulo III a considerar as implicações das medidas adotadas pelos ministros e desdobramentos em outros meios de fiscalização. Com tal consciência, considerou a hipótese de ponderação da responsabilização pelos danos apurados em face da possibilidade de êxitos nos processos a cargo do Ministério Público Federal[14]:

> 26. Enfim, não é demais lembrar que, diante de eventual acordo judicial de colaboração premiada envolvendo a aludida contratação, o TCU tende a ponderar cada conduta ilícita perpetrada em desfavor do acervo da Repar e do patrimônio da Petrobras, de sorte que, por ocasião da futura apreciação das propostas de mérito no presente feito, o Tribunal poderá eventualmente sopesar o grau de colaboração de cada responsável, na qualidade de pessoa física ou até de representante legal da pessoa jurídica, para a efetiva elucidação judicial dos malfeitos infligidos aos aludidos contratos da Repar (com a devida homologação judicial), podendo o TCU, conforme as circunstâncias, deixar de aplicar as penalidades legais ao efetivo colaborador.

E complementa:[15]

> 30. A aludida medida teria, assim, o principal objetivo de o TCU não prejudicar a plena atuação do MPF no âmbito dos

---

[14] BRASIL. **Tribunal de Contas da União. Acórdão nº 1829/2017**. Plenário. Relator: Ministro André de Carvalho. Sessão de 23/08/2017. p. 22. Disponível em: https://pesquisa.apps.tcu.gov.br/#/documento/acordao-completo/1829%25 2F2017/%2520/DTRELEVANCIA%2520desc%252C%2520NUMACORDA OINT%2520desc/0/%2520. Acesso em: 28 mai. 2021.
[15] BRASIL. **Tribunal de Contas da União. Acórdão nº 1829/2017**. Plenário. Relator: Ministro André de Carvalho. Sessão de 23/08/2017. p. 23-24. Disponível em: https://pesquisa.apps.tcu.gov.br/#/documento/acordao-complet o/1829%252F2017/%2520/DTRELEVANCIA%2520desc%252C%2520NUM ACORDAOINT%2520desc/0/%2520. Acesso em: 28 mai. 2021.

acordos de colaboração premiada na Operação Lava-Jato, entre tantas outras relevantes investigações dos ilícitos perpetrados pela corrupção no País, garantindo, ainda, não apenas a integral reparação do dano ao erário, mas o evidente estímulo para que as pessoas não-colaboradoras passem a colaborar com o MPF pela delação dos demais agentes públicos e privados envolvidos nos inaceitáveis atos de corrupção.

31. Por esse prisma, anoto, pois, que cada responsável deveria atentar para a eventual possibilidade de o TCU optar por não lhe impingir a condenação pelo débito remanescente, a partir da sua resposta à citação, com a devida prova de que tenha efetivamente contribuído para a elucidação dos ilícitos no âmbito do eventual acordo judicial de colaboração premiada, e a partir da eventual definição de toda essa questão pelo comitê formado por integrantes do TCU, do MPF, do Cade e da CGU, entre outros atores, conforme a proposta apresentada pelo ilustre Ministro Augusto Nardes e aprovada pelo Plenário do TCU;

Ainda, resgata que o referido entendimento já foi suscitado no próprio tribunal na oportunidade de discussão do Acórdão n.º 1583/2016 – TCU – Plenário, derivado de Representação também contra lesões ao patrimônio público no âmbito de contratações da Petrobrás referentes à Refinaria de Abreu e Lima – Rnest.

Neste, o citado relator sustenta em suas Declarações de voto[16]:

> Entendo, em suma, que, para incentivar a celebração dos aludidos acordos de colaboração premiada, o TCU pode e deve vir a deixar de declarar a inidoneidade de empresa cujo sócio tenha contribuído para a efetiva elucidação dos ilícitos no âmbito da Operação Lava Jato, salientando, nesse ponto, que a referida colaboração pode ser sopesada pelo Tribunal na dosimetria dessa inidoneidade, de sorte a eliminá-la por completo, como o TCU já fez, aliás, em outros processos de controle externo financeiro.

---

[16] BRASIL. Tribunal de Contas da União. Acórdão n° 1829/2017. Plenário. Relator: Ministro André de Carvalho. Sessão de 23/08/2017. p. 23. Disponível em: https://pesquisa.apps.tcu.gov.br/#/documento/acordao-completo/1829%25 2F2017/%2520/DTRELEVANCIA%2520desc%252C%2520NUMACORDA OINT%2520desc/0/%2520. Acesso em: 28 mai. 2021.

6 CONSIDARAÇÕES FINAIS

A partir da exposição e da pesquisa no âmbito da jurisprudência do Tribunal de Contas da União é possível entender que os órgãos de conta, originalmente dedicados a auxiliar o Poder Legislativo na prestação de contas da Administração Pública, hoje tem alcançado um espaço importante sob a nova perspectiva de controle e fiscalização do Estado combatendo sempre os prejuízos causados ao erário.

As Cortes de Contas, aqui na figura do TCU, assumiram seu papel republicano e democrático se propondo a uma adequada fiscalização das contas públicas, seja na Administração Direta ou Indireta e de todas as instituições que gerenciam verbas públicas, ampliando a sistemática dos controles públicos para além do tradicional Sistema de Freios e Contrapesos.

Na nova ordem constitucional, os Tribunais de Contas destacam-se, de meros auxiliares na prestação de contas, a se firmarem como órgãos de controle, construindo de maneira sólida sua jurisprudência e tornando-se referência para gestores nas atividades administrativas a fim de evitar a prática de irregularidades e causar danos ao erário público.

REFERÊNCIAS

BRASIL. **Constituição da República Federativa do Brasil**. Brasília, DF: Senado Federal, 1988. Disponível em: http://www.planalto.gov.br/c civil_03/constituicao/constituicaocompilado.htm. Acessado em: 03 jun. 2021.

BRASIL. Tribunal de Contas da União. **Acórdão nº 609/2021**. Plenário. Relator: Ministro André de Carvalho. Sessão de 24/03/2021. Disponível em: https://pesquisa.apps.tcu.gov.br/#/documento/acordao-completo/60 9%252F2021/%2520/DTRELEVANCIA%2520desc%252C%2520NM ACORDAOINT%2520desc/0/%2520. Acesso em: 28 mai. 2021.

BRASIL. **Tribunal de Contas da União. Acórdão nº 826/2015**. Plenário. Relatora: Ministra Ana Arraes. Sessão de 15/04/2015. Disponível em: https://pesquisa.apps.tcu.gov.br/#/documento/acordao-c

ompleto/826%252F2015/%2520/DTRELEVANCIA%2520desc%252C%2520NUMACORDAOINT%2520desc/0/%2520. Acesso em: 28 mai. 2021.

BRASIL. **Tribunal de Contas da União. Acórdão nº 1829/2017.** Plenário. Relator: Ministro André de Carvalho. Sessão de 23/08/2017. Disponível em: https://pesquisa.apps.tcu.gov.br/#/documento/acordao-completo/1829%252F2017/%2520/DTRELEVANCIA%2520desc%252C%2520NUMACORDAOINT%2520desc/0/%2520. Acesso em: 28 mai. 2021.

BRITTO, Ayres. **O Regime Constitucional dos Tribunais de Contas.** São Paulo: Fórum. Disponível em: https://www.editoraforum.com.br/noticias/o-regime-constitucional-dos-tribunais-de-contas-ayres-britto/. Acesso em: 28 mai. 2021.

GUERRA, Evandro Martins. de Paula, Denise Mariano. A Função jurisdicional dos Tribunais de Contas. **Revista Controle - Doutrina e Artigos**, v. 10, n. 2, p. 56-97, 31 dez. 2012.

HELLER, Gabriel. CARMONA, Paulo Afonso Cavichioli. Reparação e sanção no controle de atos e contratos administrativos: as diferentes formas de responsabilização pelo Tribunal de Contas. **Revista de Direito Administrativo**, Rio de Janeiro, v. 279, n. 1, p. 51-77, jan./abr. 2020.

LAGE, Fernanda de Carvalho. **A Natureza Jurídica Do Tribunal De Contas Da União: Uma análise sob a ótica da Teoria Geral do Estado, do Direito Administrativo e do Direito Constitucional.** Conpedi. Disponível em: http://www.publicadireito.com.br/artigos/?cod=57e5cb96e2254600. Acesso em: 03 jun. 2021.

LIMA, Luiz Henrique. **Controle externo [recurso eletrônico]:** teoria, jurisprudência e mais de 500 questões. Rio de Janeiro: Elsevier, 2011.

MOURA, Emerson Afonso da Costa. Erário público, dever de regresso e prescrição administrativa: a indisponibilidade do interesse público vs. a segurança jurídica na ação de ressarcimento proposta pelo Estado. **Revista Digital de Direito Administrativo**, [S. l.], v. 1, n. 2, p. 454-470, 2014. Disponível em: https://www.revistas.usp.br/rdda/article/view/740 29. Acesso em: 01 jun. 2021.

SPECK, Bruno. **Tribunais de Contas.** Revista Gestão e Controle - Tribunal de Contas do Estado de Rondônia.

DANOS SOCIAIS: UMA NOVA CATEGORIA AUTÔNOMA DE DANO INDENIZÁVEL

10

Gabriela Emily Estevam de Lima

1 CONSIDERAÇÕES INICIAIS

Desde o início da sociedade civil temos a noção de prejuízo, de que as nossas ações e omissões podem interferir/atingir a vida de alguém, seja de forma positiva ou negativa. Estamos constantemente interferindo na esfera pessoal do outro e algumas vezes causamos danos, lesamos bens jurídicos. Em razão disso, o direito se torna ferramenta essencial para reparar essas lesões de forma a reestabelecer as relações ao status anterior ou apenas reparar de alguma forma o dano causado.

Inicialmente, o direito se ocupava dos danos interpessoais, onde apenas o indivíduo era lesado e assim a reparação era feita por aquele que havia praticado o dano. Porém, com o passar dos anos percebemos que a sociedade também pode sofrer danos, como os danos ambientais por exemplo. Ao iniciar uma queimada, **toda a população sofre não apenas um indivíduo**. Com isso a doutrina da responsabilidade civil com foco nos danos, precisou evoluir de forma a criar novas categorias de danos indenizáveis de forma que cada dano fosse reparado, pouco importando a sua natureza e especificidades.

Diante desse quadro, o tema estudado nesse artigo é - Danos sociais: uma nova categoria autônoma de dano indenizável. Assim, o objetivo geral é demonstrar a partir de uma revisão bibliográfica qualitativa a necessidade do reconhecimento dos danos sociais pelo ordenamento jurídico como um instituto autônomo, e não como sinônimo dos danos difusos ou danos morais coletivos. E para tanto, visa-se evidenciar a aplicação dos danos sociais no contexto atual mostrando a sua pertinência e aplicação.

Por fim, a pergunta de pesquisa: **os danos sociais são uma ferramenta apta a coibir condutas lesivas e reparar as lesões causadas ao coletivo?**

Para alcançar tal resposta, esse artigo está dividido em três grandes temas, sendo o primeiro: considerações iniciais acerca dos danos e a responsabilidade civil, onde vamos discutir brevemente a responsabilidade civil e os danos como elemento primordial para a responsabilização e reparação das lesões aos bens jurídicos. O segundo, um panorama geral sobre o instituto dos danos, seus tipos e características com enfoque na construção doutrinária do dano social. E por fim, a importância dos danos sociais para reparar as lesões ao coletivo e como esse instituto vem sendo aplicado nos Tribunais.

2 CONSIDERAÇÕES ACERCA DOS DANOS E A RESPONSABILIDADE CIVIL

Responsabilidade em seu sentido genérico, constitui na obrigação de responder pelos seus atos, de se tornar responsável por alguma ação. No ordenamento jurídico brasileiro, via de regra, a responsabilização civil parte da comprovação de lesão a bem jurídico.

Para Tartuce "a responsabilidade civil surge em face do descumprimento obrigacional, pela desobediência de uma regra estabelecida em um contrato, ou por deixar determinada pessoa de observar um preceito normativo que regula a vida".[1]

É o dever de indenizar o dano suportado por outrem, "a função da responsabilidade civil, calcada em um ideal de justiça, seria fazer com que as partes envolvidas pudessem retornar à situação vivenciada anteriormente à ocorrência da lesão", nos ensinamentos de Zampier.[2]

A doutrina civilista, dispõe que o dano é requisito para que ocorra a responsabilização civil, tendo em vista que o dano é um dos elementos que caracterizam a responsabilidade civil ao lado da culpa, conduta e nexo de causalidade.

---

[1] TARTUCE, Flávio. **Manual de direito civil:** volume único. 7. ed. Rio de Janeiro: Forense, 2017, p. 327.
[2] LENZA, Pedro *et al*. **OAB primeira fase:** volume único. 3. ed. São Paulo: Saraiva Educação, 2018, p. 262.

Como é notório, para que haja pagamento de indenização, além da prova de culpa ou dolo na conduta é necessário comprovar o dano patrimonial ou extrapatrimonial suportado por alguém. Em regra, não há responsabilidade civil sem dano, cabendo o ônus de sua prova ao autor da demanda, aplicação do art. 373, I, do CPC/2015, correspondente ao art. 333, I, do CPC/1973.[3]

Para Romualdo Batista,[4] a responsabilidade civil na Era Moderna, apresenta três momentos significativos: teoria da culpa (danos interindividuais, entre causador e vítima), teoria do risco individual - que surgiu diante da impossibilidade de identificar o culpado pelos danos decorrentes das atividades agrícolas e industriais e o momento atual, dos danos sociais, em que os danos estão impregnados na sociedade, transcendendo uma vítima individualizada.

No Brasil temos uma evolução da responsabilidade civil quanto ao elemento culpa, num primeiro momento aplicamos a responsabilidade subjetiva por culpa provada, depois a responsabilidade civil subjetiva por culpa presumida e hoje temos a ideia da responsabilidade civil objetiva, onde não há necessidade da discussão do elemento culpa.[5]

E qual desses três sistemas de responsabilidade constituiria a regra no Brasil? **O melhor posicionamento é o de que não há uma regra geral, pois o sistema de responsabilidade no Brasil hoje se baseia em uma convivência harmônica entre a responsabilidade civil subjetiva e objetiva, cabendo ao juiz verificar caso a caso qual será a aplicável,** mesmo porque o art. 927, parágrafo único, CC, traz como base a teoria do risco, uma cláusula geral de responsabilização objetiva, ou seja, o julgador poderá entender que a atividade desempenhada pelo agressor implica na exposição de bens a risco, gerando a

---

[3] TARTUCE, Flávio. **Manual de direito civil:** volume único. 7. ed. Rio de Janeiro: Forense, 2017, p. 350.
[4] SANTOS, Romualdo Batista dos. O dano social no estágio atual da responsabilidade civil. **Revista de Direito da responsabilidade.** a. 2, 2020, p. 677. Disponível em: https://revistadireitoresponsabilidade.pt/2020/o-dano-social-no-estagio-atual-da-responsabilidade-civil-romualdo-baptista-dos-santos/. Acesso em: 20 maio 2021.
[5] LENZA, Pedro *et al.* **OAB primeira fase:** volume único. 3. ed. São Paulo: Saraiva Educação, 2018, p. 264.

condenação desse sujeito independentemente da discussão de culpa no bojo do processo.[6]

Com essa breve evolução histórica da responsabilidade civil mostra-se necessário o reconhecimento da necessidade da criação de novos tipos de danos indenizáveis para acompanhar o momento atual da sociedade.

2.1 Dos danos

Diante da comprovação da ocorrência de um dano/lesão a bem jurídico tutelado pelo ordenamento, nasce o dever de indenização - disciplinado pelo Código Civil de 2002 de forma ampla. Ocorre que com a evolução das relações pessoais, surgiu também a necessidade de especificar novos tipos de danos, além do seu sentido amplo.

A doutrina e a jurisprudência pátria consagraram no decorrer do tempo outras modalidades de danos, de forma que as necessidades da sociedade fossem contempladas pelo regramento base do código (características comuns), mas que as características de cada um acompanhassem as mudanças na vida civil.

O Código Civil apresenta em seu texto legal, lacunas acidentais e propositais, bem como cláusulas gerais e conceitos jurídicos indeterminados que permitem a evolução da norma de forma orgânica, acompanhando os princípios, normas constitucionais e a evolução da sociedade. São aberturas que temos dentro do sistema jurídico fechado.

---

[6] LENZA, Pedro *et al.* **OAB primeira fase:** volume único. 3. ed. São Paulo: Saraiva Educação, 2018, p. 264. – grifo nosso

Os artigos 186,[7] 927[8] e 944 do Código civil exemplificam como o legislador utiliza do termo "danos" como gênero (sentido amplo) que comporta espécies/modalidades.

Para Ricardo Pereira,[9] o dano possui duas vertentes clássicas: patrimonial (quando a pessoa é ofendida em seus atributos econômicos) ou moral (lesão à dignidade da pessoa humana/extrapatrimonial). E novas categorias de danos, que seriam: danos morais coletivos e os danos sociais.

Os danos patrimoniais ou materiais, são aqueles que necessitam de prova efetiva do dano, constituem lesões ao patrimônio econômico da vítima, e constituem danos positivos (emergentes - danos reais/efetivos) e danos negativos (lucros cessantes - consequências futuras, perda de lucros e ganhos), ensina Zampier.[10]

As modalidades clássicas/tradicionais de danos, quais sejam, os danos materiais e morais estão dispostas no artigo 186 do Código Civil, bem como no art. 5º incisos V e X da Constituição Federal de 1988. Sendo os danos morais, definidos pela doutrina como uma lesão a direitos da personalidade[11] onde busca-se atenuar as consequências do prejuízo imaterial sofrido pela vítima.[12]

---

[7] Art. 186. Aquele que, por ação ou omissão voluntária, negligência ou imprudência, violar direito e causar dano a outrem, ainda que exclusivamente moral, comete ato ilícito. (BRASIL. **Código Civil. Lei nº 10.406**. 2002. Disponível em: http://www.planalto.gov.br/ccivil_03/leis/2002/l10406compilad a.htm. Acesso em: 19 jun. 2021)
[8] Art. 927. Aquele que, por ato ilícito (arts. 186 e 187), causar dano a outrem, fica obrigado a repará-lo. (BRASIL. **Código Civil. Lei nº 10.406**. 2002. Disponível em: http://www.planalto.gov.br/ccivil_03/leis/2002/l10406compilad a.htm. Acesso em: 19 jun. 2021)
[9] PEREIRA, Ricardo Diego Nunes. **Os novos danos:** danos morais coletivos, danos sociais e danos por perda de uma chance. Âmbito Jurídico. 2012. Disponível em: http://ambito-juridico.com.br/site/?n_link=revista_artigos_leitu ra&artigo_id=11307. Acesso em 19 jun. 2021.
[10] LENZA, Pedro *et al*. **OAB primeira fase:** volume único. 3. ed. São Paulo: Saraiva Educação, 2018, p. 268.
[11] LENZA, Pedro *et al*. **OAB primeira fase:** volume único. 3. ed. São Paulo: Saraiva Educação, 2018, p. 268.
[12] TARTUCE, Flávio. **Manual de direito civil:** volume único. 7. ed. Rio de Janeiro: Forense, 2017, p. 353.

Art. 5º Todos são iguais perante a lei, sem distinção de qualquer natureza, garantindo-se aos brasileiros e aos estrangeiros residentes no País a inviolabilidade do direito à vida, à liberdade, à igualdade, à segurança e à propriedade, nos termos seguintes: [...] V - é assegurado o direito de resposta, proporcional ao agravo, **além da indenização por dano material, moral** ou à imagem; [...] X - são invioláveis a intimidade, a vida privada, a honra e a imagem das pessoas, **assegurado o direito a indenização pelo dano material ou moral decorrente de sua violação.**[13] - grifo nosso

Já os danos contemporâneos/novos, danos: estéticos, morais coletivos e sociais, foram reconhecidos pelo enunciado n. 456 da V Jornada de Direito Civil em interpretação conjunta com o art. 944 do Código Civil:[14] "A expressão "dano" no art. 944 abrange não só os danos individuais, materiais ou imateriais, **mas também os danos sociais, difusos, coletivos e individuais homogêneos** a serem reclamados pelos legitimados para propor ações coletivas."[15] - grifo nosso

Destacando assim os danos sociais como uma nova categoria de danos indenizáveis.

3 DOS DANOS SOCIAIS

Os danos sociais, são lesões ao bem jurídico que podem ser definidos como patrimoniais (danos emergentes e lucro cessante) e extrapatrimoniais (dano moral, estético e sociais). Sendo os danos sociais uma construção doutrinária tendo em vista a ausência de previsão legal expressa.

> Trata-se o *dano social* de um dano *objetivo*, *transindividual* e *imaterial*, podendo afetar *toda sociedade* ou um *determinado*

---

[13] BRASIL. **Constituição da República Federativa do Brasil**. 1988. Disponível em: http://www.planalto.gov.br/ccivil_03/constituicao/constituicao.htm. Acesso em: 19 jun. 2021.
[14] Art. 944. A indenização mede-se pela extensão do dano. (BRASIL. **Código Civil. Lei nº 10.406**. 2002. Disponível em: http://www.planalto.gov.br/ccivil_0 3/leis/2002/l10406compilada.htm. Acesso em: 19 jun. 2021)
[15] CONSELHO DA JUSTIÇA FEDERAL. **V Jornada de Direito Civil**. Disponível em: https://www.cjf.jus.br/enunciados/enunciado/403. Acesso em: 19 jun. 2021.

grupo social (homogêneo) em seu digno direito à qualidade de vida plena, seja em razão de um *ato antijurídico* (ou de conduta socialmente reprovável) praticado pelo *Estado* ou por *particular* (pessoa física ou jurídica) em detrimento de bens sociais imateriais que compõem o patrimônio social em específico lapso temporal. Trata-se, pois, de uma nova modalidade de dano não prevista no Código Civil de 2002, cuja previsão encontra-se, por construção hermenêutica, no art. 1º, II, da CF/1988.[16]

Para Antônio Junqueira de Azevedo,[17] quando os danos transcendem a esfera individual e atingem a sociedade como um todo, surgem os danos sociais. O autor defende que nesses casos, além da reparação dos danos morais e patrimoniais causados à vítima, deve ser aplicada a reparação por danos sociais.

Tendo em vista que os danos sociais são uma construção doutrinária, inexiste um consenso sobre a sua conceituação e aplicação. Os danos sociais são admitidos por alguns autores como sinônimos de danos difusos, para outros como sinônimos dos danos morais coletivos e por fim como danos autônomos.

3.1 O debate sobre os danos sociais

A concepção dos danos sociais é reconhecida pelo Direito Brasileiro, porém o seu significado/sentido difere entre os doutrinadores.

Alguns autores entendem, que há uma confusão entre os danos sociais e danos difusos, como se não houvesse diferenciação entre os institutos:

> Na doutrina brasileira, os danos sociais são admitidos como sinônimos de danos difusos, cujas consequências alcançam as

---

[16] FRIEDE, Reis; ARAGÃO, Luciano. Danos sociais. **Revista EMERJ**, Rio de Janeiro, v. 19, n. 75. 2016. Disponível em: https://www.emerj.tjrj.jus.br/revistae merj_online/edicoes/revista75/revista75.pdf. Acesso em: 19 jun. 2021, p. 216. - grifo do autor
[17] AZEVEDO, Antônio Junqueira de. Por uma nova categoria de dano na responsabilidade civil: o dano social. In: Novos estudos e pareceres de direito privado. São Paulo: Saraiva, 2009, p. 377-378. *apud* SANTOS, Romualdo Batista dos. **O dano social no estágio atual da responsabilidade civil**. Revista de Direito da responsabilidade. a. 2, 2020, p. 678.

vítimas indetermináveis e cuja indenização visa reprimir os comportamentos socialmente reprováveis que produzem rebaixamento do nível de vida da sociedade.[18] Outras vezes, os danos que afetam toda a coletividade são denominados "danos difusos", sem emprego da expressão "danos sociais."[19] Por fim, encontramos os danos sociais como sinônimos de danos morais coletivos, assim entendidos aqueles que decorrem de lesões a determinadas categorias de interesses, como o meio ambiente, o patrimônio urbanístico, arqueológico, cultural e paisagístico.[20]

Para o autor Felipe Peixoto Braga Netto a terminologia - danos sociais, não passa de uma inovação conceitual, sem dimensão funcional, é apenas uma nova forma de enquadrar/classificar danos que já eram abordados na doutrina existente sobre a responsabilidade civil:

> Ainda não estamos certos de que a hipótese tenha autonomia conceitual. **Todos os danos, a rigor, são danos sociais.** [...] Os exemplos fornecidos de dano social já se sentariam, confortáveis, em alguma cadeira conceitual anteriormente existente, não precisando de novas (queremos dizer que o nome pode ser novo, mas a realidade que ele descreve não é). Além do mais, as inovações conceituais, em nossos dias, devem apresentar uma dimensão funcional.[21]

---

[18] TARTUCE, Flávio. **Direito civil,** v. 2: direito das obrigações e responsabilidade civil. 14. ed. Rio de Janeiro: Forense, 2019, p. 504-513. *apud* SANTOS, Romualdo Batista dos. O dano social no estágio atual da responsabilidade civil. **Revista de Direito da responsabilidade.** a. 2, 2020, p. 676 - 697.
[19] CAVALIERI FILHO, Sérgio. **Programa de responsabilidade civil.** 11. ed. São Paulo: Atlas, 2014, p. 131- 134; NORONHA, Fernando. **Direito das obrigações.** Vol. 1. São Paulo: Saraiva, 2003, p. 572-577; FARIAS, Cristiano Chaves de; ROSENVALD, Nelson; BRAGA NETTO, Felipe Peixoto. **Curso de direito civil** v. 3: responsabilidade civil. 2. ed. São Paulo: Atlas, 2015. *apud* SANTOS, Romualdo Batista dos. O dano social no estágio atual da responsabilidade civil. **Revista de Direito da responsabilidade.** a. 2, 2020, p. 676 - 697.
[20] TEIXEIRA NETO, Felipe. Ainda sobre o conceito de dano moral coletivo. In: ROSENVELD, Nelson; TEIXEIRA NETO, Felipe (coords.). Dano moral coletivo. Indaiatuba: Foco, 2018, p. 46. *apud* SANTOS, Romualdo Batista dos. O dano social no estágio atual da responsabilidade civil. **Revista de Direito da responsabilidade.** a. 2, 2020, p. 676 - 697.
[21] BRAGA NETTO, Felipe Peixoto. **Manual de direito do consumidor:** à luz da jurisprudência do STJ. 13. ed. Salvador: Ed. JusPodvim, 2018, p. 292.

Em contrapartida, para Friede e Aragão,[22] os direitos sociais são uma figura autônoma, sempre que houver ofensa a um direito metaindividual pertencente a toda sociedade, com repercussão na dignidade humana restará caracterizado um dano social.

A jurisprudência pátria entende os danos sociais como uma nova espécie de dano reparável, em contraposição aos danos individuais e distinta dos danos materiais, morais e estéticos. Como destacado no Enunciado 456, CJF aprovado na V Jornada de Direito Civil[23] e no julgado do Superior Tribunal de Justiça, que destacam:

> DIREITO PROCESSUAL CIVIL. IMPOSSIBILIDADE DE FIXAÇÃO, EX OFFICIO, DE INDENIZAÇÃO POR DANOS SOCIAIS EM AÇÃO INDIVIDUAL. RECURSO REPETITIVO (ART. 543-C DO CPC E RES. 8/2008 DO STJ). [...] Inicialmente, cumpre registrar que o **dano social vem sendo reconhecido pela doutrina como uma nova espécie de dano reparável, decorrente de comportamentos socialmente reprováveis,** pois diminuem o nível social de tranquilidade, tendo como fundamento legal o art. 944 do CC. Desse modo, diante da ocorrência de ato ilícito, **a doutrina moderna tem admitido a possibilidade de condenação ao pagamento de indenização por dano social, como categoria inerente ao instituto da responsabilidade civil, além dos danos materiais, morais e estéticos.** [...] Isso porque, **os danos sociais são admitidos somente em demandas coletivas e, portanto, somente os legitimados para propositura de ações coletivas têm legitimidade para reclamar acerca de supostos danos sociais decorrentes de ato ilícito, motivo por que não poderiam ser objeto de ação

---

[22] FRIEDE, Reis; ARAGÃO, Luciano. Danos sociais. **Revista EMERJ**, Rio de Janeiro, v. 19, n. 75. 2016. Disponível em: https://www.emerj.tjrj.jus.br/revistae merj_online/edicoes/revista75/revista75.pdf. Acesso em: 19 jun. 2021, p. 218 - 219.

[23] "A expressão "dano" no art. 944 abrange não só os danos individuais, materiais ou imateriais, **mas também os danos sociais, difusos, coletivos e individuais homogêneos** a serem reclamados pelos legitimados para propor ações coletivas." (CONSELHO DA JUSTIÇA FEDERAL. **V Jornada de Direito Civil.** Disponível em: https://www.cjf.jus.br/enunciados/enunciado/403. Acesso em: 19 jun. 2021)

individual. Rcl 12.062-GO, Rel. Ministro Raul Araújo, julgado em 12/11/2014 (Info 552).[24] - grifo nosso

Assim, em razão do posicionamento da doutrina e dos Egrégios Tribunais Superiores, pode-se afirmar que os danos sociais são uma nova espécie de danos reparáveis e não sinônimo de danos difusos.

3.2 Conceito de danos sociais

O conceito de danos sociais é um tanto quanto intuitivo, trata-se de um dano que reflete em prejuízo para toda sociedade ou determinados grupos.

> "Portanto, a nossa tese é bem clara: a responsabilidade civil deve impor indenização por danos individuais e por danos sociais. Os danos individuais são os patrimoniais, avaliáveis em dinheiro, - danos emergentes e lucros cessantes -, e os morais, - caracterizados por exclusão e arbitrados como compensação para a dor, para lesões de direito de personalidade e para danos patrimoniais de quantificação precisa impossível. **Os danos sociais, por sua vez, são lesões à sociedade, no seu nível de vida, tanto por rebaixamento de seu patrimônio moral - principalmente a respeito da segurança - quanto por diminuição por dolo ou culpa grave, especialmente, repetimos, são atos que reduzem as condições coletivas de segurança, e de indenização dissuasória, são atos em geral de pessoa jurídica, que trazem uma diminuição do índice de qualidade de vida da população.**"[25] - grifo nosso

Para os autores Friede e Aragão,[26] os danos sociais podem ser classificados em razão do tipo de direito violado: "quando houver ofensa

---

[24] CAVALCANTE, Márcio André Lopes. **Vade Mecum de jurisprudência:** Dizer o Direito. 9. ed. Salvador, Juspodivm, 2020, p. 233.
[25] AZEVEDO, Antônio Junqueira de. Por uma nova categoria de dano na responsabilidade civil: o dano social. In: Novos estudos e pareceres de direito privado. São Paulo: Saraiva, 2009. *apud* SANTOS, Romualdo Batista dos. **O dano social no estágio atual da responsabilidade civil.** Revista de Direito da responsabilidade. a. 2, 2020, p. 678.
[26] FRIEDE, Reis; ARAGÃO, Luciano. Danos sociais. **Revista EMERJ**, Rio de Janeiro, v. 19, n. 75. 2016. Disponível em: https://www.emerj.tjrj.jus.br/revistae

a um direito metaindividual pertencente a toda sociedade, com repercussão na dignidade humana dos trabalhadores e nos valores sociais do trabalho restará caracterizado um dano social trabalhista". E o mesmo raciocínio deve ser aplicado em se tratando de danos sociais consumerista, administrativos, econômico ou qualquer outro dano social oriundo de ofensa a direito - das crianças, idosos, pessoas com deficiência, etc. Qualquer direito metaindividual violado pode configurar dano social.

Dessa forma é possível perceber o contraponto existente entre os danos sociais e individuais, bem como a importância dos danos sociais para a coletividade. Pois, eles visam indenizar/reparar a diminuição da qualidade de vida da população.

3.3 Danos sociais X danos individuais

Em todas as bibliografias estudadas os danos sociais são analisados em contraponto aos direitos individuais, de forma a mostrar que as diferenças são complementares e não excludentes ao estudo dos danos em sentido amplo.

Para Guimarães e Silva, a diferenciação nuclear entre o dano social e o dano individual reside nos sujeitos lesionados por determinada conduta. Enquanto, o dano individual apresenta uma violação ao aspecto do direito individual, sendo a vítima determinada, o dano social apresenta uma violação ao aspecto do direito difuso, sendo as vítimas indeterminadas ou indetermináveis.[27]
Dessa forma, podemos visualizar que a responsabilidade civil permanece sendo aplicada, tendo como causa a ocorrência do dano, o que diferencia nos danos sociais é a reparação coletiva.

---

merj_online/edicoes/revista75/revista75.pdf. Acesso em: 19 jun. 2021, p. 218 - 219.
[27] GUIMARÃES, Glayder Daywerth Pereira; SILVA, Michael César. **Fake news à luz da responsabilidade civil digital:** o surgimento de um novo dano digital. R. Jurídica FA7, Fortaleza, v. 16, n. 2, p. 99 - 114, 2019. Disponível em: https://periodicos.uni7.edu.br/index.php/revistajuridica/article/view/940/764. Acesso em: 18 jun. 2021, p.108.

3.4 Danos sociais x danos morais coletivos[28]

Apesar do conceito controvertido, o Código de Defesa do Consumidor[29] admite de forma expressa a reparação dos danos morais coletivos em seu art. 6º, VI: "Art. 6º São direitos básicos do consumidor: [...] VI - a efetiva prevenção e reparação de danos patrimoniais e morais, individuais, coletivos e difusos". Na jurisprudência superior nacional o tema é controverso, tendo em vista que a 1ª Turma do Superior Tribunal de Justiça entendeu não ser indenizável o dano moral coletivo em situação envolvendo danos ao meio ambiente, já a 3ª Turma do mesmo Tribunal, admite os danos morais coletivos como outra modalidade de dano a ser reparado.[30]

A ideia de coletividade permeia os dois tipos de danos, porém esses não se confundem.

Os danos morais coletivos: atingem vários direitos da personalidade (direitos individuais homogêneos ou coletivos em sentido estrito), vítimas determinadas ou determináveis e a indenização é destinada para as próprias vítimas. Já os danos sociais, causam um rebaixamento no nível de vida da coletividade (Junqueira), são direitos difusos em que toda a sociedade é vítima da conduta, ou seja, as vítimas são indeterminadas e a indenização é direcionada para um fundo de proteção ou instituição de caridade.[31]

Assim, a tese de sinonímia entre os dois institutos se mostra inaplicável.

---

[28] Tópico elaborado com base: TARTUCE, Flávio. **Manual de direito civil:** volume único. 7. ed. Rio de Janeiro: Forense, 2017, p. 365 - 369.
[29] BRASIL. **Código de Defesa do Consumidor.** Lei 8.078. 1990. Disponível em: http://www.planalto.gov.br/ccivil_03/leis/l8078compilado.htm. Acesso em: 19 jun. 2021.
[30] TARTUCE, Flávio. **Manual de direito civil:** volume único. 7. ed. Rio de Janeiro: Forense, 2017, p. 365.
[31] TARTUCE, Flávio. **Manual de direito civil:** volume único. 7. ed. Rio de Janeiro: Forense, 2017, p. 369.

3.5 Das características, modalidades e classificações dos danos sociais

Como discutido anteriormente os danos sociais tem como características principais a natureza difusa e o caráter: transindividual e imaterial. Os danos sociais não se enquadram na dicotomia entre danos extrapatrimonais e patrimoniais, tendo em vista que as suas consequências atingem toda a coletividade, não cabendo assim diferenciação entre prejuízos patrimoniais e morais.

> Note-se que, precisamente por atingirem a sociedade como um todo, os danos sociais produzem consequências de ordem patrimonial e extrapatrimonial que não podem ser individualizadas. A não ser assim, tratar-se-ia de danos individuais e não de danos sociais. Como exemplo, é possível citar o derramamento de rejeitos de minérios tão frequentes nos dias atuais, que atingem individualmente os moradores das cidades, os pescadores, os agricultores etc., produzindo prejuízos materiais objetivamente quantificáveis que caracterizam danos patrimoniais, além dos danos extrapatrimoniais relacionados com o sofrimento e até mesmo com a morte de pessoas. Além disso, esses eventos produzem rebaixamento do nível de vida da sociedade como um todo, que caracterizam danos sociais.[32]

E ainda podem ser divididos em modalidades, com base nos direitos metaindividuais violados. Por exemplo: danos sociais ambientais, danos sociais trabalhistas, consumerista, administrativo e econômico ou até mesmo danos sociais sem especificação, pois "toda vez que o Estado ou o particular (pessoa física ou jurídica) agir (conduta omissiva) ou não agir (conduta omissiva), gerando danos à sociedade ou

---

[32] SANTOS, Romualdo Batista dos. O dano social no estágio atual da responsabilidade civil. **Revista de Direito da responsabilidade.** a. 2, 2020. Disponível em: https://revistadireitoresponsabilidade.pt/2020/o-dano-social-no-estagio-atual-da-responsabilidade-civil-romualdo-baptista-dos-santos/. Acesso em: 20 maio 2021, p. 690.

a um determinado grupo, restará configurado o denominado dano social".[33]

Para Friede e Aragão, os danos sociais podem ser compensatórios, com caráter indenizatório/reparativo ou suplementar, com caráter inibitório-pedagógico de forma complementar à condenação compensatória, com a finalidade de desencorajar a prática de comportamentos semelhantes.[34]

Cabe ainda frisar a autonomia dos danos sociais, esses podem ser acrescidos dos danos individuais ou aplicados de forma independente.

> Segue-se deste raciocínio que os danos sociais **não são meros acréscimos aos danos individuais. Embora decorrentes do mesmo fato lesivo, os danos sociais possuem extensão e intensidade que lhes conferem autonomia em relação aos danos individuais.** Basta observar que os danos individuais têm como vítimas pessoas individualizadas ou individualizáveis, ao passo que nos danos sociais a vítima é a coletividade como um todo.[35] - grifo nosso

Outro ponto importante sobre os danos coletivos é a prova para a sua persecução, que decorre da ocorrência do próprio fato lesivo.

> O dano social, por sua vez é presumido (in re ipsa) decorrendo da força do próprio ato. Assim, há dano social quando o direito à qualidade de vida digna e bem-estar social é lesado por uma conduta socialmente reprovável ou antijurídica. Vale dizer, o dano social é presumido em razão da dimensão do próprio fato

---

[33] FRIEDE, Reis; ARAGÃO, Luciano. Danos sociais. **Revista EMERJ,** Rio de Janeiro, v. 19, n. 75. 2016. Disponível em: https://www.emerj.tjrj.jus.br/revistae merj_online/edicoes/revista75/revista75.pdf. Acesso em: 19 jun. 2021, p. 212. - grifo nosso
[34] FRIEDE, Reis; ARAGÃO, Luciano. Danos sociais. **Revista EMERJ,** Rio de Janeiro, v. 19, n. 75. 2016. Disponível em: https://www.emerj.tjrj.jus.br/revistae merj_online/edicoes/revista75/revista75.pdf. Acesso em: 19 jun. 2021, p. 220.
[35] MARTINS, Guilherme Magalhães. A travessia do individual ao social: dano moral coletivo nas relações de consumo. *apud* SANTOS, Romualdo Batista dos. O dano social no estágio atual da responsabilidade civil. **Revista de Direito da responsabilidade.** a. 2, 2020, p. 688.

em si, sendo mesmo impossível não reconhecer que o prejuízo social efetivamente aconteceu.[36]

Com essas informações podemos concluir o quanto a criação dos danos sociais é um reflexo da evolução da sociedade, pois ele legitima a sociedade como vítima e oferece medidas para coibir e reparar os danos causados.

4   DA IMPORTÂNCIA DOS DANOS SOCIAIS

A responsabilidade civil surge como ferramenta de reparação de dano, com o objetivo de fazer com que as partes retornem ao estado anterior a lesão.

Para Bruno Zampier, "sob o ponto de vista de um Direito Civil Constitucional, a função da responsabilidade civil seria dar concretude às normas constitucionais, tais como dignidade da pessoa humana (art.1º, III, CRFB/88) e o solidarismo constitucional (art. 3º, I, CRFB/88)." Que se desdobra no princípio da reparação integral, onde a reparação do dano suportado pela vítima é uma prioridade no ordenamento.[37]

Assim, com base na concepção do Direito Civil Constitucional, a importância do reconhecimento dos danos sociais pela doutrina é ainda mais evidente. Tendo em vista que o elemento causador do dano social diminui o índice de qualidade de vida de toda população e não apenas do indivíduo.

Segundo Romualdo Batista, o contexto pandêmico atual, evidencia a necessidade de analisar a responsabilidade civil sob um ponto de vista da solidariedade social, de responsabilidade social. Tendo em vista que a conduta de cada indivíduo afeta tanto a sua esfera individual quanto coletiva, colocando em risco direitos fundamentais de outras pessoas, como o direito à vida e saúde.

---

[36] FRIEDE, Reis; ARAGÃO, Luciano. Danos sociais. **Revista EMERJ,** Rio de Janeiro, v. 19, n. 75. 2016. Disponível em: https://www.emerj.tjrj.jus.br/revistae merj_online/edicoes/revista75/revista75.pdf. Acesso em: 19 jun. 2021, p. 221.
[37] LENZA, Pedro *et al.* **OAB primeira fase:** volume único. 3. ed. São Paulo: Saraiva Educação, 2018, p. 263.

a figura dos danos sociais pode ter aplicação aos casos em que uma pessoa, do alto de sua individualidade e de seu poder de autodeterminação, decide contrariar as medidas ditadas pelas autoridades sanitárias para enfrentamento da pandemia da Covid-19, colocando em risco a incolumidade física das pessoas em geral e produzindo rebaixamento no nível de vida da coletividade, especificamente em seu aspecto de segurança sanitária.[38]

Barudi[39] vai além, dispõe sobre a aplicação da responsabilidade civil do Estado por danos sociais em razão da ineficiência na gestão da pandemia por parte do poder executivo federal. Para o autor, a situação vivenciada preenche todos os requisitos necessários para configuração da responsabilidade estatal por danos sociais. Como fatos administrativos, temos condutas comissivas (medidas administrativas ineficazes, orientações equivocadas) e omissivas (ausência de planejamento estratégico e logístico quanto ao atendimento à população, inércia na aquisição de insumos). Todos esses fatos administrativos se mostram aptos a causar danos à sociedade de forma difusa, sendo que esses danos apresentam todas as características para configuração do dano social: afetam a segurança e qualidade de vida das pessoas, coloca em risco a saúde da população. E o nexo causal se apresenta em diversos contextos.

> a ausência de um plano de controle do contágio (omissão) permitiu que muitas pessoas fossem contagiadas em um curto espaço de tempo, levando ao colapso do sistema de saúde e a morte de muitos indivíduos que poderiam ter recebido tratamento adequado e não receberam. Outro exemplo: o comportamento ambíguo e negacionista dos agentes estatais somado à propagação de tratamentos sem comprovação científica levou diversas pessoas a assumir comportamento

---

[38] SANTOS, Romualdo Batista dos. **Responsabilidade civil por dano social na pandemia da covid-19**. Migalhas. 2020. Disponível em: https://www.migalhas.com.br/coluna/migalhas-de-responsabilidade-civil/334424/responsabilidade-civil-por-dano-social-na-pandemia-da-covid-19. Acesso em: 19 jun. 2020.

[39] BARUDI, Luis Miguel. **Responsabilidade civil do Estado e danos sociais**: atos e omissões que prejudicam a sociedade. Migalhas. 2021. Disponível em: https://www.migalhas.com.br/coluna/migalhas-de-responsabilidade-civil/341948/responsabilidade-civil-do-estado-e-danos-sociais. Acesso em: 15 jun. 2021.

idêntico, o que aumentou a propagação do vírus e ocasionou mortes e internações que poderiam ter sido evitadas.[40]

Esse entendimento é corroborado pelos autores Friede e Aragão, que trazem a figura dos danos sociais administrativos: "são danos transindividuais causados por ação ou omissão, da administração publica direta, suas autarquias e fundações, pois **é seu dever primar pelo atendimento ágil e eficiente, de modo a não prejudicar interesses da sociedade**".[41]

No nosso contexto atual, em que o mundo está voltando ao normal com países com 70% da população vacina e o Brasil sem previsão para que isso aconteça, temos que reafirmar a todo instante a importância dos danos sociais, para que a sociedade tenha a reparação pelos danos que sofreu nesse período de pandemia.

Além da possível responsabilização estatal por danos sociais em razão da Covid-19, os Tribunais aplicam a mesma lógica para particulares que desrespeitam as medidas sanitárias propostas. O Poder Judiciário do estado do Paraná reconheceu a figura dos danos sociais por descumprimento ostensivo e deliberado às regras de enfrentamento da Covid-19.[42]

> Trata-se de ação civil pública intentada pelo Ministério Público estadual contra uma pessoa que testou positivo para o novo coronavírus, mas desprezou as recomendações de isolamento social feitas pelos médicos. Na ação, o Ministério Público pede que o réu seja condenado a cumprir o isolamento social e a pagar indenização por dano social em favor do Fundo Municipal de Saúde, sem prejuízo das medidas criminais

---

[40] BARUDI, Luis Miguel. **Responsabilidade civil do Estado e danos sociais**: atos e omissões que prejudicam a sociedade. Migalhas. 2021. Disponível em: https://www.migalhas.com.br/coluna/migalhas-de-responsabilidade-civil/3419 48/responsabilidade-civil-do-estado-e-danos-sociais. Acesso em: 15 jun. 2021.
[41] FRIEDE, Reis; ARAGÃO, Luciano. Danos sociais. **Revista EMERJ**, Rio de Janeiro, v. 19, n. 75. 2016. Disponível em: https://www.emerj.tjrj.jus.br/revistae merj_online/edicoes/revista75/revista75.pdf. Acesso em: 19 jun. 2021, p. 219. - grifo nosso
[42] SANTOS, Romualdo Batista dos. **Responsabilidade civil por dano social na pandemia da covid-19**. Migalhas. 2020. Disponível em: https://www.migalhas.com.br/coluna/migalhas-de-responsabilidade-civil/334424/responsabilidade-ci vil-por-dano-social-na-pandemia-da-covid-19. Acesso em: 19 jun. 2020.

cabíveis. A ação foi julgada procedente com reconhecimento da hipótese de dano social e condenação do réu ao pagamento de R$ 15.000,00 em favor do referido fundo.[43]

O magistrado no referido caso destacou o caráter punitivo e de prevenção geral para desestimular a prática de atos similares: "O comportamento do réu demonstra indiferença com a responsabilidade social que deveria ser inerente a todos nós. Sua conduta colocou em risco toda a coletividade, incumbindo ao Poder Público a tomada de providências cabíveis de modo a inibir práticas dessa natureza".[44]

Assim, diante do quanto exposto resta demonstrada a importância da autonomia dos danos sociais como ferramenta apta a coibir condutas lesivas e reparar as lesões causadas ao coletivo.

5 CONSIDARAÇÕES FINAIS

Com base nas informações apresentadas, temos a demonstração de que os danos sociais configuram uma nova categoria de danos reparáveis dentro da disciplina da responsabilidade civil, criada pela doutrina e amplamente aceita pela jurisprudência.

Os danos sociais apesar de possuírem pontos em comuns com os danos individuais e coletivos, não se confundem com os danos difusos ou danos morais coletivos, pois refletem diretamente na qualidade de vida da sociedade.

Em resumo, os danos sociais: são autônomos, imateriais, diminuem a qualidade de vida da coletividade, podem ser patrimoniais ou extrapatrimoniais, resultam de ofensa à direito transindividual. A depender do direito violado pode ser classificado como: dano social - ambiental, consumerista, trabalhista, administrativo, entre outros.

---

[43] **Processo 0004295-27.2020.8.16.0174**, 1ª Vara da Fazenda Pública, União da Vitória, PR - Disponível em: https://www.tjpr.jus.br/destaques/-/asset_publisher /1lKI/content/covid-19-apos-desrespeitar-a-quarentena-homem-que-contraiu-a-doenca-e-condenado-a-pagar-r-15-mil-de-indenizacao-por-danos-sociais/18319 ?inheritRedirect=false. Acesso em: 26 um. 2021.
[44] REDAÇÃO DO MIGALHAS. **Homem com Covid-19 pagará por danos sociais após descumprir isolamento**. 24 de setembro de 2020, Disponível em: https://www.migalhas.com.br/quentes/333823/homem-com-covid-19-pagara-d anos-sociais-apos-descumprir-isolamento. Acesso em: 26 jun. 2021.

As análises das decisões do Poder Judiciário reconhecendo os danos sociais no contexto da Covid-19 bem como as análises doutrinárias dos autores narradas, evidenciam a pertinência do tema e da sua aplicação. Demonstram que devido à autonomia conferida ao instituto, o mesmo pode ser aplicado tanto de forma independente quanto de forma cumulada com outros tipos de danos.

Bem como, confirmam a utilidade dos danos sociais para coibir condutas lesivas (através do seu caráter pedagógico) e reparar as lesões causadas ao coletivo (caráter compensatório).

Após a análise do paradigma da Covid-19, estou demonstrada o quanto essa nova modalidade de dano reparável é importante para preservar os bens jurídicos da coletividade, pois através deles temos subsídios para retornar ao estado anterior ao dano.

Os danos sociais são uma nova forma autônoma e eficaz de alcançar o princípio da proteção integral e reparar os danos suportados pela coletividade e ainda coibir a reiteração das condutas lesivas.

REFERÊNCIAS

AZEVEDO, Antônio Junqueira de. Por uma nova categoria de dano na responsabilidade civil: o dano social. In: Novos estudos e pareceres de direito privado. São Paulo: Saraiva, 2009. *apud* SANTOS, Romualdo Batista dos. **O dano social no estágio atual da responsabilidade civil.** Revista de Direito da responsabilidade. a. 2, 2020.

BARUDI, Luis Miguel. **Responsabilidade civil do Estado e danos sociais**: atos e omissões que prejudicam a sociedade. Migalhas. 2021. Disponível em: https://www.migalhas.com.br/coluna/migalhas-de-respo nsabilidade-civil/341948/responsabilidade-civil-do-estado-e-danos-soci ais. Acesso em: 15 jun. 2021.

BRAGA NETTO, Felipe Peixoto. **Manual de direito do consumidor:** à luz da jurisprudência do STJ. 13. ed. Salvador: Ed. JusPodvim, 2018.

BRASIL. **Código Civil. Lei nº 10.406.** 2002. Disponível em: http://www .planalto.gov.br/ccivil_03/leis/2002/l10406compilada.htm. Acesso em: 19 jun. 2021.

BRASIL. **Código de Defesa do Consumidor.** Lei 8.078. 1990. Disponível em: http://www.planalto.gov.br/ccivil_03/leis/l8078compilado.htm. Acesso em: 19 jun. 2021.

BRASIL. **Constituição da República Federativa do Brasil.** 1988. Disponível em: http://www.planalto.gov.br/ccivil_03/constituicao/constituicao.htm. Acesso em: 19 jun. 2021.

CAVALCANTE, Márcio André Lopes. **Vade Mecum de jurisprudência:** Dizer o Direito. 9. ed. Salvador, Juspodivm, 2020.

CAVALIERI FILHO, Sérgio. **Programa de responsabilidade civil.** 11. ed. São Paulo: Atlas, 2014.

NORONHA, Fernando. **Direito das obrigações.** Vol. 1. São Paulo: Saraiva, 2003.

FARIAS, Cristiano Chaves de; ROSENVALD, Nelson; BRAGA NETTO, Felipe Peixoto. **Curso de direito civil** v. 3: responsabilidade civil. 2. ed. São Paulo: Atlas, 2015. apud SANTOS, Romualdo Batista dos. O dano social no estágio atual da responsabilidade civil. **Revista de Direito da responsabilidade.** a. 2, 2020.

CONSELHO DA JUSTIÇA FEDERAL. **V Jornada de Direito Civil.** Disponível em: https://www.cjf.jus.br/enunciados/enunciado/403. Acesso em: 19 jun. 2021.

FRIEDE, Reis; ARAGÃO, Luciano. Danos sociais. **Revista EMERJ,** Rio de Janeiro, v. 19, n. 75. 2016. Disponível em: https://www.emerj.tjrj.jus.br/revistaemerj_online/edicoes/revista75/revista75.pdf. Acesso em: 19 jun. 2021.

GUIMARÃES, Glayder Daywerth Pereira; SILVA, Michael César. **Fake news à luz da responsabilidade civil digital:** o surgimento de um novo dano digital. R. Jurídica FA7, Fortaleza, v. 16, n. 2, p. 99 - 114, 2019. Disponível em: https://periodicos.uni7.edu.br/index.php/revistajuridica/article/view/940/764. Acesso em: 18 jun. 2021.

LENZA, Pedro et al. **OAB primeira fase:** volume único. 3. ed. São Paulo: Saraiva Educação, 2018.

MARTINS, Guilherme Magalhães. A travessia do individual ao social: dano moral coletivo nas relações de consumo. *apud* SANTOS, Romualdo Batista dos. O dano social no estágio atual da responsabilidade civil. **Revista de Direito da responsabilidade.** a. 2, 2020.

PEREIRA, Ricardo Diego Nunes. **Os novos danos:** danos morais coletivos, danos sociais e danos por perda de uma chance. Âmbito Jurídico. 2012. Disponível em: http://ambito-juridico.com.br/site/?n_lin k=revista_artigos_leitura&artigo_id=11307. Acesso em 19 jun. 2021.

Processo 0004295-27.2020.8.16.0174, 1ª Vara da Fazenda Pública, União da Vitória, PR - Disponível em: https://www.tjpr.jus.br/destaques/ -/asset_publisher/1lKI/content/covid-19-apos-desrespeitar-a-quarentena -homem-que-contraiu-a-doenca-e-condenado-a-pagar-r-15-mil-de-inden izacao-por-danos-sociais/18319?inheritRedirect=false. Acesso em: 26 um. 2021.

REDAÇÃO DO MIGALHAS. **Homem com Covid-19 pagará por danos sociais após descumprir isolamento.** 24 de setembro de 2020, Disponível em: https://www.migalhas.com.br/quentes/333823/homem-c om-covid-19-pagara-danos-sociais-apos-descumprir-isolamento. Acesso em: 26 jun. 2021

SANTOS, Romualdo Batista dos. O dano social no estágio atual da responsabilidade civil. **Revista de Direito da responsabilidade.** a. 2, 2020. Disponível em: https://revistadireitoresponsabilidade.pt/2020/o-da no-social-no-estagio-atual-da-responsabilidade-civil-romualdo-baptista- dos-santos/. Acesso em: 20 maio 2021.

SANTOS, Romualdo Batista dos. **Responsabilidade civil por dano social na pandemia da covid-19.** Migalhas. 2020. Disponível em: https:/ /www.migalhas.com.br/coluna/migalhas-de-responsabilidade-civil/3344 24/responsabilidade-civil-por-dano-social-na-pandemia-da-covid-19. Acesso em: 19 jun. 2020.

TARTUCE, Flávio. **Direito civil,** v. 2: direito das obrigações e responsabilidade civil. 14. ed. Rio de Janeiro: Forense, 2019. *apud* SANTOS, Romualdo Batista dos. O dano social no estágio atual da responsabilidade civil. **Revista de Direito da responsabilidade.** a. 2, 2020.

TARTUCE, Flávio. **Manual de direito civil:** volume único. 7. ed. Rio de Janeiro: Forense, 2017.

TEIXEIRA NETO, Felipe. Ainda sobre o conceito de dano moral coletivo. In: ROSENVELD, Nelson; TEIXEIRA NETO, Felipe (coords.). Dano moral coletivo. Indaiatuba: Foco, 2018. *apud* SANTOS, Romualdo Batista dos. O dano social no estágio atual da responsabilidade civil. **Revista de Direito da responsabilidade.** a. 2, 2020.

POSFÁCIO

É com grande felicidade e entusiasmo que temos a oportunidade de encerrar essa novel obra, na posição de representantes da Associação Guimarães de Estudos Jurídicos.

Publicar uma obra, individual ou coletiva, muitas vezes se mostra uma tarefa dificultosa, ou impossível, sobretudo para os novos pesquisadores, sendo que muitos sequer cogitam essa ideia em razão do temor pelas diversas adversidades que acompanham uma publicação.

A Associação Guimarães de Estudos Jurídicos - AGEJ, é um grupo dedicado à promoção e incentivo de pesquisas e publicações nas áreas do Direito. Desprovido de finalidades lucrativas ou partidárias, a AGEJ é um espaço criativo e democrático destinado ao desenvolvimento das competências de pesquisa científica.

A presente obra é fruto de complexas e intrincadas investigações e estudos de quatorze juristas, situando-se no cenário jurídico atual como fonte valorosa para o estudo e aprofundamento no tema dos direitos humanos, notadamente em suas múltiplas intercessões com os mais diversos ramos do direito.

O Prefácio do livro, de autoria do proeminente professor Bruno Fabrício da Costa, muito nos honra. Um convite planejado de antemão pela Diretoria da AGEJ, mas que, em decorrência das adversidades impostas pela pandemia, acabou por se dar de forma tardia, o que causou certo atraso no lançamento da obra.

A Nota de Apresentação, redigida pelos Presidentes da Associação Guimarães de Estudos Jurídicos, evidencia a problemática abordada por cada autor em seu artigo, pretendendo, também, apresentar de forma sintética algumas das discussões realizadas pelos juristas que assinam os artigos.

Encerramos o posfácio com nossos agradecimentos por acreditarem no projeto desenvolvido pela AGEJ - **Associação Guimarães de Estudos Jurídicos** e nossas congratulações pela publicação dessa notável obra.

Érica Melicia da Silva Silveira
Sarah Batista Santos Pereira

ANOTAÇÕES

Associação Guimarães de Estudos Jurídicos

2021 © Associação Guimarães de Estudos Jurídicos

A Associação Guimarães de Estudos Jurídicos - AGEJ, é um grupo dedicado à promoção e incentivo de pesquisas e publicações nas áreas do Direito. Desprovida de finalidades lucrativas ou partidárias, a AGEJ é um espaço criativo e democrático destinado ao desenvolvimento das competências de pesquisa científica.

A concepção e criação da associação se deu pelos irmãos Clayton Douglas Pereira Guimarães e Glayder Daywerth Pereira Guimarães que, insatisfeitos com o número oportunidades de publicação para graduandos e graduados, conjecturaram acerca da possibilidade de fomentar e incentivar a pesquisa por intermédio desse grupo.

Nesse sentido, com o intento de auxiliar novos autores a publicarem seus primeiros livros e participar de obras coletivas de forma profissional e com custos reduzidos, ciaram a AGEJ.

Deseja publicar uma obra jurídica? Contate-nos por meio do nosso site.

Associação Guimarães de Estudos Jurídicos

Seattle – U.S.
Email: contato.agej@hotmail.com
Website: agej.com.br
Instagram: @agej.oficial

www.ingramcontent.com/pod-product-compliance
Lightning Source LLC
Chambersburg PA
CBHW052309220526
45472CB00001B/43